# 新 現代経営学

佐久間信夫
大平　義隆　編著

学文社

## 執　筆　者


| | | |
|---|---|---|
| *佐久間 | 信夫 | 創価大学経営学部教授（第1・2・3章，第9章） |
| 文 | 載皓 | 常葉大学経営学部准教授（第4・6章） |
| 中村 | みゆき | 創価大学経営学部教授（第5章） |
| 山田 | 雅俊 | 玉川大学経営学部准教授（第7章） |
| 犬塚 | 正智 | 創価大学経営学部教授（第8章） |
| 黄 | 雅雯 | 北星学園大学経済学部専任講師（第10章） |
| 三浦 | 庸男 | 元埼玉学園大学経済経営学部教授（第11章） |
| *大平 | 義隆 | 北海学園大学経営学部教授（第12・14章） |
| 金 | 在淑 | 日本経済大学経営学部准教授（第13章） |
| 村田 | 大学 | 創価大学経営学部助教（第15章） |
| 石井 | 泰幸 | 千葉商科大学サービス創造学部教授（第16章） |

（*は編者）

# はしがき

1998年，『現代経営学』が，故工藤達男先生の追悼の意を込めて出版された。７年後の2005年にはその内容をリニューアルして『新版 現代経営学』が出版された。さらにその内容を新しくすることによって2008年に『改訂版 現代経営学』が出版されたが，本書『新現代経営学』はこれらの内容を継承するものである。それぞれの書籍は幸いにも多くの読者を得ることができ，版を重ねてきたが，何度も改訂が必要だったのは，経営学が現実の企業を対象とする学問であるからに他ならない。

『改訂版 現代経営学』（2008年）の「はしがき」にはBRICs諸国の台頭や原油，鉄鉱石などの資源価格の高騰が企業経営に大きな変化をもたらすであろうということが記述されている。しかし，昨今の企業を巡る環境は，これとは全く様相を異にしている。すなわち，BRICs諸国のうちブラジル，ロシアの経済は先が見えないほどの不況の中で低迷しており，成長が減速する中国からは外国企業が次々と撤退を続けている。また，シェール革命をひとつの要因とする資源価格の低落は，資源国とりわけ産油国の経済をむしばみつつある。

シェール革命は，これからも長期にわたって世界経済と企業経営に変革の圧力を与え続けることになるであろうが，ドローンやアシストスーツなどのロボット技術，iPSをはじめとする再生医療技術，自動運転車に見られるAI技術，3Dプリンター技術等々の目覚しい向上は企業経営に変革の圧力をかけ続けることになるであろう。また，民泊やフィンテック，オンデマンド・エコノミー（需要に応じたサービス）などの新しいビジネスモデルが今後の企業経営に大きな変革を迫ることになるのは必定である。

法律や制度の改正も企業経営に大きな影響を与える。このような例として会社法の改正や環境規制の強化，労働法制の改正などをあげることができる。

2014年の改正会社法によって，株式会社は，３種類の会社機関構造から１つを選択することになった。また，コーポレート・ガバナンスコードとスチュワードシップ・コードが公表されたことにより，既に日本の株式会社には大きな変化が現れている。

経営学は現実の企業経営を研究対象としているため，経営学の書籍は企業を巡る内・外の環境変化に対応してその内容が改められなければならない。『現代経営学』が数回に渡って改訂されてきたゆえんである。

本書の第１章から第７章は，企業論と呼ばれる経営学の領域であり，法律や制度，経営環境の変化によってその内容が変化する部分であるが，第９章から第14章までは経営学で管理論と呼ばれる領域であり，過去の主要な経営理論によって構成されている。この部分は，時代が変わっても内容が大きく変わることがない領域である。

本書は，経営学をはじめて学ぶ大学生や社会人向けに書かれたものであるが，基礎的な理論をしっかりと踏まえた上で，絶えず変化を続ける経営環境と企業経営を理解していただければ幸いである。

2016年３月18日

卒業式で華やぐキャンパスに臨みながら　編著者

# 目　次

# 現代企業の諸形態

## 第1節 企業の法律形態と経済形態

企業は，広義には継続的に経済活動を行う組織体と定義することができる．企業の形態には，法律形態と経済形態とがある．法律形態は民法や会社法に規定されている形態で，大きく個人企業，組合企業，会社企業に分けることができる．組合企業には民法上の組合と匿名組合があり，会社企業には合名会社，合資会社，有限会社（日本では2005年の会社法で廃止された），株式会社，相互会社，合同会社などがある．

これに対して，企業の経済形態は出資者の構成や出資と経営のあり方などから類型化されたものである．企業の経済形態は出資者が民間の私人であるかあるいは国や地方公共団体であるかによって，大きく私企業，公企業，公私合同企業の３つに分けることができる．私企業は，営利を目的として民間の出資によって設立された企業である．私企業は，出資者が単独かあるいは複数かによって，単独企業と集団企業とに分けることができる．単独企業は，個人企業とも呼ばれている．

集団企業は，さらに出資者が少数か多数かによって少数集団企業と多数集団企業とに分けることができる．少数集団企業は少数の出資者が全員経営を担当する第１種少数集団企業と，出資者が経営を担当する出資者と経営を担当しない出資者から構成される第２種少数集団企業とに分けることができる．第１種少数集団企業は人的集団企業，第２種少数集団企業は混合的集団企業とも呼ばれている．

多数集団企業は，経営活動から利潤を獲得することを目的として設立される，営利的多数集団企業と，経営活動から生まれた成果を自ら利用することを目的として設立される非営利的（第2種）多数集団企業に分類することができる．これらの経済形態は，それぞれ法律形態と対応している（図表1－1）．

公企業は，公益性の高い事業領域や営利活動になじまないとされる事業領域において，国や地方公共団体が自ら企業活動を営むものである．公企業には，国や地方公共団体の行政組織そのものが事業活動を行う行政企業と，国や地方公共団体が100％出資して法人を設立し，事業を営む公共法人とがある．行政企業や公共法人においては，経営の裁量の幅を拡大することや競争の促進および効率性の追求という観点から，近年，独立行政法人への転換や民営化が進められている．

**図表1－1　企業形態**

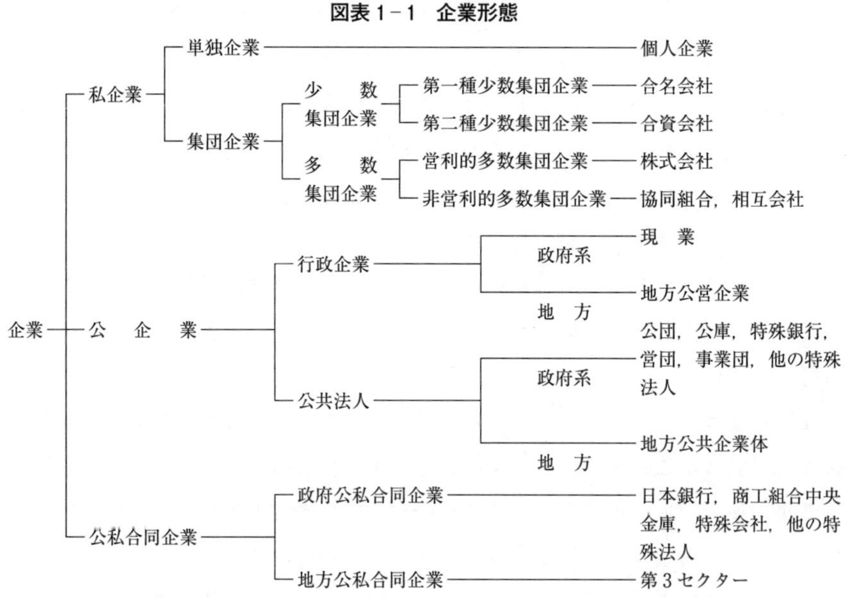


出所）　鈴木岩行「企業の諸形態」佐久間信夫・出見世信之編著『現代経営と企業理論』学文社，2001年，p. 3を一部修正

公私合同企業には政府と民間が共同出資する政府公私合同企業と，地方自治体と民間が共同出資する地方公私合同企業とがあり，後者は一般に第3セクターと呼ばれている．公共性の高い事業領域に利潤追求を目的とする私企業が参入した場合，公共性が損なわれる恐れがあることから，従来このような事業領域は公企業が担ってきた．しかし，その一方で，公企業の経営はきわめて非効率であるため，公私の共同出資によって公共性と効率性を同時に実現するために設立されたものが第3セクターである．しかし，現実には，多くの第3セクターが地方自治体への財務的依存体質を脱却することができず，巨額の赤字をかかえ倒産や解散が相次ぐ事態となっている．とくに，リゾート開発や地域開発を目的とした会社，鉄道会社などで経営危機が深刻化しており，第3セクターの半数は経営不振に陥っている．

## 第2節　企業形態展開の原理

企業は常により大きな資本を集め，大規模化することを要求されている．それは規模を拡大すればするほど，規模の経済（economy of scale）を追求することができるため，単位製品当たりの生産コストを低下させることができるからである．企業は常に激しい競争にさらされているため，生産コストを引き下げる努力を怠れば，競争に敗れ市場から淘汰されてしまう．

より多くの資本を集めるためには出資者の数を増加させればよいが，多くの出資者が経営に参加することは統一的な支配の維持（＝意思決定の統一）を難しくする．より大きな資本を集めること，および統一的な支配を維持することという2つの互いに矛盾する要求を企業は同時に満たしていくことを要求される．企業形態は，この相矛盾する2つの要求を同時に満たす装置として展開されてきた[1)]．

中世のイタリアの商業都市で初めて形成されたソキエタス（societas）は複数の個人が出資する，今日の合名会社形態に相当するものである．この企業形態は出資者すべてが無限責任を負い，企業経営に参加する形態であるが，この企業形態のままでは出資者数をあまり拡大することができない．出資者全員が経営に参加する形のままで出資者が増加した場合には，企業の統一的な支配の維持ができなくなるのである．ソキエタスという資本集中の枠組みがネックとなって，それ以上の資本集中は不可能となるのである．

そこで，企業の統一的支配を維持しながらより一層の資本集中を可能にするコンメンダ（commenda）という企業形態が創出されることになった．コンメンダは無限責任出資者のほかに，経営に参加しない有限責任出資者を有する企業形態であり，無限責任出資による支配という形を維持したまま，支配に参加しない有限責任出資者の出資分だけ資本を拡大することができる．コンメンダは今日の合資会社に相当する企業形態であるが，この形態も一定の資本集中の拡大を達成した後，その資本集中の枠組みそのものがネックとなって，それ以上の資本集中が不可能となる．

このように，2つの相矛盾する要求を満たしつつ企業形態は展開してきたのであるが，最高度の資本集中形態として創出されたのが株式会社である．株式会社は全出資者を有限責任とし，資本を小額の株式に分割したため，資本集中の可能性を飛躍的に高めることができるようになった．株式会社においては無限責任出資者がいなくなったため，会社の第三者に対する責任，とりわけ債権者に対する責任を誰が引き受けるのかということが問題になる．株式会社では，株主総会，取締役会などの機関を設置し，これらの機関が第三者に対する責任を引き受けることによってこの問題を解消した．また，株式会社は会社の規模が大きくなるため，合名会社や合資会社と比べて会社そのものの信用が増大すると考えられている．株式会社では支配の統一は株主総会を通して実現される．すなわち，原則として1株につき1票の議決権が与えられ，多数決によって企業の意思が決定される．

## 第3節 日本における企業の種類

### (1) 会社法制定

従来，日本の会社形態は，商法のほか有限会社法やさまざまな特例法の中で規定されてきた．また商法の条文はカタカナ文字で書かれているうえ，文体も古い形式が用いられており，改革が求められていた．こうしたさまざまな法律の中に散らばっていた条項を1ヵ所にまとめ，この中に一体化する取り組みが続けられ，2006年度に「会社法」として施行された．「会社法」制定の主な目的のひとつは，会社の設立を容易にすることである．そのために，これまでの最低資本金制度を廃止し，1円でも会社を設立できるようにした．また有限会社は廃止し，株式会社に一体化した．さらに新たに合同会社（Limited Liability Company：LLC）という会社形態も創設されることになった．会社の設立を容易にし，中小企業を中心に新規開業率を引き上げ，経済の活性化と雇用拡大につなげようとする意図がある．

会社法では合名会社，合資会社，合同会社は持分会社として分類されることになった．従来，会社は人的会社（合名会社，合資会社）と物的会社（株式会社，有限会社）とに区分されていたが，会社法では会社を株式会社と持分会社に区分することになったのである．

### (2) 個人企業

個人企業は出資者が1人の企業であり，個人の財産を資本として用い，出資者が自ら経営を担当する企業である．出資者が1人であるので，出資規模には初めから限界がある．企業の経営は，出資者自らが担当するため，経営能力にも限界がある．金融機関などからの借り入れは，出資者の個人的信用をもとに行われる．つまり，企業が返済不能に陥った場合には，出資者が責任をもって返済するということを前提に融資が行われるため，融資額はそれほど大きいものにはなりえない．企業が債務不履行になった場合，出資者が個人の財産を提供して債務を返済する義務をもつことを無限責任というが，出資者は無限責任を負う．個人企業においては，出資者の個人的財産と企業の資本との区別が明確でないことが多い．

### (3) 合名会社

個人企業よりも多くの資本を集めるためには，出資者を複数化することが必要である．出資者の集団は，一般に「会社」と定義される．

合名会社は，２人以上の出資者（法律上，社員と呼ばれる）が出資することによって設立される．会社の負債に対しては，社員全員が連帯して無限責任を負い，社員全員が会社の経営を担当する義務と権利をもつ．

出資者が複数になると支配の統一を維持することが問題になるが，合名会社では出資者全員の話し合いによって支配の統一が図られる．社員の出資持分を第三者に譲渡する場合には，他の社員全員の承諾を必要とする．会社の経営や負債に対して全社員が連帯して責任をもつことから，社員同士の人間的信頼関係が重視され，社員は血縁関係にある人やきわめて親しい人で構成されるのが普通である．合名会社はこのような性格からかつて「人的会社」と呼ばれていたが，会社法では合資会社とともに「持分会社」と呼ばれることになった．出資者は信頼関係にある人だけに限られるので，出資者の数が多くなることはない．

### (4) 合資会社

合資会社は，経営に参加しない出資者という新しい種類の出資者を作り出すことによって，出資者数を拡大しつつ支配の統一の維持も同時に図ろうとする企業形態である．経営に参加しない，すなわち，企業の支配権を放棄する出資者には無限責任を免除するという誘因が与えられる．したがって，合資会社は会社の支配権をもつ（経営を担当する）無限責任出資者と会社の支配権をもたない（経営を担当しない）有限責任出資者の２種類の出資者から構成される企業形態である．

無限責任社員は経営を担当する義務と責任をもち，会社を代表する．これに対して有限責任社員は経営を担当したり，会社を代表する権限をもたない．有限責任社員は経営を監視する権限だけをもつ．無限責任社員がその持分を譲渡する場合には他の無限責任社員全員の承諾を必要とする．合資会社も個人的信頼関係に基礎をおいていることから，かつて「人的会社」に分類されていた．

合資会社は，有限責任を条件に出資する個人が加わる分だけ，出資者の数が拡大することになる．しかし，有限責任出資者といえども，いったん出資してしまった資金は回収することがきわめて困難である．合資会社は出資金を返還する制度をもたないため，出資者が資金を回収しようとするならば，出資の肩代わりをする新たな出資者を自ら探さなければならないが，これはきわめて困難である．したがって有限責任という新たな出資形態を創始したとはいえ，合資会社の出資規模にも自ら限界がある．

### (5) 株式会社

株式会社は資本金のすべてを均一で小額の単位に分割したものを意味する株式を発行する．出資者は株式を購入することによって，株式会社に出資する．株式には所有権だけでなく，会社に対する均一な支配権も付与されており，したがってより多くの株式を所有するものがより多くの支配権をもつことになる．資本金を均一で小額の単位に分割した株式の発行はそれだけで出資者数の増加の可能性を高めるが，株式会社においては全出資者の有限責任性を実現したため，出資者数は飛躍的に増大（＝出資の分散）することになった．出資者の増加は支配の統一の困難をもたらすが，株式会社は多数決原理の導入によってこれを解決する．株式は，資本金の均一な単位であると同時に支配権の均一な単位であるため，多数決に基づき株式の過半数を集めることによって支配の統一が図られることになった．株式会社の支配の統一は，株主総会において実現される．株式には，1株につき1票の議決権が与えられており，多数決によって支配の統一が行われる．

これに対して，経営は取締役によって担当される．取締役は，必ずしも出資者すなわち株主である必要はない．株式会社においては，合名会社，合資会社と異なり，経営の担当者が出資者である必要がないため，経営の専門的知識や能力をもつものを広く探し，取締役として任命することができる．出資者が分散し，支配的な大株主がいなくなった大規模な株式会社では，大株主ではない経営者が経営を担当するのが一般となっている．大株主，すなわち企業の所有者である経営者が所有経営者（owner manager）と呼ばれるのに対し，所有者でない経営者は専門経営者（professional manager）と呼ばれる．また，このように，所有者（＝大株主）と経営の担当者が別の人物になることを所有と経営の分離（＝出資と経営の分離）と呼ぶ．

日本では，株式会社は，以前は７人以上の発起人によって設立されることになっていたが，1991年からは１人でも設立できるようになった．また，1991年から最低資本金制度が導入され，株式会社の設立には1,000万円以上の資本金の払い込みを必要とすることになった．しかし，1990年代は中小企業の廃業率が高くなる一方で新規開業率は低くなり，これが日本経済が停滞する一因となったため，政府は中小企業の設立を容易にする目的で2002年に「中小企業挑戦支援法」を制定し，１円でも株式会社が設立できるようになった．「中小企業挑戦支援法」は2008年までの時限立法であり，しかも最低資本金が猶予されるのは設立後５年間だけであった．

しかし，2006年に施行された会社法においては最低資本金制度が撤廃され，１円での株式会社の設立が恒常化されることになった．株式会社の設立方式には，発起人が資本金のすべてを拠出する発起設立と，発起人が資本金の一部を拠出し，残りを外部から募集する募集設立とがある．

2005年制定の会社法により，大規模な公開株式会社は，監査役会設置会社と委員会設置会社の２つのタイプからいずれかを選択できることになった．監査役会設置会社は株主総会，取締役会，監査役会，代表取締役などの設置が法律で義務づけられており，委員会設置会社は株主総会，取締役会，執行役，代表執行役などの機関が設置を義務づけられている．さらに2014年改正会社法では，監査等委員会設置会社が導入され，大規模な公開会社はこれらの3つのタイプからひとつを選択することになった．これらの機関の役割については第2章で説明する．

会社法では，会計参与という新しい制度が設けられることになった．これは，会計監査人や監査役を置かない中小企業の信用度を高める目的で設けられたもので，税理士と公認会計士が会計参与に就任することができる．会計参与は経営者と協力して決算書類を作成するため，決算書類に対する信頼性が高まる．会計参与を置く中小企業に対しては融資条件を優遇する銀行も出てきている[2)]．

### (6) 相互会社

相互会社は保険事業を営む企業にだけ認められた会社形態であり，日本の大手生命保険会社はほとんど相互会社形態によって設立されてきた．相互会社は，保険加入者が保険料として拠出した資金をためておき，万が一事故にあった加入者にはこの資金から補償を行うという，いわゆる相互扶助の目的で設立される．

相互会社では，保険加入者が社員（出資者）となる．相互会社は保険業法によって認められた会社形態であり，相互会社の機関も保険業法に規定されている．相互会社の最高議決機関は社員総会であるが，大規模な保険会社では保険加入者（＝社員）が数百万人にものぼるため，社員総会にかわって，社員の代表者によって構成される社員総代会を設置することが，保険業法によって認められている．

現実には，日本の相互会社はすべて社員総代会を設置している．社員総代は，会社に都合のいい人物を会社が選ぶことが多いため，経営者に対する監視機能が働いていないという批判がなされている．相互会社の取締役と監査役は，社員総代会において選出される．保険会社には，株式会社形態も認められているため，損害保険会社や中堅の生命保険会社は株式会社形態をとる会社がほとんどである．他の保険会社や他の金融機関との合併・再編を行う際には，株式会社形態の方が便利であること，コーポレート・ガバナンスの点からも株式会社形態の方が経営監視が容易であることなどの理由により，近年，大手生命保険会社の中にも相互会社から株式会社に転換する会社が出てきた．

2007年現在，相互会社形態をとる会社は大手を中心に６社のみ（生命保険協会に加盟する会社は41社）であるが，そのうち第一生命保険相互会社が2010年に株式会社に転換し，株式を上場することになった．これまでに大同生命，太陽生命，三井生命などが相互会社から株式会社への転換を実施しているが，近年発覚した巨額の保険金不払い事件は，保険会社の経営に対する監視の強化を促すきっかけになった．

### (7) 合同会社

株式会社は一般に，多数の出資者が資本を拠出して設立され，１株につき１票の議決権をもつことを原則としている．したがって出資額の多い出資者ほど大きな権利をもち，多くの配当を受けとる．これに対して，2006年の会社法で導入された合同会社（LLC：Limited Liability Company）は，資金のほかに特許やアイデアなどの知的財産を提供することが認められ，事業のルールや利益分配のルールを出資者間で決めることができる．たとえば，多額の資金をもつ人と知的財産をもつ研究者や学者が共同出資して会社を設立し，知的財産をもつ学者や研究者により多くの利益を配分するようなルールを決めておくこともできる．資本よりもむしろ知的財産が企業の競争力を決定するようになった昨今の経営環境に適した会社形態ということができる．出資者はすべて有限責任であり，株主総会や取締役会などといった会社機関を設置する必要はない．

LLCは，アメリカのワイオミング州で初めて導入（1977年）され，現在アメリカに約80万社存在する．会社形態ではないが，LLP（Limited Liability

**図表1－2　会社の種類別特色**

<table>
<tr><th colspan="3" rowspan="2"></th><th colspan="2">株式会社</th><th rowspan="2">合同会社</th><th rowspan="2">合資会社</th><th rowspan="2">合名会社</th></tr>
<tr><th>公開</th><th>非公開</th></tr>
<tr><td rowspan="4">出資者</td><td colspan="2">名称</td><td>○株主</td><td>○株主</td><td>○社員</td><td>○社員</td><td>○社員</td></tr>
<tr><td colspan="2">責任</td><td>○出資の義務にとどまり会社の債権者に対しては責任を負わない</td><td>○出資の義務にとどまり会社の債権者に対しては責任を負わない</td><td>○出資額を限度として責任を負う</td><td>○無限責任社員—会社の債権者に直接無限の責任を負う<br>○有限責任社員—出資額を限度として直接責任を負う</td><td>○会社の債権者に直接無限の責任を負う</td></tr>
<tr><td colspan="2">員数</td><td>○1名以上</td><td>○1名以上</td><td>○1名以上</td><td>○無限責任社員と有限責任社員各1名以上</td><td>○1名以上</td></tr>
<tr><td colspan="2">譲渡制限</td><td>○原則譲渡自由</td><td>○譲渡につき会社の承認が必要</td><td>○他の社員全員の承諾が必要</td><td>○無限責任社員—他の社員全員の承諾が必要<br>○有限責任社員—無限責任社員全員の承諾が必要</td><td>○他の社員全員の承諾が必要</td></tr>
<tr><td rowspan="6">運営</td><td rowspan="3">意思決定</td><td>最高</td><td>株主総会</td><td>株主総会</td><td>総社員の同意</td><td>総社員の同意</td><td>総社員の同意</td></tr>
<tr><td>重要な業務</td><td>取締役会</td><td>取締役</td><td rowspan="2">総社員の過半数（ただし業務執行社員を定めたときはその者の過半数）</td><td rowspan="2">無限責任社員の過半数（ただし業務執行社員を定めたときはその者の過半数）</td><td rowspan="2">総社員の過半数（ただし業務執行社員を定めたときはその者の過半数）</td></tr>
<tr><td>業務執行</td><td>代表取締役*1</td><td>取締役（取締役会設置は任意）</td></tr>
<tr><td colspan="2">取締役数</td><td>○取締役—3名以上<br>○代表取締役*1—1名以上</td><td>○取締役—1または2名以上（代表取締役設置は任意）</td><td colspan="3" rowspan="3">機関は不要（組合的規律）</td></tr>
<tr><td colspan="2">任期</td><td>○2年以内*2</td><td>○10年以内</td></tr>
<tr><td colspan="2">監査役</td><td>○1名以上*3</td><td>○任意</td></tr>
</table>

＊1　委員会設置会社では代表執行役
＊2　委員会設置会社では任期1年
＊3　委員会設置会社にはなし．代わりに監査委員会がある
出所）岸田雅雄『ゼミナール会社法入門』日本経済新聞社，2006年，p. 50

Partnership；有限責任事業組合）の制度も2005年に経済産業省によって創設された．LLP は，株式会社の長所と民法上の任意組合の長所を取り入れた制度であり，出資者は全て有限責任であり，法人税を納める必要はなく，利益配分等のルールは出資者同士で決めることができる．出資額が少なくとも，知的財産の提供や事業への貢献度が高ければ，利益配分や権限などを大きくすることができる．

合同会社では株主総会や役員会を開催する必要もないので，大会社の中にも合同会社を活用する例がみられる．大会社が共同出資で研究開発を目的とする合同会社を設立する例もあるが，株主の要求に縛られず，自由に研究活動を進めることができる利点などが注目されている．

## 第４節 株式会社の発展と経営機能の分化

現代の大規模企業は，ほとんど例外なく株式会社形態をとっている．株式会社は，規模の拡大とともに所有と支配および経営機能の関係を大きく変化させた．ここで，株式会社の発展にともなうこれらの諸関係の変化についてみていくことにしよう．

株式会社は，資本金を均一で小額の単位に分割した株式を発行する．小額であることと，有限責任であること，そして，株式市場で簡単に出資金を回収することができることなどの理由により，株式会社の資本規模は飛躍的に拡大した．株式会社の株式は，次第に多数の小額な出資者によって所有されるようになり，また出資者の地域的分散も進んでいった．株主数の増加および株主の地域的分散は株式の分散と呼ばれる．

現在でも大規模でない株式会社のほとんどは，個人または同族などによって所有される企業であるが，これらの株式会社が大規模化するにしたがい，増資，相続などの要因によってこれらの個人や同族の持株比率は低下するのが普通である．

ほとんどの大規模でない株式会社においては，出資者である大株主が自ら経営を担当し，他の小額出資者である多数の小株主は経営を担当することはせず，出資から得られる配当のみを受けとる立場にあるのが普通である．このように，多額出資者であり自ら経営にたずさわる大株主は機能資本家と呼ばれ，小額出資者であり自ら経営にたずさわらない小株主は無機能資本家と呼ばれる．株式分散の初期の段階においてはこのように資本家に2種が生じ，機能資本家においては（資本ないし株式の）所有と経営が結合した状態であるのに対し，無機能資本家においては所有と経営が分離した状態にある．

企業規模がさらに拡大し，同時に株式の分散もいっそう進んだ大規模企業においては，企業経営はきわめて複雑になり，経営者は科学的，専門的な知識と能力を必要とするようになる．専門的な知識や能力をもった人物は，専門的教育を受け，大きな企業組織の中の現実の企業活動の中で業績をあげることによって企業組織を昇進してきた人びとの中に容易に見つけ出すことができる．大株主あるいはその親族がこうした専門的な知識・能力をもっていたとしても，それは単なる偶然にすぎないであろうが，知識や能力をもつが故に企業組織を昇進してきた人物は必然的にこの知識・能力をもっているということができる．したがって，大規模な企業であればあるほど，経営について専門的な知識や能力をもついわゆる専門経営者が大株主に代わって経営を担当する傾向が強くなる．これが所有と経営の分離ないし資本と経営の分離であり，それは所有者（大株主）と経営者の人格的分離を意味する．ここにいう専門経営者は（資本ないし株式を）所有せざる経営者のことであり，被傭経営者，俸給経営者とも呼ばれる．経営者は大株主に雇用され，給料をもらっているのであり（被傭経営者，俸給経営者），経営者が大株主の意にそわない行動をとれば大株主はこの経営者を解雇し，別の専門経営者を雇用することになる．したがって，この場合，支配者は大株主である．つまり，所有と経営は分離していても所有と支配は結合した状況にあるのである．支配は，一般に「経営者を任免する力」あるいは「企業の広範な意思決定を行う力」と定義される．

発行済株式の50％以上を所有するような個人や同族であれば，完全にその企業を支配することができる．しかし，きわめて大規模な企業においては，その50％以上の株式を所有するためには莫大な資本を必要とするため，このようなケースは現実には稀にしか存在しない．株式の分散が極度に進んだ大規模な株式会社においては，まとまった株式をもつ大株主は50％未満の株式所有であったとしても会社の支配が可能である．このような大規模会社においては，株式が広範に分散し，他に大株主が存在しない場合には５％以上の株式所有によって企業の支配が可能であると考えられている．

株式の分散がさらに進み５％以上を所有する大株主が存在しないような企業では，これまでのような株主による支配は成立しなくなる．このようにすべての株式が広範に分散した場合には，専門経営者が企業を支配する．専門経営者は株主総会に際して株主からの委任状を収集するための機構を掌握しており，また取締役会の決定を掌握しているため企業の支配が可能となる．大規模な株式会社においては，株主数は膨大な数にのぼるため，株主総会に実際に出席する株主の比率はきわめて低い．そこで企業は株主総会の定足数を満たすために委任状を収集することになるのであるが，経営者は企業の費用と人手を使って委任状を収集し，それを経営者自らの提案に賛成する形で行使しうる立場にある．そこで経営者は自ら株式を所有することなく，事実上，過半数の議決権を握り，株主総会の決定権を掌握することになる．また，経営者に対する任命権をもち，経営者の経営活動を監視する立場にある取締役会も，取締役が株主総会において選出されることが法律で定められているため，事実上経営者によって選任される取締役で占められることになる．取締役会が経営者を選任するという法律上の規定とは逆に，経営者が取締役を選任することになるため，結局，経営者は経営者によって選任されることになる．経営者が経営者を選任する権限と，企業の広範な意思決定を行う権限を掌握するこのような状況は経営者支配と呼ばれている．

経営者支配は株式が広範に分散し，支配力を行使するような大株主が存在しない大規模な企業にのみ成立しうる．株式が分散することだけでただちに経営者支配が成立するというような主張もあるが，株式の分散という量的変化が支配形態の転換という質的変化にそのまま結びつくわけではない．大株主による支配力はその持株比率が減少することにともない徐々に稀薄になっていくが，それにともなって，経営者は株主総会や取締役会などの機関を介して支配力をもつようになるのである．支配が所有者（株主）の手から離れ，経営者に移行した状況は一般に所有と支配の分離と呼ばれている．

所有と経営および所有と支配の分離は，このように株式の分散度合いに応じて3段階で進展していくと考えることができる[3)]．まず出資者が無機能資本家と機能資本家に分かれた第1段階では機能資本家においては所有と経営は結合した状態であり，資本家による直接管理が行われている．所有と経営の人格的分離がおこった第2段階では，所有者はなお支配を行っており，支配者である所有者は専門経営者を通して企業を管理している．これは，資本家による間接的管理ともいわれる．株式が最高度に分散した第3段階では，企業機関を掌握することによって経営者が自らの任免権をもつ経営者支配が成立する．資本家は，直接的にも間接的にも企業の管理にかかわらない．

## 第5節　大規模株式会社の支配と統治

資本主義国の法律においては，企業は株主のものであり，企業は株主の利益のために経営されなければならないと定められている．それにもかかわらず，先進資本主義国のほとんどの大企業では経営者支配が成立しており，株主の利益が軽視されている．経営者支配型企業では，経営者が経営者層の人事権を握り，経営者自身に対する巨額の報酬の決定権を握ることになる．配当を低く抑え，株価を下げるような，株主に不利益をもたらす政策を経営者が実施しても株主はそれを阻止するような手段を見出せないような状況が続くことになる．

資本主義経済体制の下では，経営者は企業の所有者である株主に雇われた存在であり，経営者が株主の意に沿わない行動をとるならば，株主は総会や取締役会を通して経営者を解任することができる仕組みが設けられていたはずであった．しかし，経営者支配型企業では，本来経営者に対して支配力を行使し，経営者の行動を監視するために設置された株主総会や取締役会などの会社機関が，むしろ逆に経営者の権力強化のために経営者によって利用されるようになってしまっているのが実状である．また経営者支配型企業においては，経営者を監視するために設けられている会社機関が形骸化していることが多いため，経営者自身が粉飾決算やインサイダー取引などの法令違反にかかわっていた場合，それを初期の段階で発見し是正させることがきわめて困難である．それは大きな企業不祥事を発生させる要因ともなっている．

今日，世界各国で企業統治（corporate governance；コーポレート・ガバナンス）をめぐる議論が活発になっているが，企業統治活動は，まず第１段階として，このように「企業が経営者のために経営される」実態を，本来法律が想定していた「企業が株主のために経営される」ように改善しようとする活動である．こうした企業統治改善への取り組みは，法律と実態の乖離を重要問題と認識したアメリカの法律家たちによって1970年代から始められた．

一方，アメリカでは1970年代にペンセントラル鉄道の倒産（1970年）やロッキード・エアクラフト社の経営危機（1971年），ウォーターゲート事件（1973年）などの企業不祥事が相次いで発生した．巨大企業の経営危機や不祥事は，その企業を取りまく多くのステークホルダー（利害関係者）に甚大な影響を与えることになる．たとえばペンセントラル鉄道の倒産は，年間9,000万人に及ぶ鉄道利用者，９万5,000人の従業員，沿線の地域社会，同社に融資している金融機関，取引企業などに対して大きな打撃を与えることになった．倒産後に明らかになったのは，ペンセントラル鉄道の財務状況の悪化や経営陣の違法行為を取締役会が見落していたことである．つまり，取締役会が経営者に対する監視機能を果たしてこなかったために，企業が倒産し，多くのステークホルダーが損失を被ったのである．

企業不祥事の多発は，多くのステークホルダーの犠牲をともなうことから企業経営の監視に対する社会の関心は高まり，経営者に対する監視の強化，そのための法律や制度の整備の社会的要求が高まることになった．すなわち，企業統治の改善に対する社会からの要求が高まると同時に，「企業が株主のために経営される」だけでよいのかということも問われることになった．消費者や従業員，地域社会などのステークホルダーの企業に対するさまざまな要求も強くなり，しだいに「企業はステークホルダーのために経営されなければならない」という考えが浸透するようになった．すなわち，企業統治活動は第2段階として，「企業が（株主を含む）ステークホルダーのために経営される」ように改善しようとする活動である．第2段階の企業統治活動は「企業の社会的責任」（Corporate Social Responsibility）とも呼ばれるものであり，CSRとも呼ばれている．

企業が株主の利益のために経営されるべきであるか，あるいは多くのステークホルダーの利益のために経営されるべきであるのかということについては，企業理論の観点からは異なった見解が存在するものの，CSRの考え方はほとんどの大企業経営者によって受け入れられ，一部の企業では，すでに高度に実践されている．多くの企業がその実践状況を社会的責任報告書としてまとめ，公表している．CSRやコーポレート・ガバナンスに関しては国際規格の作成が始められており，将来，世界の企業をこの国際規格によって格づけする準備も進められている．

**注**

1）植竹晃久『企業形態論』中央経済社，1984年，p. 61
2）『日本経済新聞』2006年8月24日
3）村田稔『経営者支配論』東洋経済新報社，1972年，pp. 4－5

**参考文献**

植竹晃久『企業形態論』中央経済社，1984年

村田稔『経営者支配論』東洋経済新報社，1972年
増地昭男・佐々木弘編『現代企業論』八千代出版，1994年
佐久間信夫・出見世信之編『現代経営と企業理論』学文社，2001年
渡邊顯・辺見紀男『会社機関の要点』商事法務，2005年
大田達也『新会社法と新しいビジネス実務』商事法務，2005年

# 第2章 日本の会社機関とコーポレート・ガバナンス

## 第1節 1990年代までのトップ・マネジメント組織

1990年代まで，日本の株式会社には株主総会，取締役会，監査役，代表取締役などの機関が法律で設置を義務づけられていた．これらの機関は十分その機能を果たしていないといわれてきたが，近年，欧米ではこれらの会社機関についてコーポレート・ガバナンス（企業統治）の改革が進められてきた．世界的なコーポレート・ガバナンス改革に歩調を合わせて，日本においても取締役会や株主総会の機能改善に企業が自主的に取り組む例が多くみられるようになった．

このような流れの中で2002年の商法改正によって，委員会設置会社が導入された．委員会設置会社は従来の日本の株式会社の機関や制度を改革しコーポレート・ガバナンス機能を強化することを主たる目的とするものであった．委員会設置会社は，従来の大規模な株式会社に設置が義務づけられていた監査役会をもたないことをひとつの特徴としている．そこで従来型の会社は，委員会設置会社の導入後，監査役会設置会社と呼ばれるようになった．

本章では，1990年代までの監査役会設置会社の各機関が抱えていた本質的な問題点を明らかにし，次に企業統治改革の気運が日本で活発になった90年代以降，どの程度企業統治の改善が進められたのかを検討し，さらに，商法改正によって登場した委員会設置会社および2014年の改正会社法によって導入された監査等委員会設置会社の仕組みを明らかにする．上述の株主総会，取締役会，監査役，代表取締役は法定の機関であるが，これらの機関に加え，これまでに先進的な大規模企業で設置されてきた執行役員についても，企業統治改革の視点から，みていくことにする．

本節ではまず，1990年代までの監査役設置会社にどのような問題が指摘されていたのかを明らかにし，次に，これらの問題が，今日どのように改善されてきたのかをみていくことにする．株主総会は，株式会社の最高機関であり，法令または定款に定められた事項に関しての決定権が認められている．それは主として，定款の変更や解散・合併といった会社の基本的事項，配当などの株主の利益にかかわる事項および取締役や監査役の選任・解任などである．

監査役は株主総会で選任され，会社の業務監査および会計監査を任務とする．取締役会は株主総会で選任された取締役によって構成され，株主に代わって会社の業務が適正に運営されるように監督することを任務としている．取締役会は意思決定機関であり，業務執行は行わない．業務執行にあたるのは取締役会によって選任される代表取締役をはじめとする少数の役員である．法律は取締役会を株主の利益を保護するための受託機関として位置づけ，また意思決定と業務執行の機関を区別し，取締役会に意思決定の役割を，代表取締役以下の役員に業務執行を任せているのである．

しかし，日本企業においては，取締役会のメンバーはそのほとんどが業務執行担当者によって占められており，意思決定と業務執行の分離が行われていなかった．業務執行を兼務する取締役は社内取締役（内部取締役）と呼ばれるのに対して，その会社の従業員でない取締役は社外取締役（外部取締役）と呼ばれるが，これまでの日本の大規模株式会社では，取締役のほとんど全員が社内取締役であることから，取締役会と業務執行担当者が一体化しており，取締役会はその期待された機能を果してこなかった．本来，取締役会は受託機関として，株主に代わって業務執行担当者の業務執行を監視する責任を課せられていたのであるが，取締役会メンバーのほとんどすべてが業務執行担当を兼務していたため，監視機能がはたらかなかったのである．

代表取締役は，対外的に会社を代表し，取締役会の決めた基本方針に従って

**図表2−1　株式会社のトップ・マネジメント組織**

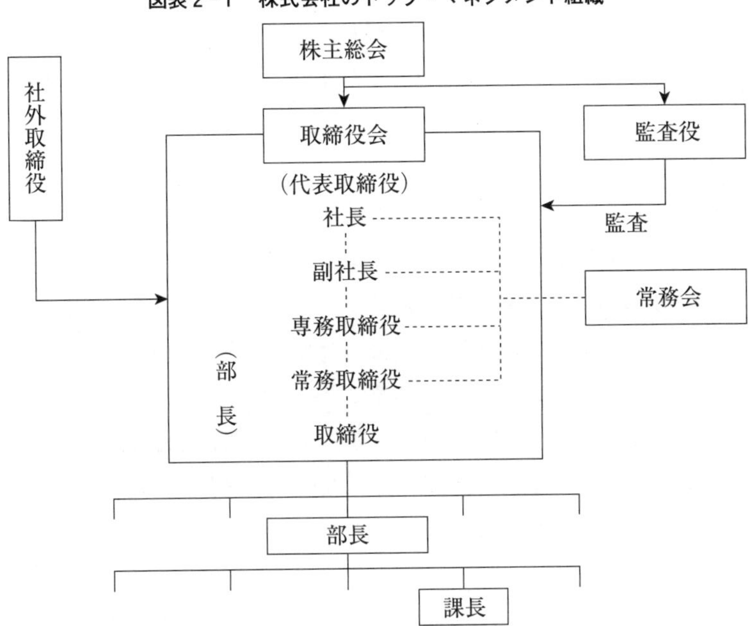


業務執行にあたる．しかし後に述べるように，わが国においては通常，代表取締役である社長の権限がきわめて強く，現実の企業運営は取締役会が株主のために代表取締役らの仕事を厳しく監視するという，法律の想定した状況といちじるしく異なっている．次に監査役設置会社におけるそれぞれの会社機関が，これまで実際にどのように運営されてきたのか，90年代までの状況を中心に，みていくことにしよう．また，これらの機関は最近の企業統治改革によって大きく変化した部分もあるので，改善の状況についても検討することにしよう．

## 第2節　株主総会

会社の最高機関である株主総会は一般株主が直接経営者と議論できる唯一の

場であるから，本来多数の株主が出席し，活発かつ十分な議論が行われ，経営者の経営活動についての適切な評価が行われるべき場である．しかし，かつてわが国の株主総会は一斉に開催され，また非民主的に運営され，短時間で終了するなど多くの問題をかかえてきた．このように株主総会が無機能化している最も重要な原因は，株主安定化策である．

日本の経営者はかつて，乗っ取り（敵対的買収）を防止するために，安定株主作りに熱心に取り組んできた．たとえば，A社を乗っ取ろうとする者（あるいは会社）は，まずA社の株式を買い集め，A社の支配権を獲得しなければならない．A社が親密な会社や団体に自分の会社の株式を買い，乗っ取り屋が現れたときに乗っ取り屋に株式を売り渡すことのないよう頼んでおけば，A社の経営者は乗っ取りを防止することができる．A社が発行した株式をB社が所有し，B社が発行した株式をA社が所有し，互いに第三者に株式を売り渡さないことを約束しておけば，互いに安定株主となることができる．これがいわゆる株式相互持合いである．

株式相互持合いは乗っ取り防止のほかに，経営者の支配力を強める効果をもつ．株式を持ち合っている企業同士は，株主総会に先立って白紙委任状を送り合うのが普通である．経営者は持合い相手の企業から送られた白紙委任状によって，相手企業のもつ自社株に与えられた議決権をあたかも経営者自身が所有しているかのように行使することができる．持合い関係にある企業の経営者同士は，このように事実上の議決権の交換によって企業の広範な決定権を獲得することができる．これに対して，株式を一方的に所有する保険会社や個人株主の利益は顧みられることがほとんどないといわれてきた．

日本の株主総会に関してこれまで問題にされてきたのは，まず第1に総会開催日の集中である．わが国においては上場企業が特定の日時に一斉に株主総会を開催するのが慣行となっている．たとえば，1996年には6月27日午前に2,241社が総会を開催した．これは6月中に総会を開く企業の88％に相当する[1]．株主総会の一斉開催はいわゆる総会屋対策を名目に行われているのであるが，これによって複数の会社の株式を保有する個人株主も総会から排除されることになるのである.

日本の株主総会の第2の問題点は，総会の時間がきわめて短いことである.欧米では，1年に1度の株主総会を株主と会社の貴重なコミュニケーションの機会ととらえ，経営者が十分時間をかけて経営状況を説明している.これに対し日本では，90年代まで大部分の総会が30分程度で終了し，質問もまったくないのが普通であった.株主総会はほとんどの株主にとって発言することも議決権を行使することもなく，経営者の提案を無条件に承認するための機関となってしまっていた.

第3の問題は，株主総会の非民主的運営であり，これがこれまでの日本の株主総会の最も大きな問題であった.経営者は総会の定足数を満たすために，出席しない株主から委任状を集める.委任状の収集自体はアメリカにおいても一般に行われていることであるが，日本に特徴的なことは，株式相互所有の存在である.企業集団や系列企業を中心とする友好的企業との間で行われている株式相互所有に基づき，経営者同士はお互いに白紙委任状を交換しあうのである.

わが国企業の98.4%に安定株主が存在し，発行済総株式数に占める安定株主の所有比率は平均で53.8%であり，また39.2%の企業がほぼすべての安定株主との間で株式を持ち合っていた[2)].株式相互所有をしている企業は互いに白紙委任状を送り合い，さらにそのうえに，その他の安定株主の白紙委任状が上乗せされると考えられる.このように，経営者は白紙委任状に基づく圧倒的な議決権を背景に株主総会を運営する.さらに，問題を抱えた企業の株主総会においてしばしばみられるように，総会に社員株主やOB株主を多数出席させ，一部の出席者の質問の要求を，「異議なし」，「議事進行」，の斉唱でかきけして強引に議事運営を行ってきた.1992年には，50名以上の多数の社員株主を出席させた会社も18.6%にのぼった[3)].株主総会運営の非民主性は欧米との対比において際立っており，早急に是正されなければならない問題であった.

これらの問題はいずれも過去数十年間にわたって是正が叫ばれてきたものであるが，近年徐々に改善の動きがみられる．すなわち，1999年頃を境に総会開催日の集中度の低下，総会の所要時間の長期化，個人株主の発言の機会の増加など株主総会運営の民主化に改善のきざしが現れた．特筆すべきは，株主総会を株主に開かれたものにしようとする努力が大企業経営者の間に次第に浸透しつつあり，個人株主の質問に丁寧に回答し，そのため所要時間の長くなる企業が増加したことである．

1998年の住友商事事件に対する大阪高裁判決で，従業員株主による「議事進行」「異議なし」などの発言が「一般株主の株主権行使を不当に阻害する行為」であり，違法であると判断されたこともあり，99年の総会からはこのような一般株主に対する威圧的な行為が減少しはじめた．

また，南都銀行の99年の総会では，役員の退職慰労金の支給金額を明らかにするよう求めた株主の質問が無視された形で議決が行われたが，2000年３月にはこの総会議決の取り消しを命ずる判決が奈良地裁で言い渡された[4)]．このような状況を背景に，開かれた株主総会の動きが徐々に現れてきている．

総会平均所要時間は96年以降増加を続けており，２時間を超える会社も01年には44社，06年は88社に増加した[5)]．２時間を超える会社では電力会社９社に対する原発反対運動を行っている株主のように，「運動型株主」による発言で長時間化したものがほとんどであった．株主提案は01年には過去最高の17社にのぼり，その後も，05年は21社，07年は32社，2014年は30社と近年は30社前後で推移している．株主提案は「運動型株主」を中心に行われている．「運動型株

**図表２－２　株主総会の平均所要時間の推移**

| 年 | 93 | 95 | 97 | 99 | 01 | 03 | 05 | 07 | 09 | 11 | 13 | 15 |
|---|---|---|---|---|---|---|---|---|---|---|---|---|
| 平均所要時間（分） | 29 | 28 | 29 | 33 | 39 | 43 | 48 | 55 | 54 | 54 | 52 | 56 |

出所）　商事法務研究会『株主総会白書』各年度版より作成

**図表2－3　日本における株主総会の変化**

| | 90年 | 95年 | 98年 | 99年 | 00年 | 01年 | 03年 | 05年 | 07年 | 09年 | 11年 | 13年 | 14年 |
|---|---|---|---|---|---|---|---|---|---|---|---|---|---|
| 1時間以上を要した会社数 | 80社<br>3.9% | 74社<br>3.3% | 141社<br>5.7% | 154社<br>6.4% | 231社<br>9.3% | 304社<br>12% | 378社<br>14.9% | 534社<br>20.7% | 706社<br>27.4% | 731社<br>29.2% | 704社<br>29.4% | 664社<br>27.9% | 713社<br>29.7% |
| 全く発言がなかった会社数 | 1,374社<br>87.7% | 1,620社<br>86.7% | 1,495社<br>75.8% | 1,475社<br>72.9% | 1,278社<br>66.0% | 1,231社<br>61.2% | 1,085社<br>55.6% | 891社<br>46.0% | 775社<br>39.7% | 659社<br>34.7% | 639社<br>34.6% | 598社<br>33.4% | 542社<br>30.9% |
| 50人以上の社員株主が出席した会社数 | 266社<br>17.0% | 379社<br>20.3% | 311社<br>15.8% | 246社<br>12.2% | 203社<br>10.5% | 167社<br>8.3% | 105社<br>5.4% | 87社<br>4.5% | 81社<br>4.1% | 72社<br>3.8% | 67社<br>3.6% | 59社<br>3.3% | 49社<br>2.8% |
| 株主提案権の行使社数 | 5社 | 13社 | 16社 | 14社 | 14社 | 17社 | 16社 | 21社 | 32社 | 29社 | 27社 | 34社 | 30社 |
| 株主懇談会を開催している会社数 | 28社<br>1.1% | 31社<br>1.7% | 70社<br>3.6% | 90社<br>4.5% | 136社<br>7.0% | 198社<br>9.8% | 265社<br>13.6% | 347社<br>17.9% | 419社<br>21.5% | 357社<br>18.8% | 330社<br>17.8% | 308社<br>17.2% | 294社<br>16.7% |
| 株主の発言を歓迎する会社数 | ―― | ―― | 1,158社<br>58.8% | 1,259社<br>62.3% | 1,340社<br>69.3% | 1,468社<br>72.9% | 1,419社<br>72.8% | ―― | ―― | ―― | ―― | ―― | ―― |
| 株主総会のビジュアル化を実施している会社数 | ―― | ―― | 135社<br>6.9% | 202社<br>10.0% | 318社<br>16.4% | 530社<br>26.4% | 797社<br>40.9% | 1,055社<br>54.4% | 1,284社<br>65.8% | 1,374社<br>72.4% | 1,418社<br>76.7% | 1,444社<br>80.6% | 1,442社<br>82.1% |

出所）　図表2-2に同じ

主」としては労働運動型株主（東日本旅客鉄道），株主オンブズマン（三井住友銀行），住民運動株主（旭化成）などの例をあげることができるが，インターネットを活用しているものもある．株式相互所有解消の流れが加速する中で，経営者は個人株主を重視する姿勢を強めており，以前のように個人株主の発言を封じ込めようとする態度は変わりつつある．経営者は個人株主の質問に可能な限り丁寧に回答しようと努めるようになってきている．個人株主を増加させるためにIR活動や株主総会後に株主懇談会を実施する企業が増えているほか，株主総会で映像用機器を用いて総会のビジュアル化を図る企業も増えている．また，社員株主の出席数を減らし，「異議なし」などの発言を減らす企業の数も増えてきている．株主総会を民主化していこうとする動向は90年代末から着実に進んでいる．

## 第3節 監査役会

監査役の任務は取締役の業務執行を監査することであり，また監査役は取締役らに営業報告を求めたり，会社の業務，財産の状況を調査する権限などを与えられている．さらに，取締役が法律や会社の定款に違反する行為によって会社に損害を与える恐れのある場合には，監査役は取締役に対しその違法行為を差し止める権限をもつ．

しかし，このように広範な権限を与えられているにもかかわらず，かつてわが国の監査役は経営者に対する監視機能を十分果たしてこなかった．わが国の監査役が機能しなかった最大の原因は，監査役の人事権を実質的に社長が掌握していることである．監査役は株主総会で選任されることになっているが，安定株主からの委任状を握り，株主総会での圧倒的な議決権をもつ社長が監査役の人事権を事実上掌握している．社内においてこのような強い権限をもつ社長は，自らの経営活動に対する強い監視を，自ら望むことはありえないので，社長を中心とする経営者層は監査役の無機能化を促進してきたと考えられる．わが国の監査役に職務を遂行するうえでの適切な権限や独立性，調査能力が与えられてこなかったことなどは，こうした理由によるものである．

わが国の監査役は90年代まで，内部昇進がほとんどであり，社内の役員中での序列も相対的に低かったため，強い独立性をもち，社長等の最高経営者の業務執行を監査することはほとんど不可能であった．

また，監査役の情報収集能力もきわめて限定されたものであった．1992年の日本監査役協会のアンケート調査によれば，社長との懇談の場がない（21%），社長との懇談の機会が年に1・2回（39%）などの不満をもつ監査役が60%にのぼった[6]．また，この調査によれば，「常務会などの実質的な意思決定会議に出席できない」などの意見が多く，監査のために必要な経営情報が監査役に与えられてこなかった．

このように，わが国の監査役は法制度上は，社長を中心とする経営者層の監視をするのに最も適した機関であるにもかかわらず，上述の理由によっていちじるしく形骸化され，長年にわたってその企業統治機能を果たしてこなかったのである．

このような状況を踏まえ，監査役の企業統治機能を高めるため，1993年に商法が改正され，大規模な企業（資本金5億円以上または負債200億円以上の企業）は3人以上の監査役を置き，そのうち1人は社外から任命しなければならないことになった．社外監査役の導入を義務づけたことに対しては，企業統治の観点から一定の評価が与えられているものの，商法改正直後の実態調査によれば，純粋な意味での社外監査役は少ないことがわかった．

すなわち，日本監査役協会の調査によれば，社外監査役のうち，「社内出身者」は16.5％（商法では社外監査役を「就任前5年間その会社の従業員でなかったもの」と規定しているため，たとえば，子会社等へ5年以上出向していればこの規定を満たすことができる），系列企業グループ出身者は42.2％，大株主，銀行，生損保グループ出身者は23.8％であった[7)]．

改正商法は当該企業に対して独立的な社外監査役を導入し，経営者に対する監視機能を強化することを眼目にしていたのであるが，この調査結果は社外監査役のほとんどが当該企業と深い関連をもつ企業や機関の出身者であり，真に外部性ないし独立性をもつ社外監査役がきわめて少ないことを示している．その中で職業専門家グループは比較的独立性の強い社外監査役ということができるが，このグループでさえ，わが国の風土においては，経営者に対する監視者としてよりむしろ協力者としての性格を強くもつものであることが推測される．

また，社外監査役の選任にあたって，社長をはじめとする経営トップがほぼ完全に主導権を握っているこれまでの方式も，商法改正前と本質的にはほとんど変わらなかった．すなわち，社外監査役の選任に際して監査役が「選任者を具体的に推薦した」と答えた会社は6.8％にすぎなかった．調査報告は「口頭で意見を述べる機会があった」会社が28％あったことを捉え，「社外監査役の選任に関し監査役が積極的に関与した努力の跡がうかがわれる[8]」と述べ，改善のきざしがみられることを評価している．社外監査役の独立性が保証されるためには，たとえば，次期社外監査役が，現在の経営者と利害関係をもたない，社外取締役のみによって構成される指名委員会によって選任される，というような制度の導入が必要である．

さらに，日本監査役協会が1999年に3,300人余りの監査役を対象に行ったアンケート調査によれば，わが国の監査役の無機能化の問題は商法改正から6年を経てもなお，ほとんど改善のきざしがみられないように思われる．それによれば，75.2％の監査役が「監査役候補者の選定を社長が行っている」と回答しており，同様に53.8％が「監査役の報酬が社長の提示額で決まっている」，38.8％が「監査役の任期が肩たたきによる辞任で決まっている」ことを問題視しており，また「自信をもって監査報告書に署名捺印している」監査役は36.7％に過ぎなかった[9]．

2002年の商法改正で大規模な監査役会設置会社においては，監査役の半数以上に社外監査役を選任しなければならないことになった（2006年から適用）が，社外監査役の独立性が高まらない以上，監査役の監視機能の強化には限界がある．

## 第4節 1990年代までの取締役会の問題点

取締役会は意思決定の機関であり，また株主に代わって株主の利益を保護するために業務執行を監督する役割を担っている．取締役会の株主に対するこの機能は受託機能と呼ばれている．アメリカの企業統治改革は取締役会を中心に行われてきたが，日本においても同様の改革が求められる．これまで，日本の取締役会には企業統治の観点から多くの問題点が指摘されてきた．これらの問題点の一部については，近年，大幅に改善がみられるものもある．どのような問題がどう改善されたのかを明らかにするために，ここではまず1990年代までに指摘されてきた問題点をあげることにしよう.

第1は，業務執行とそれに対する監視という2つの機能が分離されていないということである．取締役会は全社的見地からの意思決定と業務執行の監督を行い，代表取締役以下の役員が業務執行にあたることになっている．しかし，わが国の取締役会はほとんど業務執行担当者で占められており，意思決定および監督と業務執行の機能が人格的に分離されていない．したがって，業務執行担当者が同時に彼の監督者であるという矛盾した関係が成立している.

第2は，取締役会の中に序列が形成されていることである．取締役会のメンバーがほとんど業務執行担当者によって占められることから，取締役会の中に代表取締役社長を頂点とした業務執行担当者の序列が形成されている．業務執行機関と監督機関の人的未分化の状態は，それだけで監督機関が無機能化していることを意味しているが，このような序列の存在が監督機関の無機能化をよりいっそう促進させることになる．取締役会は組織構造上，代表取締役社長よりも上位に位置するから，形式上は取締役会のメンバーである部長クラスの取締役が社長を監督していくということにもなりうるわけである．しかし，部長クラスの取締役は，取締役会内での地位は社長や副社長よりも低いため，このような事態は現実には起こり得ない．このように，取締役会においても業務執行担当者の序列が再現されることになり，これが社長の権力基盤を強化し，また取締役会の監督機能の形骸化をさらに推し進めることになるのである.

第3は，社外取締役がきわめて少ないことである．わが国の取締役に占める社外取締役の比率は5％といわれ，50％を超える米，英，独，仏などと比べていちじるしく低い[10]．わが国の取締役会の特徴は業務執行に携わる内部取締役の構成比率がいちじるしく高いことであるが，このことが取締役会の監督機能を無機能化させる重要な要因となっているのである.

第4は，取締役会の構成者数が多かったことである．クーンツ（Koontz, H.）は取締役会の適正規模について，「5名以下の取締役会ではほとんどその効果が期待できないし，また取締役会の意思決定に必要な自由な論議と十分な相互理解を得るためには，その構成員を13名ぐらいにとどめるのがよい[11]」と述べている．特定の問題について，専門的な見地からのさまざまな見解が表明され，十分な討議が行われるためには，メンバーが少なすぎてはいけないし，かといって全員が討論に参加できるためには多すぎてもいけないわけである．わが国の取締役会の規模は10～19名の会社が過半数を占めており，企業規模が大きくなるほど取締役会の規模も大きくなり，資本金1,000億円以上の企業の過半数が21名以上であった．

第５は，取締役会の構成メンバーの中に多くの部門管理者が含まれていることである．これはトップ・マネジメント（全般管理者）の機関が多数のミドル・マネジメント（部門管理者）によって占められていることを意味する．

部門管理者の職務の大部分はそれぞれの部門の個別の業務を担当することにあり，全般的管理のための会議が開催される短い間だけ経営全体の見地に立って発言することは困難である．部門管理者は自らの部門が最適に運営される「部門最適」を目ざすのが常であるが，全般管理は「全体最適」が志向されなければならないのである．また今日の大企業のように，全社的経営戦略の策定等，全般的管理の職務そのものが複雑化している場合には，本来の部門管理の職務のほかにさらに全般的管理まで遂行することは不可能といわざるをえない．全般管理はこのような理由からも部門管理から切り離されなければならないのであるが，わが国の実態は，専務あるいは常務取締役などが部門担当責任者をも兼務することが慣行となっている．取締役会メンバーの多くが部門担当責任者であるならば，全社的見地からの意思決定および業務執行の監督という取締役会機能の遂行を困難なものになる．

このように多くの問題点をもつ取締役会に対しては，執行役員制を導入してその企業統治機能を改善しようとする企業が増大しているので，次節において執行役員制について検討することにしたい．

## 第5節 執行役員制と取締役会改革

従来の日本企業の取締役会には多くの問題が存在し，これが長期間にわたって批判されてきたが，90年代の終りに執行役員制を導入して取締役会を改革しようとする企業が現れた．執行役員制は1997年6月にソニーで導入されたのを契機に，わずか2年間で上場企業の7.4%にあたる179社で採用され[12)]，現在，大企業の半数以上で採用されている．

執行役員制は商法の規定に基づく制度ではなかったので，導入企業ごとにその内容にかなりの相違がみられるが，導入の目的は，①取締役会の構成員数を削減し，取締役会の議論を活発にし，その機能強化と活性化をはかること，②取締役の人数を削減することによって意思決定の迅速化をはかること，③会社の業務執行の機能と全社的意思決定および業務執行に対する監視機能とを分離すること，④ゼネラル・マネジメント（全般経営層）とミドル・マネジメント（中間管理層）を分離すること，などであろう．執行役員制導入企業において上記のような改革の目的が効果的に達成されているかどうかについては異論も多いが，少なくとも取締役数の削減については大きな効果を上げていることは疑いない．たとえば，上記の執行役員制を導入した企業179社において，1社当たりの取締役数は1年間で18.6人から9.5人に半減した[13)]．

一般に，執行役員は取締役会の下位機関に位置づけられ，取締役会が意思決定と経営の監視を，執行役員が業務執行を担当するというように，両機能の分離を目的として設けられる．したがって取締役と執行役員の兼務が多い場合には，監視と執行の未分離という従来の取締役会のもっていた問題点が解決されないことになる．執行役員は企業の特定部門の責任者であることが多く，彼らが取締役を兼務しない場合には，全般管理と部門管理の分離も執行役員制によって実現することになる．

東京弁護士会会社法部は2000年2月に全国の上場企業2,445社に対して執行役員制の実施状況についてのアンケート調査を行った（回答企業は951社[14)]）．そ

図表 2－4　社外取締役の選任状況

（単位：%）

| 2002年（863社） | 10億円未満 | 10～30億円 | 30～100億円 | 100～300億円 | 300億円以上 | 合計 |
|---|---|---|---|---|---|---|
| 既に導入している | 36.1 | 33.3 | 33.9 | 33.1 | 49.6 | 35.9 |
| 今後，導入予定である | 6.0 | 1.9 | 3.3 | 2.0 | 2.7 | 2.9 |
| 今後，導入を検討している | 32.5 | 31.9 | 34.9 | 37.8 | 21.2 | 32.6 |
| 一切，導入は考えていない | 25.3 | 32.9 | 28.0 | 27.0 | 26.5 | 28.6 |

（単位：%）

| 1999年（1138社） | 10億円未満 | 10～30億円 | 30～100億円 | 100～300億円 | 300億円以上 | 合計 |
|---|---|---|---|---|---|---|
| 既に導入している | 38.9 | 32.8 | 28.5 | 23.4 | 36.6 | 30.1 |
| 今後，導入予定である | 1.4 | 1.7 | 0.8 | 0.8 | 1.4 | 1.1 |
| 今後，導入を検討している | 20.8 | 20.6 | 27.7 | 33.5 | 32.4 | 27.3 |
| 一切，導入は考えていない | 38.9 | 44.9 | 43.0 | 42.3 | 29.7 | 41.4 |

出所）　財務総合政策研究所「『進展するコーポレート・ガバナンス改革と日本企業の再生』報告書」2003年，p. 46. 財務総合政策研究所ホームページ http//www. mot. go.jp/jouhou/souken.htm

れによれば執行役員制を導入している企業は122社（12.9%），導入を予定している企業は57社（6.0%）であった．大企業ほど導入している企業が多く，資本金500億円超の企業のうち30社（34.9%）がすでに導入していた．

このアンケート調査では，執行役員制導入にともなう問題点は，執行役員の「法的地位・根拠が不明確」（72.7%），「取締役との役割分担が不明確」（40.0%）などの項目が高い比率を占めた（複数回答）．

執行役員制を導入する企業は着実に増加し，2002年には資本金500億円以上の大企業の半数以上で執行役員制が導入されている[15]．こうした中で，社長をはじめとする経営者に対する監視を強化するためには執行役員制の導入だけでは困難であり，社外取締役の増強が不可欠であるとの認識もようやく芽生えてきつつある．

一方，社外取締役の導入に積極的に取り組む企業も増加している．東証1部上場企業を対象にした調査によると，2001年時点で社外取締役を選任している企業は38.8%，選任を検討している企業は24.2%であり，半数以上を社外取締役が占める会社はHOYA，スクウェアなど4社，社外取締役が5人以上の会社は7社であった[16)]．社外取締役の選任は着実に増加しており，2002年には資本金300億円以上の企業のほぼ半数で社外取締役が選任されている．

しかし，社外取締役導入企業が増加しているとはいえ，その全取締役に占める比率は未だ低く，今後は社外取締役の比率を増大させること，さらに社外取締役の独立性を確保することが今後の日本企業の課題であるといえる．

## 第6節　委員会設置会社と新しい企業統治制度

日本の企業統治制度に関して多くの問題点が指摘されている中で，一部の先進的企業は執行役員制や社外取締役，取締役会内常任委員会などを導入して，企業統治の改善を進めてきた．これらの取締役会を中心とする企業統治改革はアメリカの企業統治モデルの導入にほかならないが，これらの一部の先進的企業の動向を後追いする形で2002年に商法が改正された．

改正商法においては，大企業（資本金5億円以上または負債200億円以上の企業で，対象となる企業は2002年現在，約1万社）は，監査役会をもつ従来の企業統治モデルと監査役会を廃止したアメリカ型企業統治モデル，いわゆる「委員会等設置会社」のいずれかを選択することができることになった．アメリカ型企業統治モデルを選択した企業には複数の社外取締役の選任が義務づけられ，取締役会の中に指名委員会，報酬委員会，監査委員会の3つの委員会の設置が義務づけられる．3つの委員会は3人以上の取締役で構成され，その過半数が社外取締役によって占められなければならない．したがって最低2名以上の社外取締役を選任しなければならない．取締役の任期は2年から1年に短縮され，取締役の権限が強化される一方で，株主総会でのチェックをより頻繁に受ける

**図表２－５　委員会設置会社の機関**

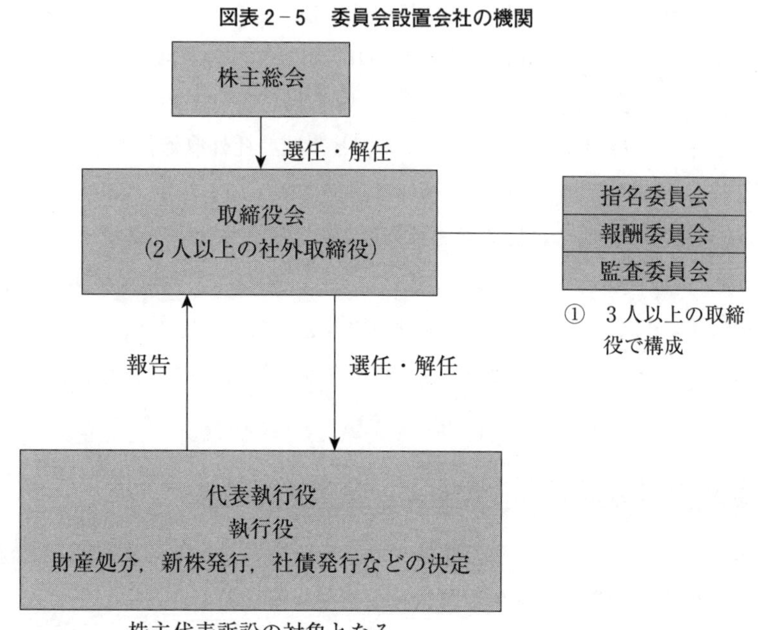


ことになった．

　また，このアメリカ型モデルでは新たに執行役が置かれ，業務執行を担当する．全社的意思決定を担当する取締役会と業務執行を担当する執行役の役割分担を明確化した．執行役は取締役会において選任・解任される．さらに，従来の代表取締役に代って代表執行役が設けられることになった．代表執行役はアメリカ企業のCEO（最高経営責任者）に相当する．新たに設置される執行役は取締役と同様，株主代表訴訟の対象となる．

　アメリカ型モデルを採用せず，監査役会を存続させる大企業は，３年以内に社外監査役を現行の１人以上から監査役の半数以上（最低２人）に増員しなければならないことになった．また，これまでは配当などの利益処分案は株主総会で承認されることになっていたが，委員会等設置会社を採用した企業では取締役会で承認できるようになったほか，新株や社債発行などの権限を取締役会が執行役に委譲できることになった．社外取締役を導入した企業に監査役会の廃止や意思決定手続きの簡略化，迅速化などの利便性を与えることによって社外取締役の導入を促進しようという意図がみられる．

2006年に試行された会社法では，名称が委員会設置会社に改められ，大会社に限らず委員会設置会社の形態を採用することができるようになった．また委員会設置会社にのみ認められていた取締役会での利益処分案の承認は，定款を変更することによって委員会設置会社以外の会社にも認められることになった．

委員会設置会社については社外の人物が会社の強い権限を握ることになるため，経済界の拒否反応は強く，2007年の段階で委員会設置会社に移行した企業は約100社にとどまる．

この会社機関についての法改正に先立って，2001年12月5日，株主代表訴訟に関する商法も改正された．1993年の商法改正で，株主代表訴訟の手数料が一律8,200円と定められてから，提訴が容易になったため，株主代表訴訟の提起が増加した．1993年以降，監査役会や取締役会が形骸化した日本企業においては，株主代表訴訟が経営者を効果的に規律づけることのできる，事実上，唯一の方法と評価されてきた．しかし，大和銀行ニューヨーク支店の不祥事にかかる株主代表訴訟で，大和銀行経営陣に対して約830億円の損害賠償を命ずる判決が出て以来，経済界からは賠償額が経営者にとって過酷すぎるという不満が出されていた．

2001年の商法改正は，こうした経済界からの強い要望に応えるもので，所定の手続きを経て経営者の損害賠償額を，代表取締役は報酬の6年分，代表権のない社内取締役は4年分，社外取締役と監査役は2年分にまで軽減することができるというものである．ただし，犯罪行為のあった場合には賠償の軽減は認められない．

さらに，最近の一連の商法改正により，株主総会手続きも簡素化され，中小企業に対しては有限会社並みの簡素な株主総会手続きが認められることになったほか，書面や電磁的方法による総会決議も認められることになった．株主総会の特別決議の定足数も従来の「議決権総数の過半数」から「３分の１」に緩和された．これは外国人株主が増加し，株主総会に出席しにくい株主が多くなっている現実を踏まえたものである．

## 第７節 改正会社法と２つのコード

2015年は改正会社法が施行され，スチュワードシップ・コードとコーポレート・ガバナンス・コードの２つのコードの適用が始まるなど，日本のコーポレート・ガバナンスに画期的な進展をもたらす大きな変化の年であった．同時に３つの改革が行われたことから，2015年は日本のコーポレート・ガバナンス元年とも呼ばれた．

2008年はアメリカの投資銀行，リーマン・ブラザーズの破綻に端を発した欧米巨大金融機関の破綻とそれに続く世界不況の始まりの年であった．世界同時不況の元凶となったリーマン・ブラザーズの破綻の原因のひとつは，コーポレート・ガバナンスの機能不全にあったとされ，これを契機に世界各国で，さらなるコーポレート・ガバナンス改革が進められることになった．

日本においては金融庁と東京証券取引所（以下，東証）がコーポレート・ガバナンス改革の役割を担った．2009年，東京証券取引所は上場規則で，少なくとも１名の独立役員の選任を義務づけることになった．独立役員は社外取締役あるいは社外監査役がこれに相当するが，既に上場企業の監査役設置会社には２名以上の社外監査役の選任が義務づけられていたため，その独立性が問われるだけに留まる改革であった．

2010年，金融庁は，役員報酬の開示と議決権行使結果の開示を義務づけた．すなわち，上場会社は１億円以上の報酬を得た役員の氏名と報酬額，報酬の内訳などについて公表することが義務付づられた．また，株主総会に提出された議案について，議決結果の開示が義務づけられた．従来，議案に関しては可決されたか否かについてしか公表されなかったが，可決されたとしても何%の賛成で可決されたのかを公表しなければならなくなったのである．たとえば特定の取締役の選任議案が60%の賛成票で可決されたとすると，40%の株主はこの取締役の選任に対して反対ないし否定的であることが明らかになるため，これ以降の株主総会においてこの取締役を再任することについては消極的にならざるを得なくなる．経営者は株主総会において，可決されたとはいえ，賛成比率の低い議案については経営政策を実行する際に見直しや修正を迫られることになるのである．

2014年の会社法改正では，コーポレート・ガバナンスに関して，主に5項目の改正が行われた．まず第1は「監査等委員会設置会社」制度が新設されたことである．これによって，日本の上場会社は従来の監査役設置会社，委員会設置会社に加えて監査等委員会設置会社の3つのタイプからひとつを選ぶことになった．また同時に従来の委員会設置会社は「指名委員会等設置会社」に名称が変更されることになった．

第2は社外取締役の実質的な義務づけである．すなわち，上場会社は1人以上の社外取締役を置くことが求められ，置かない場合にはその理由を説明しなければならないことになった．

第3は社外取締役の要件が厳格化されたこと，すなわち社外取締役の独立性が強化されたことである．

第4は監査役の権限強化であり，監査役が会計監査人の選任・解任の議案の内容を決められることになった．

第5は多重代表訴訟制度が新設されたことである．親子関係にある会社の子会社で経営者が会社に損害を与えるような行為があった場合，これまで親会社の株主は子会社の経営者に対し株主代表訴訟を提起することができなかった．改正会社法においては，親会社の株主が子会社の経営者を提訴することができるようになった．

一方，2014年2月，金融庁が日本版スチュワードシップ・コードを作成し，

2015年から運用が始められた．スチュワードシップ・コードとは機関投資家が取るべき責任原則のことで，イギリスで2010年に導入されたものである．機関投資家がこのスチュワードシップ・コードを導入するかどうかは任意であるが，130兆円の運用資産を持つGPIF（年金積立金管理運用独立行政法人）など，主要な機関投資家184社（2015年2月末時点）がコードを導入し，このコードに従って活動することになった．

このコードを導入した機関投資家は，①議決権行使の方針を作り，行使結果を集計，公表しなければならない．また②責務をどう果たしていけるか顧客や個人の受給者に報告しなければならない．つまり，機関投資家は顧客や個人の受給者（資金の出し手）の立場に立って議決権を行使すること，資金の出し手に対する説明責任を果たすことなどが求められるのである．さらに，③年1回の株主総会で議決権を行使するだけでなく，常に経営者と対話し，資金の出し手の利益になるように企業を経営すべく，経営者に働きかけなければならないのである．

これに加え，金融庁と東証は2015年3月，コーポレート・ガバナンス・コードの導入を決定し，2015年6月1日から東証上場企業約2,380社を対象に同コードの適用を開始した．このコーポレート・ガバナンス・コードは73本の原則から成り，上場企業はこのコードを必ず守らなければならないわけではないが，守らない場合にはその理由を説明しなければならない．このようなコーポレート・ガバナンスの実践の方法はイギリスを源流とする「遵守せよさもなくば説明せよ（comply or explain）」の実践方法であり，現在EU各国はもとより，世界の多くの国で用いられるようになった方法である．法律で厳格に規制する（ハード・ロー）のではなく，自主規制（ソフト・ロー）によってコーポレート・ガバナンスを改善しようとする方法であり，ヨーロッパではその改善効果が確認されている．

東証が適用を始めたコーポレート・ガバナンス・コードの主要な内容は，①持合い株の狙いを説明すること，②女性の活用など企業における多様性を確保すること，③取締役の選任方法を開示すること，④社外取締役を2人以上選任すること，⑤株主と建設的な対話を行うこと，の5つに整理することができる．このうち，①は株式相互持合いに対する実質的な規制であり，②は女性の管理職への昇進を促すものであり，いずれも日本企業のコーポレート・ガバナンスにおいて長年指摘されてきた問題点である．コーポレート・ガバナンス・コードにおいて特に注目されるのは，社外取締役2名以上の選任を求めていることである．改正会社法が1名以上の社外取締役の選任を義務づけているのに対し，このコードでは2名以上を求めているのである．

日本版スチュワードシップ・コードが機関投資家に対し，コーポレート・ガバナンス改善への取り組みを強化するよう求めているのに対し，コーポレート・ガバナンス・コードは企業に対してコーポレート・ガバナンス改善への取り組みの強化を求めるものである．2つのコードはともに機関投資家と経営者の対話を促進することによって日本のコーポレート・ガバナンスを改善することをめざしているのである．

**注**

1）『日本経済新聞』1996年6月27日夕刊
2）稲上毅らが1999年1～2月に実施した調査による．稲上毅・連合総研『現代日本のコーポレート・ガバナンス』東洋経済新報社，2000年，p. 250
3）商事法務研究会編『株主総会白書　1992年版』商事法務研究会，1992年，p. 102
4）商事法務研究会編『株主総会白書　2000年版』商事法務研究会，2000年11月，p. 17
5）以下は『株主総会白書』各年版によった．
6）『朝日新聞』1992年11月12日
7）伊藤智文「商法改正2632社の社外監査役の実態」週刊東洋経済『企業系列総覧，95』東洋経済新報社，1994年，pp. 16–23
8）同上稿，p. 19
9）『朝日新聞』1999年4月16日
10）『日経ビジネス』1999年10月25日号，p. 50
11）Koontz, H., *The Board of Directors and Effective Management*, 1967, p. 174.（永

島敬識訳『取締役会』東洋経済新報社，1970年，p. 174）
12）『日本経済新聞』2001年6月16日
13）『日本経済新聞』1999年6月25日
14）東京弁護士会会社法部編『執行役員・社外取締役の実態―商法改正の方向を含めて―』商事法務研究会，2001年，pp. 61-131
15）財務総合政策研究所「『進展するコーポレート・ガバナンス改革と日本企業の再生』報告書」2003年，p. 44．財務総合政策研究所ホームページ．http//www.mot.go.jp/jouhou/souken.htm
16）『日本経済新聞』1999年6月25日

**参考文献**

坂本恒夫・佐久間信夫編『企業集団とコーポレート・ガバナンス』文眞堂，1998年
稲上毅・連合総研『現代日本のコーポレート・ガバナンス』東洋経済新報社，2000年
増地昭男・佐々木弘編『最新・現代企業論』八千代出版，2001年
佐久間信夫・出見世信之編『現代経営と企業理論』学文社，2001年

# 第3章 アメリカの会社機関とコーポレート・ガバナンス

## 第1節 トップ・マネジメント組織と企業統治

アメリカでは会社法は州ごとに異なっており，日本のような統一的な会社法は存在しない．しかし，アメリカの多くの大企業はデラウェア州で設立されているため，デラウェア会社法がアメリカにおける会社法のひとつの標準と考えることができる．

アメリカの一般的な大企業においては，株主総会，取締役会，最高経営責任者（CEO）などの機関が設けられている．大企業においては株式が広範に分散しており，したがって，所有と経営が分離しているのが一般である．取締役は株主総会で選任されるが，その過半数は社外取締役（outside director）によって占められるのが普通である．取締役会は年間に10回程度開催され，全社的な意思決定と経営の監視を主要な任務としている．取締役会は株主のために経営を監視する受託機関として位置づけられている．取締役会の中にはいくつかの常任委員会が設置され，それぞれ専門的領域の職務を担当するが，たとえば監査委員会などは，経営者すなわちCEOを頂点とする業務執行担当者の業務の監視が主たる任務となるため，経営者と利害関係をもたない，独立性の強い社外取締役が選任されることになっている．

業務執行は取締役会によって任命される，少数の執行役員（executive officer）によって担当される．CEOは日本の代表取締役社長に相当し，きわめて大きな権限をもつが，アメリカでは取締役会会長を兼任することが多く，会長兼CEOはさらに大きな権限をもつことになる．法律上は株主総会が取締役会に権限を委譲し，取締役会がCEOなどの執行役員に権限を委譲するという形で責任と権限の関係が形成されている．したがって，株主総会が取締役の任免権を，取締役会がCEOの任免権を握っていることになるのであるが，アメリカの大規模株式会社は長い間こうした法律の規定通りには機能してこなかった．

アメリカ企業では多くの副社長（vice president）が任命されることが多く，彼らは部門管理者であるのが一般である．多数の副社長がいる場合には，執行副社長（executive vice president），上級副社長（senior vice president）などのように副社長の中に序列がつくられている．

CEO（経営者）はひとたびその地位に就任すると強大な権力を握り，取締役の選任も次期CEOを含む執行役員の選任もCEO自身が行うばかりでなく，企業の広範な意思決定の権限までCEOが掌握するというような状況がアメリカの大企業に広がっていた．これがいわゆる経営者支配といわれる企業支配形態である．株式会社は法律上は株主のものであり，株主の利益のために経営されなければならない．しかし，株主に代って経営者を監視することを任務とする取締役会や株主総会が形骸化し，その機能を果たさないばかりでなく，むしろ経営者が経営者自身の地位を強化するためにこれらの機関を利用するというような事態が長い間続いてきた．

アメリカで1980年代後半から活発になった企業統治（corporate governance）活動は，もともと株主が株主の利益のために企業を経営するように経営者を監視していこうとする活動である．企業統治活動は，上述のような理由から，形骸化し，CEOによって掌握されてしまった取締役会を株主の手に取り戻し，独立的な社外取締役を積極的に選任することによってCEOの経営行動に対する株主の監視機能を回復させることを主眼とするものであった．

ところで，現代の大企業はたんに株主の利益のためだけに運営されてはならない．現代の大企業の行動が，従業員，消費者，供給業者，地域社会，債権者などいわゆるステークホルダー（stakeholder；利害関係者）に対してきわめて

**図表3－1　アメリカの株式会社の機関**

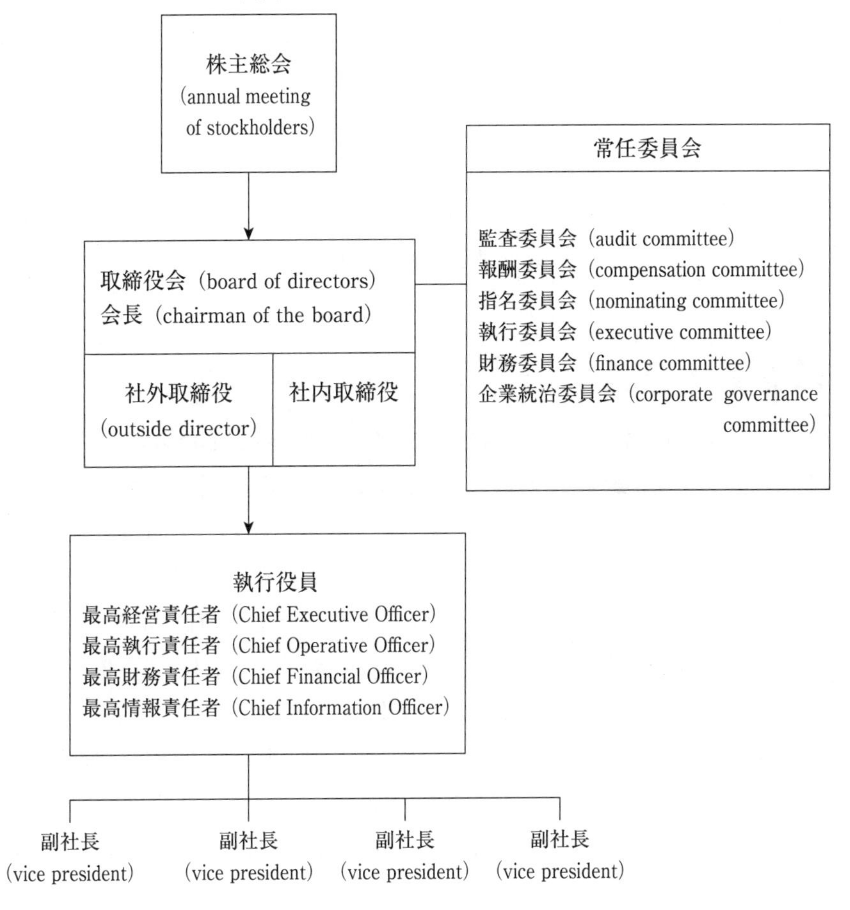


大きな影響を与えていることは周知のとおりである．現代の大企業はこれらのステークホルダーの利益も考慮して経営されなければならないのである．なぜならば，元来企業は社会の創造物であり，企業がこれらのステークホルダーの利益を損なうような事態になれば，社会は法律を改正するなどしてこれまでのような企業の存続を許さなくなるからである．すでに以前からアメリカの大企業はこのような観点からさまざまなステークホルダーの利益を経営に反映させ

る仕組みを取り入れている．たとえば，アメリカの企業においては，取締役会のメンバーに少数民族や女性，環境問題の専門家などを迎え入れ，彼らの利益を経営に反映させることを試みてきたのである．

このように企業統治は株主と経営者の（会社機関構造を介した）関係，および企業とステークホルダーの関係という２つの概念でとらえることができる．前者は狭義の企業統治，後者は広義の企業統治であり[1]，本章ではアメリカの株式会社の会社機関構造を狭義の企業統治の視点からみていくことにする．

## 第２節 株主総会

アメリカの企業経営者は株主総会を広報活動の一環と位置づけ，株主の好意を得ることや株主総会が好意的に報道されることに注意を払っている．デラウエア会社法は，会社の合併や解散，定款の変更などの重要な事項が株主総会の承認を得なければならないことを定めているが，ほとんどの株主総会は取締役の選任が中心的議題となっており，また「取締役会は，会社監査役の選任および一定の役員報酬計画の承認を求めることが多い[2]」．一般にCEOまたは取締役会会長が議長となって総会が運営される．

近年のアメリカのコーポレート・ガバナンスの特徴は機関投資家の活動の活発化であるが，機関投資家は株主総会の場以外にも経営者と非公式に接触し，経営者に意見を述べ，経営者に説明を求める．最近の機関投資家は常に経営者の監視を行っており，機関投資家のこうした活動はリレーションシップ・インベストメント（relationship investment）と呼ばれている．

デラウエア会社法は，株主総会の定足数を議決権株総数の３分の１以上と定めている．わが国と同様，大会社において３分の１の議決権をもつ株主が実際に総会に出席することはほとんど不可能であるため，経営者は広く委任状の勧誘を行うことになる．ほとんどの株主は総会に出席せず，個々の議決事項について指示を与えた委任状によって議決権を行使することになる．「したがって，年次株主総会に至るまでの委任状の勧誘の過程が会社支配に対する株主の参加の中心となっているのであって，実際の株主総会の方はこの過程を締めくくる段階であるにすぎなくなっている[3]」．つまり，株主総会において株主や経営者の間に対立する問題があるような場合には，争いは委任状勧誘競争において行われることになるのである．従来，委任状勧誘機構は経営者の会社支配にとってきわめて有利なものとなっていた．1970年代前半までのアメリカの大株式会社において経営者支配が優勢であると結論づけたブランバーグは，①個人株主への株式の分散，②「ウォールストリート・ルール」に基づいて行動する機関投資家，③委任状勧誘機構に対する経営者の支配の3つを経営者支配の根拠と位置づけた[4]．そしてこの中でもとくに経営者支配にとっての積極的な根拠と考えられる委任状勧誘機構に対する経営者の支配は，「主として州会社法，ならびに証券取引委員会の委任状規則が生み出した結果である」と述べている[5]．すなわち，ブランバーグは州会社法と委任状規則が，経営者にとって有利なものとなっていることが経営者支配の重要な要因のひとつであると考えたのである．

しかし，経営者支配の有力な根拠のひとつを提供していたSECの委任状規則がしだいに緩和されたことにより，経営者に反対する株主が従来よりも容易に委任状勧誘に参加できる制度へと変わっていった．

当時，株主が経営者に対抗して委任状を勧誘しようとする場合，株主は2つの点で経営者に対して不利な立場に立たされていた．すなわち，経営者は委任状説明書を作成し，委任状を印刷・郵送する費用やSECへの届出のための費用などを会社の経費として支出することができるのに対し，株主がこれを行おうとする場合にはその莫大な費用を自ら負担しなければならなかった．さらに，経営者に対抗する株主が委任状を勧誘しようとする場合，株主間のコミュニケーションに制限が設けられており，株主にとっていちじるしく不利なものとなっていた．1991年6月の第1次委任状規則改正案，1992年6月の第2次委任状改正案を経て1992年10月15日に発表されたSECの委任状規則改正は，経

図表3－2　機関投資家などの株主グループによるコーポレート・ガバナンス提案（1996～2005年）

| | 1996年 | 1997年 | 1998年 | 1999年 | 2000年 | 2001年 | 2002年 | 2003年 | 2004年 | 2005年 |
|---|---|---|---|---|---|---|---|---|---|---|
| ポイズン・ピル廃止 | 13 | 12 | 6 | 17 | 18 | 21( 5) | 50( 9) | 76 | 50 | 23 |
| 無記名投票 | 5 | 3 | 3 | 4 | 3 | 7( 4) | 5( 0) | 0 | 3 | 10 |
| 経営者報酬 | 1 | 8 | 13 | 9 | 11 | 38(28) | 25( 14) | 163 | 141 | 113 |
| ゴールデン・パラシュート | 10 | 4 | 1 | 3 | 0 | 13( 9) | 18( 13) | 16 | 26 | 20 |
| 取締役会関連 | 34 | 28 | 20 | 15 | 12 | 52(14) | 58( 31) | 52 | 82 | 109 |
| 任期がばらばらの取締役会廃止 | 40 | 21 | 13 | 20 | 20 | 42(12) | 39( 15) | 38 | 36 | 44 |
| 監査関係 | NA | NA | NA | NA | NA | NA | 20( 19) | 19 | 16 | 7 |
| 累積投票 | 2 | 1 | 1 | 2 | 2 | 18( 1) | 18( 0) | 19 | 22 | 18 |
| その他 | 29 | 21 | 19 | 29 | 22 | 50( 8) | 40( 9) | 44 | 38 | 31 |
| 合計 | 134 | 98 | 76 | 99 | 88 | 241(81) | 273(110) | 427(246) | 414(220) | 375(215) |

注1）2001年以降については，機関投資家などの株主グループによる提案だけではなく，個人株主による提案も含んでいる．2001年と2002年については，機関投資家などの株主グループと個人株主の区別がなされていたため，括弧内に機関投資家などの株主グループによる提案数を示している．2003～2005年についても，合計の部分のみ，括弧内に機関投資家などの株主グループによる提案数を示している．

2）Georgeson Shareholder, *Annual Corporate Governance Review: Shareholder Proposals and Proxy Contests 2001～2005*を基に作成．

出所）今西宏次「会社機関とコーポレート・ガバナンス」佐久間信夫編著『コーポレート・ガバナンスの国際比較』税務経理協会，2007年，p. 73

営者に対抗する株主が経営者と公平に戦えることをめざしたものであった．アメリカにおいてはこれまでもわが国とは比べものにならない程活発な株主提案が行われ，しかもそれが無視できない賛成票を集めてきたため，このSECの委任状規則改正は経営者に対する株主の圧力を飛躍的に高めることになった．この1992年のSEC委任状規則の改正は1980年代後半から活発な活動を展開してきた機関投資家の強力なロビー活動の成果のひとつであった．

## 第３節 取締役会

機関投資家のコーポレート・ガバナンス改善の要求は，機関投資家と経営者の非公式な接触，株主提案，委任状勧誘などの方法を通して取締役会の改善に向けても行われた．アメリカの取締役会は，日本と異なり，以前から比較的多数の社外取締役によって構成されていたが，80年代以降の企業統治運動は，社外取締役を取締役会の過半数にまで増員すること，および経営者と利害関係をもたない独立の社外取締役を選任することをめざすものであり，今日その目標はほぼ達成されている．取締役会の中にはいくつかの常任委員会が設けられており，独立の取締役が重要な役割を果たしている．取締役会は１ヵ月に１回程度開催され，業務執行はCEOを中心とする業務執行役員によって担当されているが，CEOと取締役会会長を同一の人物が兼務することによって意思決定と業務執行の権限を集中させている会社が多い．

取締役会の中に設置された常任委員会には執行委員会（executive committee），監査委員会（audit committee），報酬委員会（compensation committee），指名委員会（nominating committee），倫理委員会（ethics committee）などがある．取締役会の開催は年間10回程度と比較的少なく，会議時間も限られている．巨大な多国籍企業の場合は取締役が世界各地に分散していることも多い．常任委員会を設けることにより取締役会のこうした限界を補うことができ，これによって取締役がそれぞれの専門の問題に取り組むことが可能になる．

執行委員会はすべての常任委員会の中で最も大きな権限をもつ委員会であり，取締役会が開催されていないときは，日常的な事項に関する限り，取締役会のもつ権限のすべてを行使できる．つまり執行委員会は，会社の定款の変更，合併，買収，解散等の重要な事項を除き，事実上，取締役会の意思決定を代行する機関として機能している．

監査委員会は通常，社外取締役のみによって構成され，その構成メンバーの数は３名から５名程度である．監査委員会の任務は会計監査，内部管理につい

図表３－３　取締役会に設置されている取締役会委員会

（単位：％）

| 委員会の役割 | 2005年 | 2001年 | 1995年 | 1989年 | 1980年 |
|---|---|---|---|---|---|
| 監　　査 | 100 | 100 | 100 | 96.6 | 98.3 |
| 報　　酬 | 100 | 99 | 99 | 91.1 | 83.3 |
| ストック・オプション | 81 | 86 | 56 | NA | 43.5(1) |
| 指　　名 | 97 | 72 | 73 | 57.3 | 52.4 |
| エグゼクティブ | 46 | 56 | 65 | 73.5 | 77.3 |
| コーポレート・ガバナンス | 94 | 48 | 35 | NA | NA |
| 財　　務 | 30 | 35 | 32 | 33.5 | 32.3 |
| 後継者育成 | 36 | 30 | 31 | NA | NA |
| 投　　資 | 15 | 19 | 21 | NA | NA |
| 会 社 責 任 | 17 | 21 | 19 | 18.3 | 16.1(2) |
| 取締役報酬 | 48 | 30 | NA | NA | NA |

注１）1976年の数値である．

２）比較のため公共問題委員会（9.5％）と会社倫理委員会（6.6％）の合計16.1％を会社責任委員会とした．

３）1995年，2001年，2005年については，L.B.Korn & R.M.Ferry, *32nd Annual Board of Directors Study*, New York, Korn／Ferry International, 2006, p. 39を基に作成した．1989年の数値については，L.B.Korn & R.M.Ferry, *17th Annual Board of Directors Study*, New York, Korn／Ferry lnternational, 1991, p. 17を基に作成した．1980年については，D.Windsor,"Public Policy and Corporate Ethics Committees", in G.C.Greanias & D.Windsor eds., *The Changing Board*, Houston, Gulf Publishing Company, 1982, p. 101を基に作成した．

出所）今西宏次「会社機関とコーポレート・ガバナンス」佐久間信夫編著『コーポレート・ガバナンスの国際比較』税務経理協会，2007年，p. 82

ての監査，不正の調査，外部監査人（公認会計士）の選任等である．ニューヨーク証券取引所に上場する企業には社外取締役だけから成る監査委員会の設置が義務づけられている．

報酬委員会もすべて社外取締役によって構成されるのが普通である．役員報酬には給与，ボーナス，インセンティブ・プランなどの他に，退職金，年金，医療費，生命保険などの付加給付がある．長期のインセンティブ・プランはストック・オプション（stock option）が一般的である．報酬委員会は外部のコンサルタントに委託するなどしてこれらの役員報酬を決定する．

指名委員会は，取締役，会長，CEOの候補者を推薦することおよび取締役の評価などを主要な任務としている．この委員会においても独立取締役が重要な役割を果たしており，委員の75％以上が独立取締役によって占められるのが普通である．従来，取締役候補者の推薦は専らCEO（会長兼CEOであることが多い）によって行われ，その結果，取締役の人事権をCEOが握る会社が多くを占めた．CEOが取締役の人事権を握ることになると取締役会の経営者に対する監視機能が働かなくなり，企業統治の観点からきわめて重要な問題となってきた．

アメリカでは90年代の企業統治改革によって，取締役等の事実上の指名権が指名委員会に大きく移行した．しかし，現在でも「会長兼最高経営責任者の影響力は依然大きく，社外取締役のみで候補者を選定する企業は7％の少数派で，46％においては会長兼最高経営責任者の意向を考慮して社外取締役より構成される指名委員会が候補者選定にあたり，39％においては指名委員会の結論が取締役会で審議される[6)]」との調査結果もある．現在の経営者が取締役等の選任になお大きな力をもっているとはいえ，経営者による経営者の選任，すなわちいわゆる「経営者支配」が崩れつつあることはきわめて大きな意味がある．近年，指名委員会はコーポレート・ガバナンス委員会に名称を変更したり，あるいは両方の委員会をもつ企業も増えている．

取締役会は業務執行を監督する立場にあり，みずから業務執行にあたることはない．業務執行は取締役会によって選任されたCEOを中心とする執行役員（executive officer）によって担当される．取締役会に内部取締役が少ないことからも明らかなように，アメリカにおいては，トップ・マネジメントの機関は意思決定と経営の監視を担当する取締役会および業務執行を担当する執行役員との区別が比較的明瞭である．取締役会は受託機関，すなわち，株主の利益を代表する機関として位置づけられている．

アメリカの取締役会と執行役員には，コーポレート・ガバナンス改善の観点から次のような批判がなされてきた．すなわち，経営者がきわめて高額の役員報酬を獲得し，これが長い間批判されているにもかかわらず一向に是正されないこと，CEO に権限が集中しすぎること，またCEO が自分と親しい人物を社外取締役に選任する傾向があるため，CEO に対する監視が不十分であることなどである．

CEO と取締役会の関係は日本の代表取締役社長と取締役会との関係に相当するものである．ここでアメリカのCEO と取締役会との関係について，その現状と最近の動向について簡単にみていくことにしよう．

アメリカ企業においては会長がCEO を兼任し，１人の人物に意思決定と業務執行の権限を集中する傾向がみられる．この会長兼 CEO は取締役会の議長として最高意思決定の任にあたるのはもちろん，従来は指名委員会を支配し取締役の選任や役員人事に大きな力を及ぼしてきた．彼はまた，業務執行の最高責任者として全般管理者たちを統括することになる．

このような会長兼CEO への過度の権限集中に対して，コーポレート・ガバナンスの観点から厳しい批判が行われ，大企業において改善が進んだものもみられる．主要な改善策は第１に，会長とCEO を分離することであるが，近年改善が進んでいるとはいうものの，なお不十分ということができる．第２は，社外取締役の比率を高めることであり，すでに大企業では社外取締役が３分の２を越えるのが普通になっている．第３は，CEO からの独立性の高い指名委員会の設置である．CEO ではなく，事実上指名委員会が取締役を選任する企業が増加している．これまでもアメリカ企業の取締役会は社外取締役の比率が高かったが，実際にはCEO が個人的に親交のある人物を社外取締役として選任し，CEO の権力基盤の補強をはかる傾向が強かったため，CEO の指名委員会への介入の排除が求められていた．

## 第4節　機関投資家と企業統治活動

アメリカにおける企業統治論の隆盛は機関投資家の企業統治活動の活発化と企業統治改善におけるめざましい成果によるものである．アメリカの機関投資家は1980年代から企業統治活動をいちじるしく活発化させ，それまで潜在化していた経営者に対する支配力を顕著に回復させた．1990年代はじめには機関投資家の支配力行使によってアメリカの巨大企業の著名な経営者が次々に解任され，機関投資家の急成長とその強力な支配力を広く知らしめたのである．

ところで，機関投資家は銀行，保険会社，ミューチュアル・ファンド，年金

**図表3－4　退任させられた著名経営者**

◉過去1年間の米国企業CEOの辞任理由

| 名　前 | 時　期 | 会社名（業種） | 辞任理由 |
|---|---|---|---|
| N. ダベンボート | 92年4月 | クレイ・コンピューター（コンピューターメーカー） | 創業者と意見の食い違いか |
| エドワード・フィンケルスタイン | 92年4月 | R・H・メーシー（百貨店） | 破産後，改革が進まず |
| ロバート・スミス | 92年10月 | セキュリティ・パシフィック（銀行） | パンアメリカと合併後，社長降格に反発 |
| ロバート・ステンベル | 92年10月 | ゼネラル・モーターズ（自動車メーカー） | 合理化遅れ，大幅赤字を計上 |
| M. B. イングル | 92年12月 | イムセラ・グループ（医療関連） | 動物医薬品事業の立て直しに失敗 |
| P. レゴ | 93年1月 | ウエスチングハウス・エレクトリック（電機メーカー） | 金融子会社が不動産投資に失敗 |
| ジェームズ・ロビンソン | 93年2月 | アメリカン・エキスプレス（金融） | クレジットカードの焦げ付きが増加 |
| ジョン・エイカーズ | 93年3月 | IBM（コンピューターメーカー） | 再建遅れ赤字計上，大幅減配 |
| P. マゴーワン | 93年5月 | セーフウエー（スーパー） | 米大リーグの球団経営に専念するため |

出所）『日経ビジネス』1993年4月26日号，p. 17

基金，財団・大学基金などを指しているが，株主活動の観点からみるならば，年金基金，なかでも公的年金基金の企業統治活動が最も注目されている．年金基金には企業年金基金と州政府などが公務員の退職年金として設けている公的年金基金があるが，企業年金は特定の企業の経営活動との関係から積極的な統治活動を行いにくいといわれている．これに対し公的年金基金は特定の企業の経営活動からの制約が全くないため，これまで活発な企業統治活動を展開してきた．

年金基金，生命保険会社，ミューチュアル・ファンド，クローズド・エンド・ファンドなどのいわゆる機関投資家への産業会社（非金融会社）株式の集中は1950年代からみられるようになり，1960年代を通して株式所有の「機関化」が急速に進展した．1950年代以降，産業会社の株式が機関投資家に集中する「機関化」が進んだのは，①年金基金と厚生基金が第２次世界大戦後驚異的な成長を遂げたこと，②第２次世界大戦まで信託投資や生命保険会社は，州法によって，株式への投資が禁止あるいは厳しく制限されていたのであるが，大戦後のインフレ圧力に対抗するため，この法的規制が徐々に緩和されたこと，③ミューチュアル・ファンドによって所有される，普通株の形での個人貯蓄が増大したこと，④少数の巨大会社への株式投資が少数の機関投資家によって行われていること，などである[7)]．

1960年代から70年代にかけてアメリカの上位の巨大企業の株式を高い比率で所有する機関投資家の行動に視線が集まることになったが，この当時の機関投資家の行動原理は投資先企業の経営者の行動を支持し，経営に不満のある場合には持株を市場で売却するという，いわゆる「ウォールストリート・ルール」と呼ばれる行動パターンであった．

SEC は機関投資家の行動に対する調査を実施し，1971年にその調査結果を『機関投資家調査報告書』（SEC, *Institutional Investors Study Report*, 1971.）として公表した．この報告書によれば，機関投資家は株主総会においてほとんどいつも経営者を支持して投票しており，経営者に同意しなかった例はわずかであった．しかも経営者を支持しなかったわずかな事例においてさえ，機関投資家はあくまで反対の姿勢を貫いたわけではなかった．機関投資家は経営者に対して自立的であることを示すために，敢えて意図的に経営者に対して反対の立場を取ったと考えられる．

投資対象会社の経営に対する不介入，投資対象会社経営者への支持，投資対象会社への不満が生じた場合には株式を売却するという「ウォールストリート・ルール」に基づいた機関投資家の行動に変化があらわれたのは1980年代半ばからであった．機関投資家の活動の活発化は，1980年代のM&Aブームにおいて，経営者が防衛策として用いたポイズン・ピルやゴールデン・パラシュートなどに対する株主提案権の行使としてあらわれた．

たとえば，Kマート（K-mart）社の株式を所有する機関投資家は，1989年ポイズン・ピル計画を株主決議に付するようKマート社の取締役会に要求する株主提案を行い承認された[8)]．また，1990年にはトランスアメリカ（Transamerica）社に対して取締役会がゴールデン・パラシュートを容認しない政策をとるべきであるという株主提案が行われた．ポイズン・ピルは買収防衛策のひとつで，敵対的買収の際に被買収会社が既存の株主に半額で新株を割りあてたり，社債の割増償還などを定款に定め，買収会社に不利益を与える方策のことである．ゴールデン・パラシュートは被買収会社の経営者が多額の報酬を受け取って会社を退職することである．ポイズン・ピル計画に異議を唱える株主提案は1987年に最初に提出され，その後しだいに株主総会で過半数の賛成を得るようになり，またゴールデン・パラシュートに対する株主提案もしだいにその数を増すことになった[9)]．

機関投資家の株主提案はＭ＆Ａにかかわる特殊な要求からしだいに経営者の監視を目的としたより一般的な要求へと拡大していった．すなわち，機関投資家は株主の立場から取締役に助言を行う「株主諮問委員会」の設置や，CEOからの独立性の強い取締役の選任を要求する株主提案を行い，経営者に対する監視の強化をはかったのである．アメリカ企業の取締役会は，従来，社外取締役の比率が高かったものの，これらの社外取締役に対してはCEOが事実上の選任権をもち，CEOと利害関係をもつ人物や個人的に親しい人物が選任される傾向が強かったため，こうした人びとから構成される取締役会がCEOに対する監視機能を果たしていないとする批判がなされてきた.

CEOからの独立性の強い社外取締役を選任することは企業統治の改善にとってきわめて重要な意味をもつことになるわけであるが，アメリカの取締役会が機関投資家の要求によって徐々に独立性の強い取締役を選任するようになり，このような独立性の強い取締役会が1990年代前半にIBMやGMなどの大企業において著名なCEOを次々に解任するに至ったことはすでに述べたとおりである.

## 第5節 アメリカにおける企業統治活動の歴史

アメリカでは1960年代に公民権運動や反戦運動などの社会運動が盛んになったが，これらの社会運動家は企業に対してもさまざまな要求を行った．社会運動家は企業の株式を取得したり，委任状を獲得することによって企業の株主総会で議決権を行使するといった方法で企業に対して圧力をかけた．70年代になると，ペンセントラル社の倒産やクライスラー社の経営危機をきっかけに，株主が企業統治活動に参加することになった．一方，70年代には，SEC，ニューヨーク証券取引所，労働省のような政府機関およびその他の自主規制機関が米国の企業統治を改善するための法律や制度の整備を進めていった．そして80年代後半には，M&Aブームを契機に，年々増加する運用資金を背景に急速に発言力を強めてきていた年金基金を中心に，激しい企業統治活動が展開されることになるのである．広義のコーポレート・ガバナンスは一般公衆，政府，地域社会，債権者等々の利害関係者と企業との関係を意味するものであるが，1980年代後半からの機関投資家の企業統治活動の法的・制度的な整備は，広義のコーポレート・ガバナンス活動の中で進められてきたのである[10].

1960年代，イーストマン・コダック（Eastman Kodak）社のわずかの株式を取得した黒人差別撤廃運動家が，同社の株主総会で黒人の雇用問題を取り上げようと大量の委任状を獲得した．またベトナム戦争において，ナパーム弾を製造していたダウ・ケミカル（Dow Chemical）社に対して，反戦活動組織がナパーム弾販売中止についての株主提案を要求した．さらに，「GM に責任ある行動をとらせる運動」(the Campaign to Make General Motors Responsible)，いわゆる「キャンペーン GM」は GM に公衆の利害に合致した方向で事業を運営させることをめざし，株主提案権を行使した．1970年，71年の株主総会における「キャンペーン GM」の株主提案はいずれも３％の賛成票を獲得することができなかったものの，GM の経営者はこの総会をきっかけに公民権運動家を取締役に指名したり，社会的問題（social issue）にいかに対応しているかの報告書を作成するなど，GM の経営者に社会的問題への取り組みを促す上で大きな効果をあげる結果になった．社会運動の側面からの企業統治活動はこうした社会運動それ自体の沈滞とともに沈静化していった．

1970年代にはアメリカの巨大企業が倒産や経営危機に見まわれ，株主が大きな損失を被る事件が相次いだ．その結果，株主の経済的利益を守る側面から企業統治への関心が高まることになった．株主の立場から企業統治を見直すきっかけとなったのは，年間9,000万人の乗客を運び，95,000人の従業員を擁するペンセントラル鉄道が50億ドルの負債を抱えて倒産した事件である[11]．この倒産は従業員，債権者，顧客，地域社会などのステークホルダーにも大きな影響を与えることになったが，とくに人びとの関心を集めたのは，ペンセントラル社の企業統治機能に大きな欠陥があったことである．すなわち，同社の取締役会は，経営者が行っていた粉飾決算やインサイダー取引の慣行を見逃していたことが倒産の後に明らかになった．社外取締役も企業統治の機能を全く果たしていなかったのである．

この他にもロッキード社の経営危機（1971年），ウォーターゲート事件（1973年），クライスラー社の経営危機（1979年）など，70年代には企業統治の欠陥に由来する事件が相次いで発生し，株主の経済的利益を守るための企業統治の改善の必要性が強く認識されることになった．このような社会的背景から，1970年代には，国家機関や行政機関，自主規制団体などによる企業統治改善への意識が高まり，これらの組織による法律的・制度的整備が進展した[12]．証券取引委員会は1974年，取締役会に監査委員会，指名委員会，報酬委員会が設けられているかどうかを委任状説明書に記載することを求めた．これらの委員会は経営者に対する監視という観点から，したがって企業統治の観点から，今日，最も重視されている委員会である．ニューヨーク証券取引所（New York Stock Exchange）は1978年，社外取締役のみから成る監査委員会の設置を義務づけた．

また，1974年には従業員退職所得保証法（Employee Retirement Income Security Act），いわゆるエリサ法が成立した．この法律は年金基金の管理・運用者に受託者としての責任を果たすことを義務づけるものであり，年金基金は労働省の監督の下に年金加入者への情報開示，株主総会での投票などに関して受託責任を果たすことが義務づけられたのである．さらに，株主総会での投票が年金基金の受託義務の中に含まれることが「エイボン・レター」に明記されたことによって，年金基金の積極的な企業統治活動はいっそう促進されることになった．「エイボン・レター」は，1988年2月に労働省の次官補代理がエイボン・プロダクツ社の企業内年金の代表に宛てた手紙のことで，「株主総会で諮られる事項は，投資価値に大いに影響を与えるものであり，投票権の行使は年金基金の権限の与えられているインベストメント・マネジャーの権限の範囲内であり，インベストメント・マネジャーが投資者に対して負う信認義務である[13]」と明記している．

さらに，アメリカ法曹会（American Bar Association）やアメリカ法律協会（The American Law Institute）などの団体も企業統治の改善についての提言を行った．すなわち，アメリカ法曹会は1976年に『取締役ガイドブック』（Corporate Director's Guidebook）を発表し，アメリカ法律協会は1978年から

『企業統治と構造の原理』(Principles of Corporate Governance and Structure) の作成を開始した. 1982年に公表された『企業統治と構造の原理』は企業の経済的目的が「法の遵守」「倫理的考慮」「慈善寄付行為」などによって損なわれることを容認し, また社外取締役による企業統治機能の強化を重視している. すなわち, CEO と家族関係やその他の利害関係になく, また会社と雇用関係や取引関係のない「独立的な」社外取締役が取締役の過半数を構成することによって取締役会の経営者に対する監視機能を強化すべきことを勧告している.

『企業統治と構造の原理』は企業統治問題についての活発な論争を喚起すると同時に多くの批判もうけることになった. アメリカ法律協会はこうした批判に応える形で1984年,『企業統治の原理』(Principle of Corporate Governance) を発表した.『企業統治の原理』はビジネス・ラウンドテーブル (the Business Roundtable) などの厳しい批判を受け入れ, 会社に対する強制的な規範という色彩を弱め, その採用を原則的に会社の意思に委ね, 経営における柔軟性を大幅に認める提言となった.

## 第6節　エンロンの破綻と企業改革法

2001年12月2日, 約12兆円の売上高をもつアメリカ最大のエネルギー卸売り会社エンロンが経営破綻した. アメリカ史上最大の倒産劇となったこの経営破綻は同社の企業統治における問題点を次々に明るみに出すことになった. この事例はアメリカが企業統治先進国であるとの一般の認識をくつがえす契機となった.

エンロンをめぐっては, 破綻後あまりにも多様かつ深刻な企業統治上の問題点が次々に浮上したため, アメリカの企業統治の水準が日本のそれと同等程度であるような主張もみられるが, このような主張はアメリカの企業統治の歴史と企業統治の本質を見誤った主張といわざるをえない. 本章でみてきたようにアメリカの企業統治活動には1960年代からの長い歴史があり, 株主提案の件数や内容，委任状争奪戦の激しさなどをみても日本とは比較にならない程企業統治が機能している．とくに70年代に整備された企業統治のための法律や制度，自主規制団体のルールなどは，日本とは30年以上の格差があることを示している．エンロンの破綻によって明らかになったのは，企業統治のシステムが整備されており，株主をはじめとするステークホルダーの企業統治活動が活発であっても企業統治の形骸化は起こりうるということであり，経営者による企業統治システムの骨抜きがいかに容易であるかということであろう．

エンロンはアメリカのガス・電力の卸売りで最大の企業であったが，不透明な簿外債務が次々に明らかになったことにより，株価下落と債券格付けの低下が生じ破綻に追い込まれた．エンロンの企業統治上の問題として指摘されているのは，①取締役会がほとんど機能していなかったこと，②監査法人が不正な会計処理に加担していたこと，③証券アナリストや格付け機関が監視機能を果たさなかったこと，などである．

まず取締役会の問題についてみていくことにしよう．エンロンの取締役会は14人の社外取締役とケネス・レイ会長兼CEOの15人で構成されていた．社外取締役は企業経営者，金融コンサルタント，大学教授，イギリスの上院議員などで占められており，独立性の点からも社外取締役の比率の点からも，取締役会の監視機能は形式上は万全であるように思われた．現にエンロンはイギリスの経済紙によって企業統治の最も優れた会社と評価されていた．しかし，それにもかかわらず，取締役会は巨額の簿外債務の存在を把握し，適切な対処をすることができなかった．

エンロン問題表面化の端緒となったのは2001年8月に，CFOの部下だった従業員が同社の会計処理の不正を指摘した内部告発である．レイ会長に宛てた内部告発の手紙は8月に書かれたのにもかかわらず，社外取締役がその事実を知ったのは10月になってからであり，取締役会に簿外取引問題を検討する特別委員会の設立が決定されたのは，それからさらに2週間後のことであった．それはエンロンの破綻の2ヵ月前であった．取締役会が無機能化した理由は，エンロンの社外取締役が会社からあまりに巨額の報酬（現金と株式の合計で年間１人約5,300万円）を得ていたことや，議員に対する政治献金があったこと，社外取締役の所属する組織に会社から多額の寄付があったことなどにより，同社の社外取締役の独立性が失われていたためである．

この事件ではエンロンの多数の経営者がインサイダー取引を行っていたことも明らかになった．それは「不正経理の行き詰まりを感じた幹部らが，一般投資家には強気の見通しを示す一方，株価急落前に大量の自社株を売り抜けて多額の収入を得ていた」というものであり，「レイ会長や29人の役員や経営幹部が，99年から01年半ばまでに」株式を売却して得た現金は総額1,400億円にのぼった[14]．

この事件では監査法人の監査機能の空洞化にも厳しい批判の目が向けられた．当時，アメリカの監査法人は同一企業に対し監査業務のほかにコンサルタント業務も提供しており，厳正な監査を確保するためには両業務を分離すべきであるとの主張が以前から行われていた．監査法人は利益率の高いコンサルタント業務を失いたくないため，厳正に監査することをためらうという理由によるものである．

エンロンの監査を担当していた，世界５大会計事務所のひとつアーサー・アンダーセンは，すでに2001年２月にエンロンの簿外取引を深刻な問題としてとらえ，同社との関係解消さえ検討していたにもかかわらず，「破綻までの10ヵ月間に何の措置も取らなかった[15]」．そればかりでなく，「アンダーセンの主任会計士は昨年10月，SECがエンロンに資料の提出を要請したことを知った直後，担当者を集めて緊急会議を開き，文書を破棄するよう指示した[16]」．

エンロン事件は，監査業務とコンサルタント業務の分離にとどまらず，アメリカの監査制度を根底から見直す契機となった．イギリスでもエンロン事件における監査法人の問題を重く受けとめ，監査法人を定期的に交代させることや，複数の監査法人による監査を導入することになった．

アメリカの証券会社のアナリストたちはエンロンの不正な会計処理が発覚

し，株価が下落し始めてもなおエンロン株を推奨し続け，ムーディーズなどの格付け機関はエンロンの破綻のわずか 2 ヵ月前まで，エンロンの社債に投資適格の格付けをしていた．この事実は，経営者を市場から規律づける企業統治システムもまた有効に機能していなかったことを示している．

一方，アメリカのエネルギーの約25％を取り扱っていた巨大会社エンロンの破綻は多くのステークホルダーに深刻な影響を与えることになった．米国のシティグループと JP モルガン・チェースは当時エンロンに対して，両行あわせて10億ドル以上の巨額融資を行っており，エンロンの破綻によって大きな損失を被った．同様に，エンロンに融資していたドイツ銀行などの欧州の金融機関やアメリカの保険会社も大きな損失を被った．またエンロンとエネルギー受給契約を結んでいる企業や団体は28,500にのぼり，これらの契約者にも大きな影響を与えた．さらに同社はアメリカの上院議員71人と下院議員187人に政治献金をしていたことがわかった．大統領をはじめ，下院エネルギー・商業委員会の23人の委員のうちの19人も献金をうけていたことが明らかになったが，この献金によってアメリカのエネルギー政策が歪められていたとすれば大きな問題である．

ステークホルダーの中でもとくに深刻な打撃を受けたのが従業員である．会社の倒産によって退職金ももらえず失業することになったうえ，年金として積み立てていた資金もそのほとんどを失うことになってしまった．アメリカでは401K（確定拠出型年金）が広く普及しているが，「エンロンの401K は投資先の 6 割が自社株．一時90ドルを越えたエンロン株は 1 ドルを割るまでに急落したため，50～60代で50万ドル前後の年金を失った人が[17]」多数にのぼった．エンロンの経営陣は，インサイダー取引によって高値で自社株を売り抜けながら，従業員には自社株を推奨して彼らの年金のほとんどを奪ったことに対して厳しい批判が向けられた．

2001年12月のエンロン破綻以降，2002年 7 月のワールド・コム破綻まで，アメリカでは大企業の倒産や会計上の不祥事が相つぎ，そのたびに企業統治の不全が指摘されることになった．アメリカ企業に対する不信から株式が売却され，アメリカ以外の国に資本が逃避した．アメリカ企業の株価下落とドルの為替レートの下落が同時に進行したのである．このようなアメリカの企業統治と経済体制に対する信頼の失墜をくい止めるため，ブッシュ大統領は2002年7月に企業改革法（Sarbanes-Oxley Act）を成立させた．この法律はエンロンにおける企業統治の不全に対する反省を踏まえて制定されたものであることから，以下のような内容を特徴としている．

① 会計監査法人を監視する機関である上場企業会計監視委員会（PCAOB：Public Company Accounting Oversight Board）を新たに設置した．
② 同一会計監査法人が監査業務とコンサルタント業務を同一企業に提供することを禁止し，監査法人の独立性を確保した．
③ CEO や CFO に対し財務報告書に虚偽記載がないことを保証させ，そのために報告書への署名を求めた．
④ 経営者に内部統制報告書の作成を義務づけた．
⑤ インサイダー取引きを行った経営者の罰則を最長で禁固25年に引き上げるなど，経営者の不正に対する罰則を強化した．
⑥ 証券アナリストは利益相反がある場合にはそれを開示しなければならないことになった．

## 第7節　リーマン・ショックとドッド・フランク法

エンロンの不祥事を契機にアメリカでは厳しい罰則を伴う企業改革法が制定され，企業および経営者に対する強力な監視によって企業統治が格段に改善したかのようにみえた．そのような中で，2008年投資銀行リーマン・ブラザーズが経営破綻した．それと同時にアメリカの全ての投資銀行が次々と破綻し，その影響を受けたイギリスを始めとするヨーロッパの銀行も連鎖的に倒産に追い込まれ，米欧の産業界も巻き込んだ企業倒産が続出した．

これがいわゆるリーマン・ショックであるが，発端となったリーマン・ブラザーズ等の投資銀行の破綻の原因は，①サブプライム・ローンなどによって組成されていた金融派生商品のリスクを正しく評価できなかったこと，②経営者の短期業績に基づく過大な報酬支払い制度などである．この事件は米欧の金融機関をはじめ，世界の経済に長期にわたって深刻な影響を与え続けた．アメリカでは従来の法律では金融制度の安定と消費者保護が確保できないとの認識から，2010年にドッド・フランク法（金融規制改革法）が制定された．その主な内容は以下のような項目から成っている．

① システミック・リスク・レギュレーター（金融安定監督カウンシル）の設置
② トゥー・ビッグ・トゥー・フェイルの終焉
③ デリバティブの透明性およびアカウンタビリティの向上
④ ヘッジファンド規制
⑤ 銀行・保険の規制システムの改善
⑥ 格付け機関規制
⑦ 証券化に関する規制
⑧ 役員報酬，コーポレート・ガバナンスの改善
- セイ・オン・ペイ（役員報酬に係わる拘束力のない株主投票）の導入
- 金融機関のインセンティブ報酬規制
- 報酬委員会の独立性の向上

  報酬委員会は独立取締役のみによって構成されること，報酬委員会に報酬コンサルタントや弁護士などを雇う権限を与えること
- マジョリティ・ボートの導入

  株主の過半数の賛成を取締役の指名の条件とすること

⑨ 消費者と投資家の保護の強化

ドッド・フランク法はその内容に曖昧な規定が多く見られること，金融界に強い反対があることなどの理由から，具体的な施策が定められずにいたが，2013年12月にようやくボルカー・ルールとして公表されることになった．

**注**

1）出見世信之『企業統治問題の経営学的研究』文眞堂，1997年，p. 8
2）リット，ディビット・G. 稿（池田・川村訳）「米国における株主総会」『商事法務』No. 1300, 1992年10月５日，p. 39
3）同上稿，p .40
4）Blumberg, P. I., *The Megacorporation in American Societies*, 1975, p.145.（中村瑞穂監訳『巨大株式会社』文眞堂，1980年，p. 191）
5）Ibid., p. 145.（同上訳書，p. 192）
6）吉森賢『日米欧の企業経営—企業統治と経営者』放送大学教育振興会，2001年，p. 167
7）「機関化」については次を参照のこと．Blumberg, P. I., op. cit., p. 95, p98.（前掲訳書，p. 124，128）
8）三和裕美子「米国証券市場の機関化とコーポレート・ガバナンス（２・完）」『インベストメント』1994年，p. 41
9）同上稿，pp. 41–42
10）以下のイーストマン・コダック，ダウ・ケミカル，キャンペーン GM の事例については次を参照のこと．出見世信之，前掲書，pp. 82–88
11）この事件については次を参照のこと．出見世信之，前掲書
12）同上書，pp. 94–97
13）海外事業活動関連協議会編『米国のコーポレート・ガバナンスの潮流』商事法務研究会，1995年，p. 63
14）『朝日新聞』2002年１月16日
15）『朝日新聞』2002年１月19日
16）『朝日新聞』2002年１月19日
17）『朝日新聞』2002年２月15日

# 現代企業とステークホルダー

いわゆる「平成不況」の歪みとして1990年以降，日本の企業社会において発生した企業不祥事は，21世紀に入ってからでも後を絶たない．とくに近年発生した東芝の不正会計問題，みずほ銀行の暴力団への不正融資，タカタのリコール，ドン・キホーテの長時間労働，トヨタ自動車の女性役員の麻薬密輸などの事件からもわかるように，特定の産業や分野だけではなく，全方位で発生している様相をみせている．

1990年代以降，日本はアメリカ経営学の輸入品ともいわれている企業倫理，コーポレート・ガバナンス，内部統制，CSR（企業の社会的責任）など社会に対する企業の行動様式や社会性が問われるさまざまな分野においてアメリカを倣い，制度的な改革を次々と行ってきた．しかし，法的拘束力の強化による制度的改革が行われたにもかかわらず，大企業をめぐる不祥事の機運は収まる気配をみせていない．

ではこのような不祥事は誰に，どのような影響を与えるのかについて取り上げ，それらの根拠を明らかにするのが本章の目的である．

## 第1節 ステークホルダーが存在する意義

近年，情報化とグローバル化という経営環境の変化の下で企業の巨大化が進行している．図表4-1が示しているように，社会の中で一構成員として存在している企業は社会に対して以下のようなさまざまな権力（power）を有している[1]．巨大化したさまざまな企業，その中でもとくに株式会社は社会に対してあらゆる形で影響を及ぼす存在となった．

**図表4－1　企業の有する諸権力**

| 項　目 | 内　容 |
|---|---|
| 経済的権力 | 希少な資源の生産と流通の性質，価格，そして条件をコントロールする能力 |
| 社会的・文化的権力 | 文化的価値観，道徳観，生活様式 |
| 個人に対する権力 | 株式会社と直接関係をもっている個人（例：従業員もしくは株主） |
| 技術的権力 | 社会内部の技術変化の方向，速度，帰結を決定する際の株式会社の役割 |
| 環境に対する権力 | 天然資源の利用地域開発全体に関して自然環境に与える株式会社の作用 |
| 政治的権力 | 政府の意思決定および公共政策に影響を及ぼす株式会社の能力 |

出所）エプスタイン，E. M. 著（中村瑞穂他訳）『企業倫理と経営社会政策過程』文眞堂，1996年，pp. 34-69を整理

では企業が自分の有する諸権力で社会に影響を及ぼす際には，具体的にいかなる存在に対して影響を及ぼすのか．そこで登場するのがステークホルダーという存在である．

利害関係者とも訳されているステークホルダー（stakeholder）の概念が経営学の分野で注目されるようになったのは，R. エドワード・フリーマンが1984年に公刊した『戦略的経営：ステークホルダーアプローチ』によってであった．この本の中ではステークホルダーについての定義が次のようになされている．

「ある組織のステークホルダーとは組織目標の達成により，影響したりされたりしうるような集団，あるいは個人である」

とくにこのステーク（stake）という用語は，本来ポーカーのようなゲームで「掛け金」を意味しており，ステークホルダーは企業とともにある程度の経済的な価値を危険にさらしている存在を意味している．

また，このステークホルダーは，企業との関係の強さによって，株主，債権者，従業員，顧客，納入業者，配給業者などの第一義的なステークホルダーと，政府，地域住民，公衆，各種利益団体などの第二義的なステークホルダーとに大別できる．第一義的なステークホルダーの方が企業経営に携わるプロセスにおいて直接的に関わっており，これらの存在がいない場合には深刻な経営危機に逢着する可能性が高い．一方，第二義的なステークホルダーは企業の立場にとってその重要度という観点からみると，第一義的なステークホルダーほどではないが，将来的には企業の運命を左右する可能性をも有する存在として認識されている．

ではこれらのステークホルダーの概念が登場した背景には何があるのか．その答えとしては，経営者，従業員，顧客の認識の変化などから起因する企業内部環境の変化と，政府機関による企業の監視活動，海外企業の競争力の向上，マス・メディアの発言力の高まりなど企業を取り巻く企業の外部環境の変化に起因するという[2)]．前者の企業内部環境の変化は，多様な価値観をもっている従業員への対応の困難さ，「モノをいう顧客」などに例えられるように，過去においては思いもしなかった認識の変化を意味しており，企業にとって従来とは異なるより迅速できめ細かい対応の必要性が問われている．

後者の中ではとくに情報化の急激な進展がみられる90年代以降，マス・メディアの発言力の高まりは，教育水準の向上の結果が生み出した権利・主張意識の強さをベースに，高度成長期には比較的に寛大であった企業のミスコンダクトに対していっそう厳格な処罰を要求する社会的なムードを組成している．すなわち，過去において発生した諸問題を部署あるいは個人の問題として取り扱った次元から，徐々に事件を起こした当該企業の問題としてその存続を左右することすら発生している．

なお，ステークホルダーは量的にも，質的にも変化している．前者の場合は，ステークホルダー自体が過去に比べて非常に多様化したことを意味する．また，後者はステークホルダーの性質や行動が多様化することを意味する．いずれにせよ，このようなステークホルダーの変化は，企業への認識の変化を意味しており，それらの要請や要求に俊敏かつ的確に対応に迫られることを意味している.

一方，このように企業が社会の中で存在する，すなわち社会的な存在として認識されている傾向は，企業と社会との間の関係様式を専門分野として取り扱う学問としても定着させている．それが「企業と社会」論（Business & Society）であり，企業論，企業倫理論，社会学などに隣接する確立された一学問分野として堅実に成立している．さらに，この「企業と社会」論は基本的に「企業の社会的応答」と「企業に対する社会的要請」によって成り立っている.

## 第 2 節　ステークホルダーの管理は必要なのか

現実の社会において企業と社会との関係をいかに規定するかという問題は単純ではない．今日のように，ステークホルダーの企業に対する要請が強力になり，しかもその企業への要請自体も多様化している状況においてこれらの課題事項（issues）にいかに対応するかは，企業の存続に影響を及ぼすほど重要になっている.

時代別に日本の企業に対する要請の強度はさまざまであった．明治維新以降，日本政府によって後押しされた「殖産興業」などの工業化導入の時期，戦後の「所得倍増」の政策推進時期，高度成長期の時期など過去において経済発展を最優先した時期には，企業が起こした環境破壊問題に対して非常に寛大であった．しかし，近年の食中毒事件を起こした雪印，粉飾会計事件を起こしたライブドア，リコール隠し事件を起こした三菱自動車などに対しては社会からのより厳しい反応があった.

キャロル（Carroll, Archie B., 1996）はこのようなステークホルダーの要求をいかに認識，評価し，対応するかという問題を「ステークホルダー・マネジメント」といい，ステークホルダーに対する効率的な管理の必要性について強調している．さらに，彼は効率的なステークホルダー・マネジメントを行ううえで，①「ステークホルダーは誰なのか」，②「ステークホルダーの利害は何か」，③「いかなる機会と課題が取り上げられているか」，④「自社はステークホルダーに対していかなる責任をとっているか」，⑤「自社はいかなる戦略と行動をとるべきか」，という問いに的確に対応することの重要性を力説している．

企業は自身を取り巻く多様なステークホルダーに対していかなる義務を負うのか．そこで生じる問いが「そのような義務を負う正当な理由は何か」である．これはステークホルダーが企業に対してあらゆる要求を行う際の根本的な「正当性」に関わる問題である．企業側にとっては「誰をステークホルダーとして見なすのか」という根拠に関わる問題であるのに対し，ステークホルダー側にとっては「なぜ自分達が企業に対して利害関係があると主張するのか」という根拠に関わる問題である．これらの問題は，その中身がステークホルダーの価値観や当時の置かれている社会的背景によって変化しやすいという傾向をもっている．

一方，宮坂純一（2005）によれば，企業がステークホルダーを管理する次元ではなく，一歩進んで，①企業の存在する目的はステークホルダーのためであり，②経営者はエージェンシーとしてステークホルダーの利益のために働かなければならないという「ステークホルダーの受託責任」が問われるべきであると主張している．1990年代のアメリカで経営者支配の問題がもたらしたものが株主行動主義（stockholder activism）の台頭であり，さらにその後，2001年12月に破綻したエンロンやワールドコム事件を契機に現れたのが「ステークホルダー行動主義」（stakeholder activism）であると主張している．

前者の株主行動主義とは，従来まで株式分散化によって株主総会への参加に消極的であった株主が書面投票や株主総会への出席などを通して経営者行動の監視に積極的に転じたことを意味する．すなわち，従来の株主が企業経営に不満をもっている場合に，株を売却して意思表明をした「ウォールストリート・

ルール」（wall street rule）に基づいて行動することからの転換を意味する．具体的には，カルパース（CalPERS：The California Public Employees' Retirement System，カリフォルニア州職員退職年金基金）のような機関投資家が株主総会に積極的に参加し，株主の利益に反する意思決定を行う経営者に対しては彼らの持分に該当する議決権を行使して明確に意思表明を行ったことがあげられる．

これに対し，今後多くの国へ大きな影響を及ぼすことが予想される「ステークホルダー行動主義」とは，ステークホルダーが当事者としての自覚をもって積極的に発言し行動することであり，そこには株主をもステークホルダーのひとつとして位置づけ，ステークホルダーズのパワーで企業を統治しようとする考えが込められている．

## 第3節　企業不祥事がステークホルダーに与えた影響

先述したように，近年企業をめぐる不祥事が相次いでいる．中村瑞穂（2000）はステークホルダーをいくつかの群別に分類し，各群別に今後解決すべき課題事項（issue）への対処に際して求められる価値基準として「企業倫理の課題事項」を提示している．

しかし，現代企業に迫られているこれらの課題事項へ柔軟かつ機敏に対応できず，実際にさまざまな問題（problems）を引き起こしてしまう場合，社会に対していかなる影響をもたらすのか．

そのような意味で2004年に日本で発生した三菱自動車の欠陥隠し事件は，企業不祥事がステークホルダーにいかなる影響を及ぼしたかについて示すよい事例である．図表4－2が示しているのは同事件が生じた経緯について時期，会社の対応，公的機関の対応，処罰という観点から整理したものである．

三菱自動車が起こした今回の事件はトラック，バスといった商用車部門が同社の全体で占める割合が低いという背景があったとはいえ，故障や事故が発生したという社会からの要請（クレームを含む）があった際に，企業内部でそれ

図表４－２　三菱自動車におけるリコール隠し事件の流れ

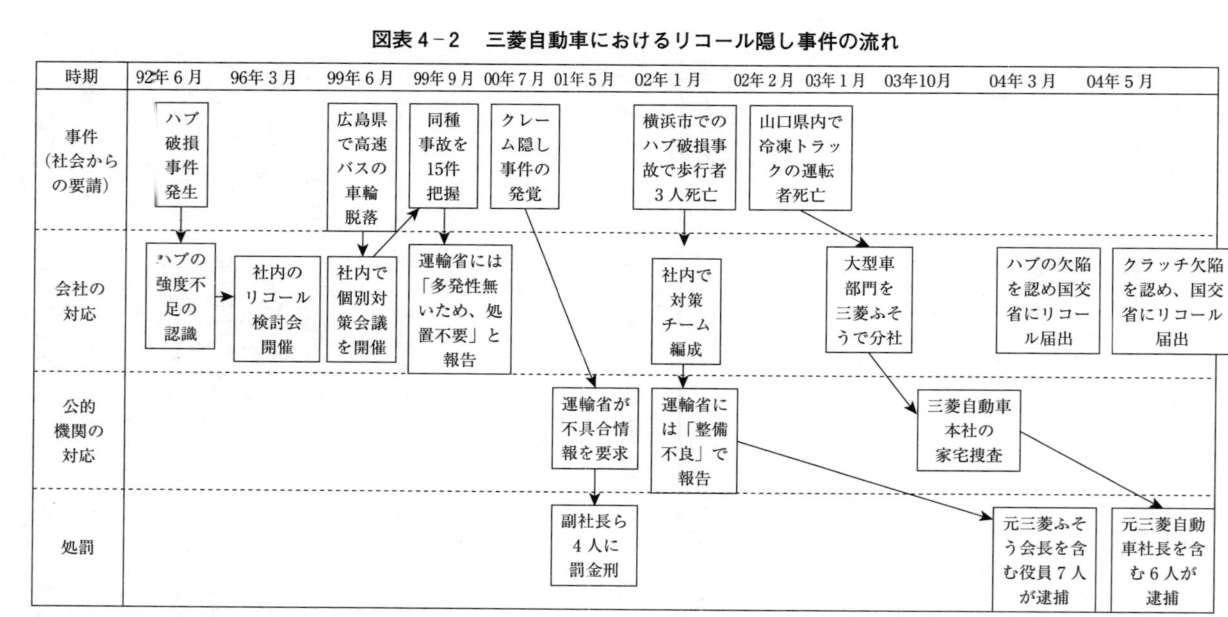


注）　矢印は事件後の各利害関係者の対応および反応を示している.

**図表4－3　三菱自動車工業の企業不祥事がステークホルダーに及ぼした悪影響**

| ステークホルダー | 内　　容 |
|---|---|
| 株　　主 | 株価暴落による投資者への損害など |
| 従 業 員 | 賃金低下，士気低下など |
| 消 費 者 | 事故による肉体的・精神的ダメージ，商品に対する不信感など |
| 販売業者 | 業績悪化，賃金低下，士気低下など |
| 納入業者 | 業績悪化，賃金低下，士気低下など |
| 地域住民 | 景気の悪化など |
| 自 治 体 | 税金徴収の低下による活性化の阻害など |

らの問題へ的確に対応できる仕組みが整っていなかったことが事件発生後の調査で明らかにされた．しかし，ここで注意すべき点は，今回の事件は欠陥部品があった事実を隠蔽あるいはもみ消しすることによって事件を縮小しようとした経営トップが最終的に逮捕されたという結末を迎えたことですべてが済んではいなかった事実にある．図表4－3が示しているように，同事件によって三菱自動車と何らかの形でステークホルダーとして関わっている多様な主体に対して多大な悪影響を及ぼした点は看過できない．

まず，企業の投資者である株主に対して一時的ではあるとはいえ，急激な株価暴落をもたらしてしまった．経営トップが逮捕された事件が発生した2004年4月の時点を基準にすると，同年8月の時点での株価はほぼ3分の1にまで下落している．実際に，同事件が発生した2004年4月以降急落していた株価は2008年1月時点でも完全に回復していなかった．事件直後，三菱グループからの直接的かつ間接的な支援があったとはいえ，一度失われた社会からの信頼を取り戻すには何倍以上もの努力が必要とされる．

第2に，従業員への影響がある．当時，三菱自動車の主力乗用車工場であった岡崎工場などでは大幅生産削減，従業員の賃金カットが余儀なくされ，従業員の急激な士気低下はもちろん，工場以外の職場においても「会社に裏切られた」と叫ぶ従業員が非常に多かった．

第3に，消費者への影響である．これは事件の経緯でも明らかにされたが，事故による肉体的・精神的ダメージや商品購入に対する不信感などを生じさせた．消費者からの製品に対する信頼を取り戻すためには，株価の下落でも確認されたように，不断の努力が必要とされる．

第4は，納入業者，販売業者，運送業者への影響についてである．彼らに対しても業績悪化，賃金低下，士気低下などの結果をもたらし，今回の事件が三菱自動車社内での問題に限定されないことを裏付けている．とくに，販売業者であるディーラーへの衝撃が大きく三菱自動車の販売店（173社，910店舗）では，店舗閉鎖，従業員削減などの余波があった．

最後に，第二義的なステークホルダーである地域住民や自治体に対しても地方の景気悪化や税収源軽減など悪影響をもたらす結果となった．

このように，企業行動に倫理性が欠如したことから発生した企業不祥事の問題は，単なる一企業の内部の問題に留まらず，さまざまなステークホルダーにまで及ぶことがわかった．企業活動をめぐる「倫理的課題事項」（ethical issues）に関わるステークホルダーからの要請に対応するためには，期待している企業活動と実際の企業活動との間に隔たりを埋め尽くす組織的感受性（organizational sensitivity）や，組織的即応性（organizational responsiveness）が必要とされる．エプスタイン（1996）は，1960年代以後のステークホルダーからのさまざまな要請に対する企業の対応行動としてこの2つの要素が必要不可欠なものであると主張している．言い換えれば，ステークホルダーからの何らかの要請があった場合，それらの要請に俊敏に対応できる常設機関の設定や企業内部における誠実な受け入れ態勢は将来的には企業の存続や発展にも影響することに他ならない．

## 第４節 企業評価で倫理性を高められるのか

企業倫理先進国として知られているアメリカにおいては，近年企業に対して社会の「公器」（public entity）として倫理性または社会性を強力に要求している．行政機関，社会活動家，マスメディアなどによって大企業の経営活動全般に対してより厳しい社会的かつ倫理的責任を要求している場面がしばしば目撃されている．このような企業に対して倫理性や社会性を要求する動向は，投資家への広告活動であるIR（Invester Relations）などを通して企業情報を開示することを要求したり，社会に対して影響力が大きいと思われる企業を対象にしてランク付けを行って最終的に世間一般に公表したりするような形で現れている（宮坂，2003）．

とくに，後者の場合は，「ヴァリュー・レポーティング」（value reporting）といわれ，財務的な次元ではなく，評価の対象となる企業における「マーケットに対する展望，戦略，リスクの認識度，無形資産等に代表される非財務的な

**図表４－４　新たな企業評価の類型**

| 項　目 | 内　容 |
|---|---|
| CPI | 国家の腐敗度を政治資金や談合などを中心に測定して公表 |
| SA8000 | 企業倫理順守を促す制度改革の一環としてアメリカの経済優先順位研究所（CEP）が90年代末に作り上げた認定制度 |
| 社会貢献調査 | 朝日新聞文化財団によって「働きやすさ」など11項目を中心に企業の社会貢献度を測定する制度 |
| AA1000 | 企業が社会倫理に関する報告書を作成する際に，その基準となるプロセスを測定する規格 |
| ビジネスエシックス賞 | アメリカの「ビジネスエシックス誌（Journal of Business Ethics）」が倫理性の高い企業を対象に授賞 |

報告」も求めている．図表4－4では近年の企業評価を行っている事例を取り上げている．過去において最も重視されていた企業の財務力以外に，倫理的水準を問う指標が評価の重要な項目として取り入れられている．

まず，国家全体の腐敗度を測定し公表している動きがある．国際非政府組織である「国際透明性機構」(Transparency International）によって毎年行われている腐敗認識指数（Corruption Perceptions Index，以下 CPI と略す）がそれである．この CPI は，政治資金や談合などのような大口の腐敗についてよく熟知している専門家や実業家を対象にしている点が特徴である．同機構が2007年9月26日に発表した CPI によれば，全体対象国である179ヵ国の中で日本は17位を記録している[3]．また，日本はアジア諸国であるシンガポール（4位)，香港(14位）に続いて17位であり，2001年の21位（調査対象国91ヵ国）に比べ若干ではありながら徐々に改善の動きがみられている．

第2に，労働条件や労働環境に関する領域を中心に企業倫理順守を促すために制定したものとして SA（Social Accountability）8000がある．1997年初頭，アメリカの「経済優先順位研究所」(Council on Economic Priorities，以下 CEP と略す）の下部組織である CEPAA（Council on Economic Priorities Accreditation Agency）を中心に，人権団体，労働組合，小売業者や製造業者，監査法人やコンサルティング会社などから25名を参加させて制定したものである．これが制定されたきっかけは，アメリカ大企業であるナイキ，リーボック，ウォルマートなどがより廉価の労働賃金を求めて進出したアジア諸国で起こした児童労働事件が発端であったことでも有名である．とりわけ，バングラデシュの学齢期の子どもを1ドルくらいの賃金でナイキの工場で働かせた事実はアメリカのほとんどのマスコミによって連日報道され，人権保護団体によって同社製品に対する不買運動までも展開された．

第3に，CEP の提携機関である朝日新聞文化財団によって毎年公表されている「社会貢献調査」がある．これは日本企業の社会貢献度が評価されるが，具体的には，働きやすさ，家族重視性，女性の活躍度，公平さ，雇用の国際度，地域参加度，地球環境の保護運動，学術と文化，福祉と援助，軍事関与度，情報公開度などの11項目がその基準となっている．

第4のAA（account ability）1000は，説明責任（accountability）を果たすために，必要とされる報告プロセスに関する規格のことである．これはイギリスに事務局を置いている国際的な組織である社会倫理説明責任研究所によって公表されている．

最後のビジネスエシックス賞は，アメリカの権威ある企業倫理機関紙である「Journal of Business Ethics」がアメリカの企業を対象に倫理的業績の高い企業を選定し，その功績を誉めるために制定したものである．

1989年に制定に際してM. F. カレンは，その制定の意義について「時代を先取りし，自社の活動分野の評判をおとしめるのではなく高めようと努めている企業を誉め称えるために，制定されたもの」であると語っている．

興味深いのは，同賞の受賞基準が，第1期の1989年から1995年，第2期の1996年から2000年，第3期の2001年以降がそれぞれ若干異なる点にある．第1期の期間が倫理的な基準のみを強調しているのに対し，第2期，第3期には財務的な健全性や本社がアメリカにある点など，より現実性や具体性を高める基準が加えられている．

**注**

1）エプスタイン，E. M. 著（中村瑞穂他訳）『企業倫理と経営社会政策過程』文眞堂，pp. 34–69

2）出見世信之『企業倫理入門』同文館，2004年，pp. 35–44

3）CPIの具体的なチェック項目などについては以下のサイトを参照．http://www.transparency.org/policy_research/surveys_indices/cpi/2007（2008年1月15日アクセス）

**参考文献**

エプスタイン，E. M. 著（中村瑞穂他訳）『企業倫理と経営社会政策過程』文眞堂，1996年

企業倫理研究グループ『日本の企業倫理』白桃書房，2007年
出見世信之『企業倫理入門』同文館，2004年
佐久間信夫『企業支配と企業統治』中央経済社，2005年
佐久間信夫・水尾順一・水谷内徹也編著『CSR とコーポレート・ガバナンスがわかる事典』創成社，2007年
ビーチャム，T. L.・ノーマン，E. B. 著（加藤尚武訳）『企業倫理学 I』晃洋書房，2005年
中村瑞穂「ビジネス・エシックスと公益」日本公益学会『公益学研究』Vol.1 No. 1，2000年
宮坂純一『現代企業のモラル行動』千倉書房，1994年
宮坂純一『企業は倫理的になれるのか』晃洋書房，2003年
宮坂純一『ステイクホルダー行動主義と企業社会』晃洋書房，2005年
Carroll, Archie B., *Business and Society : Ethics and Stakeholder Management*, 3rd ed., South-Western Pub., 1996.

# 第5章

# 現代企業の社会的責任（CSR）

## 第1節 社会の変化と企業の社会的責任論への潮流

現代の企業は，大企業，中小企業など企業規模にかかわらず，その多くが国境を越えた事業活動を展開し，グローバルな社会環境と密接に関連して存在するようになった．しかし企業のグローバル化はその責任の拡大をもたらすといわれる．近年増加している海外に子会社・関連会社を有して事業展開するグローバル企業は，たとえば，途上国で事業展開するなかで労働搾取を引き起こすなどサプライチェーン・マネジメントのあり方が問われている．また同時に地球規模で解決すべき環境問題が浮上し，企業は持続可能な発展（sustainable development）[1) ]への対応が議論されるようになってきた．

世界においてCSR（Corporate Social Responsibility；企業の社会的責任）を認識するようになった象徴的な出来事のひとつとして，1989年アラスカ沖で起きたエクソン社のバルディーズ号座礁事故がある．これを契機に，環境NPOや社会的責任投資家が設立したセリーズ（Coalition for Environmentally Responsible Economies：CERES；環境に責任をもつ経済連合）は，企業が守るべき倫理原則であるセリーズ原則（当時，バルディーズ原則）を制定した．これは世界で最初となった環境報告書ガイドラインである．

この後，企業が社会に与える影響の大きさが認識されるに従い，国際社会では，1994年経済人コー円卓会議（Caux Round Table：CRT）による企業の行動指針の策定，1999年国連のグローバル・コンパクト，2000年OECDの多国籍ガイドラインの改訂，2003年エビアン・サミットにおける「CSRにおける企業の自主努力の支持」(G8宣言) など国際的な企業行動原則が相次いで制定されている.

このような社会の変化は市民の意識変革にも現れるようになった. NPOやNGOなどの市民活動組織は人権や消費者活動などを通して, さまざまな要求を企業に突きつけている. なかでもヨーロッパにみられるNPOは強い影響力をもち, 世界的に重要なステークホルダーとなっている.

また金融の世界では, 投資のボーダレス化によって, 外国人投資家が経営陣に経営改善を求める株主行動が多くみられる. 従来, アメリカやヨーロッパ諸国では社会的責任投資 (Socially, Responsible Investment : SRI) が投資手法のひとつとして発展してきた. この流れを受けて, 近年多くの機関・個人投資家のESG (環境・社会・ガバナンス) 運用が次第に定着しつつあり, 資本市場からも社会的課題への取組みを要請するようになっている. これは, 企業評価においても経済的価値だけでなく非経済的価値, つまり人間的側面や環境側面といった社会的要素を重要視することにつながっている.

一方, 日本におけるCSRは, 企業不祥事への対応, コンプライアンスやリスク・マネジメントの一環として捉えられたこともあり, グローバルな問題に対応できていないと指摘されてきた. しかしながら, 近年は持続可能な社会の実現, また倫理観をもった企業への変化などが強く認識されるようになってきている. このように現代社会の変革の中で生じてきたCSR論は, 企業に対して, 総じて「公正な企業とは何か」を問うている. 現代の企業は社会からのさまざまな要請を積極的に受け入れて, それを事業プロセスに取り入れることで相互利益を生み出しながら発展していくことが重要になっている.

## 第2節 CSRとは何か

### (1) 企業の目的

企業の目的は, 資本主義下の社会においては第一義的には利潤の追求である．フリードマン（Friedman, M.）は，企業は本来利益を獲得する主体であり，それが唯一，企業の社会的責任であるとした．企業が利益以外を考慮することは自由な資本主義での経済活動を蝕むことになり，これがひいては自由社会の崩壊につながりかねないと主張する[2)]．またハイエク（Hayek, F. A.）は，経営者は株主から資本を委託された受益者であり，株主以外に対して責任を負うことは株主利益の阻害を生じさせるとする[3)]．それゆえに企業が多様なステークホルダー（利害関係者）に対して配慮する経営を批判する．従来から，経済的利得（収益性）と社会的公正性が相反する要素であるとみなして社会的責任論を否定する根強い主張が展開されている．またそのような企業の責任論に対する反駁は，理論の世界だけでなく実務家からも多く浮上している．

かつてバーリーとミーンズ（Berle, A. A. and Means, G. C.）は，所有と経営が分離した結果，経営者支配が成立すると主張した．それ以降，「会社はだれのものか」，「会社は何のために存在するのか」という議論が繰り広げられ，近年では，経営者の規律付け問題と関連してガバナンス論に継承されるようになった．その議論の中でアメリカを中心にして株主主権論が主張される一方，多様なステークホルダー重視の経営を主張する2つの考えが俎上にのぼっている．前者は，会社は出資者である株主のものであるという前提のもとで，経営者は株主の価値を最大化する受託義務をもつという考え方である．つまり経営を委託された経営者である代理人（agent）とそれを委託した株主（principal）間の関係をベースにして，いかにその株主の利益を上げる経営を行うかということである．これは株主価値重視経営と呼ばれる．一方後者は，会社は社会の中の存在のひとつであることを前提として，会社に関係する多様な利害関係者のために経営を行う必要があり，また責任をもつことが重要であるとしたステークホルダー論である．ここでは株主はそれら利害関係者の中のひとつにすぎないとする．

とくに後者の議論が浮上している背景には，企業の目的を単に利潤最大化に据えることを批判して，企業の目的論を多元的に論じるステークホルダー経営に対する認識の高まりがある．現代社会は私的所有の概念が変容し，株主の性質が変質してきている．また経営者はいかなる利害関係者から評価されるかといえば，企業と利害をもつ関係者すべてからということになる．現代の株式会社（corporation）では，企業規模の拡大とともに多国籍企業が出現するなど社会における関わりがますます増大し，社会的存在としての認識が強くなっている．それぞれのステークホルダーの利害のバランスをとりながら企業価値を最大化していく考えが優勢になってきているのである．

### (2) CSR の定義

CSR の要求するものは，それぞれの国のおかれた社会的背景，取り巻く環境や時代によって異なり，また論者によってもさまざまな論点をもって議論されている．しかしながら共通しているのは，企業は社会環境の変化を受けながらも諸々の問題に取り組むという形で，社会との双方向の関係をもちながら持続的な発展をめざしていくことである．

とくに現代の企業は社会との関わりが複雑化しているために，その責任を果たすためにも両者間の関係を多角的に分析する必要があり，そのための概念として，前節で既述したステークホルダー（利害関係者）論が用いられるようになっている．このステークホルダーとは株主，債権者，消費者，従業員，取引先，地域住民，NPO，政府など企業を取り巻くすべての利害関係者のことを指し，社会を構成している主体を意味する（図表5－1参照）．こうしたステークホルダーを重視した経営は，企業が単に法律を守り，利益を追求するだけの問題に留まるのではなく，より高次に倫理観をもつこと，そしてより積極的に社会に対してできうる限りの責任を果たしていくことを意味する．企業の「責任」レベルを規定するものとして，森本やキャロルは法的責任，経済的責任，倫理的責任，社会貢献的責任の4つに分類した上で，企業の果たすべき責任が法的責任や経済的責任を超えて社会的な責任へと段階的に広がっていることを示唆した[4)]．しかし近年，段階的に分類する視点では，より複雑化した社会環境の相互関係性をとらえられないとの主張が見られる[5)].

また現在は，CSR の取り組む方向性として，①リスク・マネジメントへの取組みを意味する消極的倫理，②社会により能動的に取り組む積極的倫理に分類される．前者は，企業が社会において起こした不祥事の発生を未然に防ぐことであり，企業が抱える多様なリスクを把握して対処していくことである．また後者の積極的倫理とは，企業が社会における公正性を実現することにおいて，より積極的に社会問題に関わることである．これは地域での貢献・奉仕活動，環境・人権などの問題解決のための関与がある．ヨーロッパでは利潤を追求する経営プロセスの中で，さまざまな社会問題に取り組んでいる企業を「ビジネスケース」として積極的に紹介している．このように，CSR に取り組むことがビジネス機会や利益に結びつくと認識されているのである．日本では，CSR は

**図表 5－1　企業とステークホルダーの関係**

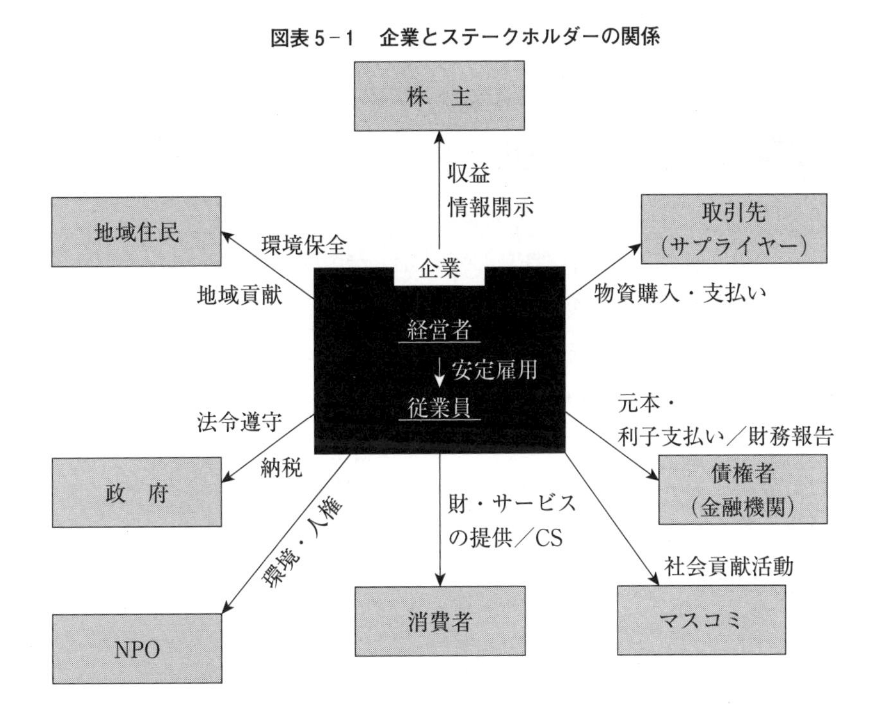

前者のリスク・マネジメントとしてとらえる向きが強いが，世界の中では主要な企業戦略のひとつに位置づけられている[6)]．

谷本によれば，「企業活動のプロセスに社会的公正性や環境への配慮などを組み込み，ステイクホルダー（株主，従業員，顧客，環境，コミュニティなど）に対してアカウンタビリティを果たしていくこと．その結果，経済的・社会的・環境的パフォーマンスの向上を目指すこと[7)]」としている．また水尾は，「企業組織と社会の健全な成長を保護し，促進することを目的として，不祥事の発生を未然に防ぐとともに，社会に積極的に貢献していくために企業の内外に働きかける制度的義務と責任[8)]」と定義している．つまり，CSRとは，社会の健全な発展のために，また企業が社会で公正性を果たすために，情報開示や説明責任により社会との良好な関係性を保って，すべてのステークホルダーに対しての責任を果たすこと，そのための制度を企業内部に確立していくことという考えが根底となっているといえよう．

## 第3節 各国のCSRの現状

### (1) EU

現在CSRの先進地域であるEU（欧州連合）諸国は，EUレベル，または各国レベルでの取組みが推進されている．政府が強力な推進力となっているのが特徴であり，CSRの法整備を進めている．またヨーロッパにおいて，CSRに影響を与えたひとつとして1999年，コフィー・アナン国連事務総長（当時）によって世界経済フォーラムで提唱された「グローバル・コンパクト」がある．これは財界リーダーが人権，労働基準，環境分野における10原則（当初は9原則）を受け入れること，またグローバル化により生じた諸問題に対応するために多様なステークホルダーとの協力を図っていくことを求めたものであり，翌2000年に国連本部で正式発足した[9)]．

EUでのCSRの取組みは，2000年に欧州理事会（EuropeanCouncil）リスボン大会において，「よりよい雇用と社会的統合を保ち，持続可能な経済成長を可能にする競争力あるダイナミックな知識基盤型の経済を2010年までに実現する」（リスボン宣言）という戦略目標を掲げたことから始まったといわれる．当時，失業や社会的排除などの社会問題を抱えていたヨーロッパでは，企業が行う経済活動の中に社会的公正を組み込みながら，社会問題を解決していくCSRの枠組みを社会の発展戦略の中心に位置づけた．また持続可能な発展をめざすことで結果的に競争力をもった経済を創出するものであった．

その後，2001年に欧州委員会（European Commission）が発表したグリーンペーパー「CSRに関する欧州枠組みの促進」によってCSRの本格的位置づけがなされた[10]．同委員会は，CSRは世界で最も競争力を有し，また処遇の良い優れた仕事と社会的連帯を前提とする持続可能な経済成長を実現するための戦略的目標であると強調している．

また同報告書では，企業が取り組むべき項目として，内部側面：人的資源経営，健康と職務上の安全，変化への適合，環境・資源経営，また外部側面：地域コミュニティー，ビジネスパートナー・サプライヤー・消費者，人権，グローバル環境への関心，を挙げている．さらに全体的アプローチとして社会的責任統合マネジメント，社会的責任の報告・監査，職業の質，社会・エコラベル，社会的責任投資（SRI）について言及している．

翌年，このレポートを受けて，EUはホワイトペーパー「CSRに関する委員会からの通達―持続可能な成長におけるビジネス貢献」を公表し，EUの政策として積極的にCSRに取り組むことを明らかにした[11]．その後，労働組合，NPO・NGO，消費者団体や投資家など広範なステークホルダーが参加し，CSR取組みのコンセンサスを作るためのCSRマルチステークホルダーフォーラム（European Multi Stakeholder Forum on CSR : CSR ESF）を設置した．これはCSRの具体的取組みを議論する場となっている．

またヨーロッパでは，多くの消費者団体や環境・社会・人権関連のNPO・NGOがCSRの推進活動を積極的に行うなど，市民活動が成熟している点が特

**図表5－2　CSRの国際的枠組み**

| 国際連合 | 世界人権宣言 |
|---|---|
| OECD | OECD多国籍企業ガイドライン　1976年～ |
| コー円卓会議（Caux Round Table） | 「CSRにもとづく企業改革システム」1994年 |
| 世界経済フォーラム | グローバル・コンパクト提唱　1999年 |
| 国際連合 | 国連グローバル・コンパクト「人権・労働・環境3分野に関する9原則」2000年 |
| GRI（Global Reporting Initiative） | 持続可能性報告のガイドライン（Sustainability Reporting Guide）2000年 |
| 国際標準化機構（ISO） | CSR規格に関する報告書（「実現可能性報告書」）2002年6月 |
| 経済優先度評議会（CEP）〈アメリカ〉 | Social Accountability 8000（SA8000）1997年10月 |
| 欧州委員会〈EU〉 | 「グリーンペーパー：CSRに関する欧州枠組みの促進」2001年7月 |
| 欧州委員会〈EU〉 | 「ホワイトペーパー：企業の社会的責任に関する通達」2002年10月 |
| 欧州委員会〈EU〉 | 「CSRに関するマルチ・ステークホルダー・フォーラムの設立」2002年10月 |
| 欧州議長国会議〈EU〉 | CSRに関する議長国会議　2002年11月 |
| 国連環境開発会議（リオ） | 「アジェンタ21」地球環境問題提議（持続可能な発展sustainable development）/アースサミット　1992年 |
| 世界社会開発サミット（コペンハーゲン） | 「コペンハーゲン宣言」及び「行動計画」1995年 |

徴的である．そのなかでもベルギー（ブリュッセル）に本部を置くCSRヨーロッパは，毎年，各ステークホルダーやアカデミック界とともにコンフェレンスを開催して世界的ネットワークを強化している[12)]．

さらにコンサルティング会社が社会問題への認識を社会に促し，また企業モニタリングをするなどの重要な役割を果たしている．1997年にイギリスのサステナビリティ社が提示したトリプル・ボトムライン（triple bottom line）という概念は，企業の最終的決算（財務パフォーマンス）であるボトムラインにおいて財務的成果とともに環境側面と社会的側面を合わせて高めていくというものである．これは社会性・環境性・経済性の3つの側面から企業業績を評価するためのガイドラインであり，短期間で世界に普及した[13]．また同年，国連環境計画（UNEP）とアメリカのNGOであるセリーズにより設立されたGRI（Global Reporting Initiative）は，世界で通用する「サステナビリティレポート（持続可能性報告書）」ガイドラインを発表した．同ガイドラインは，企業が年次報告書の作成にあたり，トリプル・ボトムラインからの取組みの公表，抽象的事項の可視化をめざしている．同ガイドラインはその後も改訂を重ね，2013年5月に第4版が発行されている[14]．これらの概念の普及は，もはや経済指標だけでは企業の評価は意味をなさなくなってきたことを示唆している．

その後，2010年，EUは「リスボン宣言」を引き継ぐ10ヵ年経済成長戦略「欧州2020年」を採択した[15]．これは金融危機などの問題を乗り越え成長するために「スマートな成長」，「持続可能な成長」，「包括的成長」の3点を目標に掲げている．また2011年，EUは「CSRに関するEU新戦略2011-2014」を発表した[16]．この政策文書ではCSRを「企業が社会に与える影響に責任を持つこと」と再定義し，企業競争力を考慮したCSR戦略を推進する方策が示された．またEUは，これらを実現するために全てのステークホルダーと協働し，社会・環境・人権などの問題を事業の中に位置づける戦略をとること，つまり企業と社会が共通価値創造を最大化することが強調された．

国別にみると，EUの中でも政府主導のCSRを強力に推進して先進的に取り組んでいるのがイギリスである．同国では，2001年貿易産業省（DTI）の中にCSR担当部局を設置し，閣外大臣（Minister for CSR）を任命して推進している．また1999年，CSR政策の中心となる「1995年基金年金法」（Pension Act 1995）を改正（2000年7月施行）した．これは，年金基金の運用における銘柄の選定，維持，売却にあたって，環境，社会，倫理面の考慮を行っているか，行っている場合はその程度，また議決権行使の基本的方針が存在するか，ある場合はその方針について情報開示を行うことを義務づけたものである．この年金改正法を受けて，翌年11月に保険協会（ABI）が，年次報告書の中に環境・

社会面での配慮を行っているかについて記載することを要求する「社会的責任投資に関する情報開示ガイドライン」を制定した．2003年には企業のCSR導入プロセスを明確化した「シグマガイドライン2003」を公表している．また2004年にマルチステークホルダーセミナーにおいて国際戦略枠組み案が議論され，これを受けて2005年CSR大臣はイギリスのCSR基本方針，アプローチ等をまとめたCSR国家戦略枠組みを公表した．

フランス，ドイツにおいてもイギリスと同様の年金法改正を行っている．フランスは2001年5月に会社法を改正し，上場企業に対し財務，環境，社会側面のトリプル・ボトムラインについて，年次報告書や財務報告書で情報開示することを義務づけた．さらには，2002年5月イギリスに続きCSR担当大臣を任命している．ドイツでは，2001年8月，年金運用会社に対して，その運用において倫理面，環境面，社会面への配慮について報告を行うことを義務づけている．

### (2) アメリカ

アメリカにおけるCSRの特徴は，経済性と社会性を同時に追求することを強調していることにある．これはCSRの代表的NPOであるBSR（Business for Social Responsibility）による定義「倫理的価値を尊重し，市民，地域社会，自然環境を重視するような方法で事業の成功を勝ち取ること」にも見られる．同機関は，1992年にCSRを推進する目的で設立されたものであり，現在の参加企業は300社にまで拡大してきている[17)]．

アメリカでのCSRは，1949年，ハーバード大学卒業生の集い「校友会」において企業の責任について議論されたことが，社会に認識される契機となったといわれる．また経営学の一分野として成立した企業倫理（Business Ethics）が早くから確立し，学際的に研究されてきている．社会的課題や「企業と社会」との関わりが活発に研究されるようになり，現実社会において企業を多面的にとらえていこうとの試みが早くからなされてきた．

またアメリカは株主資本主義を標榜する社会であるといわれるが，その一方で権威に対する牽制機能として公民権運動，人権運動や反戦運動など社会運動が時代の中で活発に展開されてきた．1960年代のマイノリティーの公民権運動や女性権利運動，1970年代のニクソン政権下のウォーターゲート事件など社会的，政治的不祥事を契機にして，企業も企業倫理への取組みを積極化してきた．なかでもラルフ・ネーダーがGM社に対して展開した消費者運動「キャンペーンGM」は，コーポレート・ガバナンス議論の嚆矢となったといわれる．

このように1970年代以降に起こりはじめた企業批判を背景にして，社会の一員である企業も地域社会，文化，教育，環境など多岐の分野にわたり社会に貢献していこうとする「企業市民」（Corporate Citizen）の概念が急速に広まった．また従来から地域社会との共存という意識が根強く，コミュニティーに対する地域貢献活動や社会への慈善活動や芸術文化支援活動（メセナ）など，企業が社会に貢献するフィランソロピー活動がかなり活発となっている．

しかし，一方で企業不祥事は続き，児童労働などの問題を引き起こしたナイキ社に対するマスコミや消費者による不買運動は，企業に大きな打撃を与えた．また消費者や従業員などによる企業への訴訟問題など看過しえない問題が発生することも多く，予防倫理や事前の策としてCSRに取り組む企業も多い．

近年のアメリカのCSR活動は，地域コミュニティーへの貢献活動，人種・女性差別などの人権問題，温暖化に対処する環境問題への配慮など，各企業が重視するそれぞれの取組みによって幅がある．現実にジョンソン・アンド・ジョンソンを始めとしてリーバイ・ストラウス，ヒューレット・パッカード，スターバックスなど国内外で積極的にCSRを行う企業は多く，それが企業ブランドの確立に繋がり，ビジネスケースとして紹介される例も多い．

さらにアメリカの特徴として，年金基金など機関投資家の動向が挙げられる．それら投資家はSRIでの運用をしていることが多く，CSRを支えるひとつになっている（SRIに関しては第5節参照）．このSRIの普及は，企業に対して持続可能報告書やCSR報告書の普及を高め，説明責任や透明性を推進する役割を果たしている．

こうした機関投資家の動向は，コーポレート・ガバナンスという経営者の規律づけの問題として進展してきた．それは，上場企業を規制する証券市場法の制定や会社法改正を重ねて実施することにも繋った．しかしながら，2000年に入ると，エンロン社，ワールドコム社など巨大企業が粉飾決算を行い，最終的に巨額倒産に至ったというアメリカ社会を揺るがした企業の不祥事を避けることができなかった．その後，ブッシュ政権下で2002年サーベンス・オクスレー法（企業改革法）が設定され，経営者改革のために一層ガバナンスが強化されるようになった．この出来事は，アメリカが信奉してきた株主資本主義経済からCSR議論を認識させる契機となっていった．

### (3) 日　本

日本では鎌倉時代に起源をもつ近江商人の「三方よし（売り手よし，買い手よし，世間よし）精神」や旧財閥の事業理念などにみられるように，CSRの原形が古くから形成されていたといわれる．しかし近年の日本におけるCSR論はグローバルな変化の中から要請されたものであり，環境変化や国内で多発する企業不祥事を受けて危機感をもった経済界が自主的な改革に乗り出したという経過があった．

そのCSRの端緒は，1955年に経済同友会が第8回全国大会で「正しい経営理念と経営倫理の確立」をテーマに掲げて開催されたことにみられ，萌芽的にCSRが意識されはじめていた．その翌1956年の第9回全国大会では「経営者の社会的責任の自覚と実践」が決議され，明確に経営者の社会的責任が認識された．同大会では，経営者は個別企業の利益と社会の利益の調整を果たしつつ経営しなければ企業の発展はないことが強調されている．しかし当時の日本の企業は高度成長に邁進した利益重視の体制であり，社会に配慮する傾向はみられなかった．そのような中で，1960年代から70年代にかけて大企業により引き起こされた四大公害問題が深刻な社会的問題となった．この頃から日本でも社会に対する企業の責任論が国民の中からも強く意識されるようになっていた．

1964年，経済同友会は「協調的競争の道」を提唱し，経済機能を果たすのみでなく人間性の尊重の理論を貫かなければならないと社会的責任に通じる考えを主張している．1973年には「社会と企業の相互信頼を求めて」という提言の中で，企業が重大な被害を引き起こしていることに対して利益率などの経営指標のみならず，環境・公害問題，地域社会との調和なども指標として社会に提示する必要性を強調している．また同年，総会において企業の社会的責任を明確に取り上げており，1974年に「企業の社会性部会」を設置，1976年には「企業と社会の新しい関係を求めて」という提言を行い，企業が社会の中の存在であることを企業に促した．

その後，高度成長からバブル経済の崩壊を経て，新たに社会的責任論が浮上してきた．経団連は，1991年に「経団連企業行動憲章」(2002年に「企業行動憲章」に改訂，さらに2004年 CSR の取組みを強化するための改訂を実施）や「地球環境憲章」を制定，また2003年には「社会的責任経営部会」を設置して社会的責任経営のあり方を検討してきた．他方，経済同友会は2000年に「21世紀宣言」の中で「経済性」に加え，「社会性」，「人間性」を重視した社会を実現する「市場の進化」概念を提唱した．その後，2003年３月26日の第15回企業白書『「市場の進化」と社会的責任経営―企業の信頼構築と持続的な価値創造に向けて―』を公表して，上記概念を整理した．

**図表５－３　日本におけるCSR動向**

| | |
|---|---|
| 経済団体連合会 | 「福祉社会を支える経済とわれわれの責任」1973年５月 |
| 経済団体連合会 | 「経団連企業行動憲章」1991年～ |
| 関西経済連合会 | 「企業と倫理の実践に向けて―『倫理法令遵守マネジメントシステム』構築の提案―」1999年５月１日 |
| 経済同友会 | 第15回 企業白書『「市場の進化」と社会的責任経営』　2003年 |
| 内閣府 | 「消費者に信頼される事業者となるために―自主行動基準の指針」2002年12月 |

このように日本のCSRは，財界が先導する形で進められており，2003年をCSR元年と定めてその取組みを本格化させている．その特徴はコンプライアンス（法令遵守）を中心にした企業内の体制構築にあり，欧米にみられる積極的な社会問題への関与というよりむしろ不祥事に対処するリスク・マネジメント（問題解決への危機管理）という側面が強い．現実に日本ではコーポレート・ガバナンスを推進する動きの中で内部告発者保護制度などの企業内部のコンプライアンス強化により，企業不祥事が露出する結果となっている．しかし近年の動向は世界と歩調を合わせるようになってきており，多くの企業は，グローバル・コンパクトへの加盟，CSR報告書（環境報告書・サステイナブル報告書）の作成・公表，またグローバル・イニシアチブ・リポーティング（GRI）のガイドラインの活用などの動きがみられるようになってきている．

### (4) アジア諸国

近年，CSRの世界的潮流を受けて，アジア諸国においてもCSR政策を次々と打ち出すようになってきている．アジア各国では，CSRを制度化することでそれぞれが抱える社会問題の解決をはかろうとする動きがみられ，政府が旗揚げ役となり大きな潮流となってきている．世界の金融市場をめざすシンガポール・香港は金融市場におけるガバナンス改革を押し進めてきた．近年，CSR Asia などCSR関連NPO・NGOが設立され，大きな役割を果たしている．また，アジアに拠点を置く欧米のビジネススクールや地場の大学においてCSRの科目を設置するなどアカデミックレベルでの活動も積極化してきている．とくにシンガポールではCCSRやシンガポール・コンパクトが設立され，海外に進出した際の労働問題の対処やCSRの普及に努めている．

世界の工場となった中国ではサプライチェーンにおける労働問題，環境問題，知的所有権に関する問題や食品・製造物の有害物質混入問題など明らかにステークホルダーを軽視した問題が数多く浮上している．またオリンピック開催時には関連製品製造で不当労働を行ったとしてNPOによる不買運動が展開された．しかし，2007年に入り環境に配慮する国家政策に転換することを公表し，政府は強力なてこ入れで国務院の研究センターや大学でCSR政策などの検討を開始することでその対策に本格的に乗り出している．タイでは，政府が新興国として初めての労働認証規格である「タイ企業社会的責任TSL8001-2003（Thai Labour Standard TSL8001-2003)」をILOや国連条項に準拠するものとして策定した．そのほかに，インドネシアのCSR関連事項の法制度化，フィリピンのCSR報告書義務化，インドの職場環境や環境配慮などの推進，マレーシアの公認会計士協会（ACCA）による環境社会報告書の表彰制度などCSRへの認識が高まっている．

アジア諸国では発展段階が異なってそれぞれ固有の社会問題を抱えており，各国の国情に合わせた発展が模索されている．今後は真の公正性というCSRの根底にある倫理観・哲学を自国で消化し，体現していくことが重要になろう．一方，多国籍企業が進出し経営を行う地域でもあり，自国企業のみならず進出企業が現地社会の課題に取り組むことや地域コミュニティーへの配慮，サプライチェーン問題などCSRを遵守しているかという問題も重要である．

## 第4節　CSRの新しい動向

### (1)　CSRにおける規格化- ISO26000

ISO26000は2010年11月1日にISO（国際標準化機構）により発行されたSR国際規格（Guidance on Social Responsibility）である．この規格化の動きは，2001年4月にブラジルのサルバドールにおける，ISO理事会ワーキンググループ第1回総会より本格的に開始された．総会には99ヵ国，40を超える国際機関の消費者団体，労働組合，NGO，産業界，政府，専門家の6つのステークホルダーが参加し，協働でISO規格に向けて調査することとなった．これを受けて，同年6月マルチ・ステークホルダー・ボディーを設置して，CSRマネジメント規格化の実現可能性を検討する決議がなされた．続いて，ISO理事会は技術管理評議会（TMB）のもと，９月にCSR戦略諮問グループ（SAG），12月にCSR標準委員会を設置して規格化作成が進行するようになった．

2004年６月ISO/CSR国際会議にて，すべてのステークホルダーにより承認され，９月TMB会議にてSR規格作成の幹事国が決定した．また2005年３月には規格番号ISO26000が決定された．同規格は，その後も検討が続けられ，2010年公表までに10年もの期間を要するものとなった．この規格策定において特徴的な点は，それぞれ利害の異なるステークホルダーが問題解決のために合意形成を相互に図るといったマルチステークホルダープロセスが取られたことである．この背景には，社会的責任に取り組む主体や領域の多様性があり，その問題解決は多岐にわたることがある．

結果として，同規格は企業のみならずあらゆる組織に向けた社会的責任ガイダンス（SR規格）となった．また，品質（ISO9001），環境（ISO14001）と異なり，認証を目的とされないガイダンス（手引書）となっている．

以上のプロセスを経て策定されたISO26000は，組織の持続可能な発展のために貢献することを意図し，またあらゆる組織が基本的義務である法令遵守を超えた活動に取り組むことをめざしている[18)]．

このISO26000では，箇条２において社会的責任を以下のように定義している[19)]．

「組織の決定及び活動が社会及び環境に及ぼす影響に対して，次のような透明かつ倫理的な行動を通じて組織が担う責任：健康及び社会の繁栄を含む持続可能な発展への貢献，ステークホルダーの期待への配慮，関連法令の遵守及び国際行動規範の尊重，組織全体に統合され，組織の関係の中で実践される」

注１：活動には，製品，サービス及びプロセスを含む．

注２：関係とは組織の影響力の範囲内での活動を指す．

またその適用にあたって，組織は国際行動規範との整合性を図りつつ，社会や文化などの環境や組織の多様性を考慮に入れることが望ましいと注記している．ISO26000の内容を概観すると（図表５-４参照），まずCSRの基本的概念ともいえる7つの原則，「説明責任」「透明性」「倫理的行動」「ステークホルダーの利害の尊重」「法の支配の尊重」「国家行動規範の尊重」「人権の尊重」が挙げられ，組織が尊重すべき行動原則として明示している（箇条4）．

さらに社会的責任の7つの中核的主題（core subjects）として，「組織統治」「人権」「労働慣行」「環境」「公正な事業慣行」「消費者課題」「コミュニティへの参画及びコミュニティの発展」を社会的責任の範疇として挙げている（箇条6）．そのもとで実践課題（issues）の36項目を挙げ，CSRへの取組みの領域を明示している．特に組織統治は中核的課題の基盤に位置づけられ，またそれは企業の意思決定を実践する仕組みとなっている（図表5-5参照）．

従来，CSR報告書の作成ガイドラインはGRIが中心であったが，近年，同規格も多くの企業がCSRに取り組む重要な指標とされてきている．特に，多国籍で事業展開する企業はグローバルなCSRガイドラインとして活用する事例が増加しており，たとえば，トヨタ，富士通，岡村製作所や三井化学などは「ISO26000対照表」を掲載している．

CSR規格に関して，その普及とともに，イギリス規格協会のSIGMA，社会的アカウンタビリティーのSA8000（労働に関するSR），社会倫理アカウンタビリティー研究所（ISEA）のAA1000など，国際的に多くが策定されてきた．今回のSR規格化の策定によって，企業はCSRに関して国際標準の共通ルールのもとで経営を行う方向性が示されることになる．

また日本国内の動向としては，2010年，経団連は，すでに公表していた「経団連企業行動憲章」にISO26000を取り入れる形で改訂を行った．また2012年3月には経済産業省がその普及を目的に，日本工業規格（JIS）のひとつとして「JIS Z 26000」を公示している．

### (2) 社会的課題とCSV

近年，いかなる企業にとってもCSRに対応することは重要かつ必須であるが，現在，その展開も多様となっている．2011年，競争戦略分野のハーバード

図表５－４　ISO26000の概念図

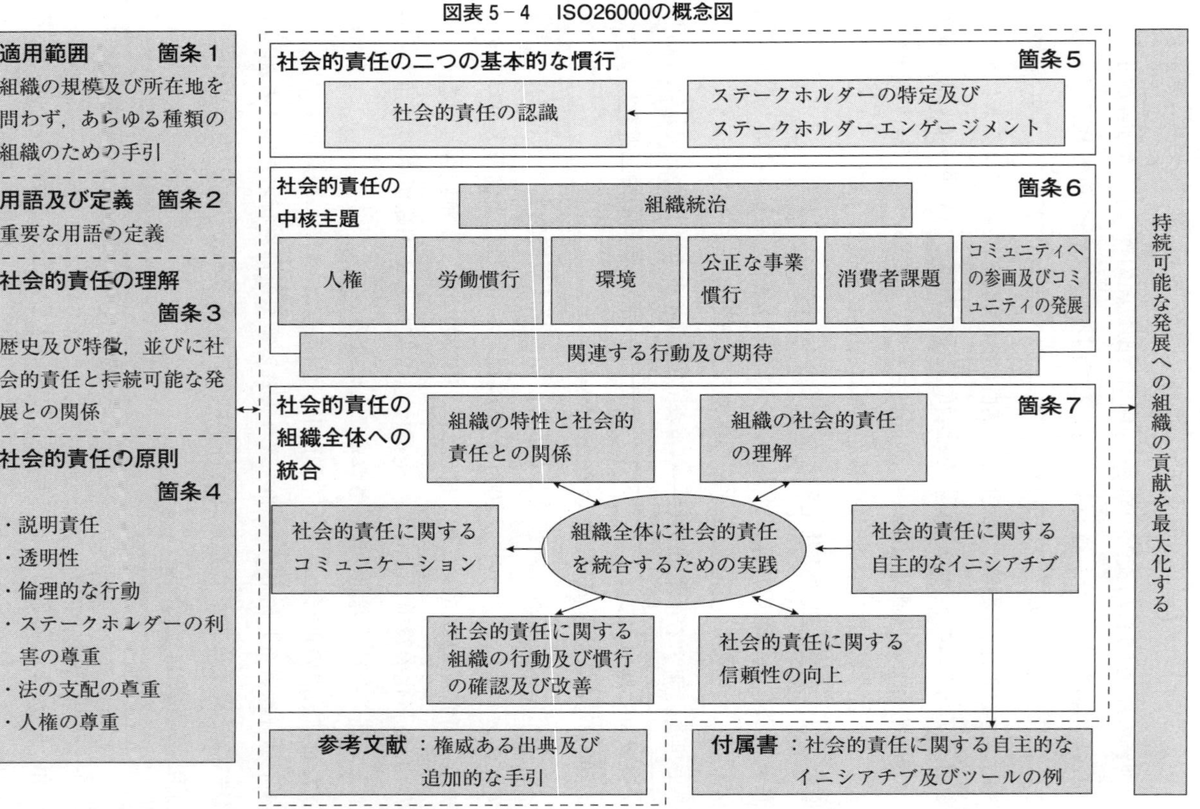


出所）　日本規格協会編『ISO26000：2010社会的責任に関する手引』ISO/SR国内委員会監修（日本語訳），2011年，p. 26.

**図表５－５　社会的責任の中核主題及び課題**

| 中核主題及び課題 | 掲載されている細分箇条 |
|---|---|
| 中核主題：組織統治 | 6.2 |
| 中核主題：人権 | 6.3 |
| 　課題１：デューディリジェンス | 6.3.3 |
| 　課題２：人権に関する危機的状況 | 6.3.4 |
| 　課題３：加担の回避 | 6.3.5 |
| 　課題４：苦情解決 | 6.3.6 |
| 　課題５：差別及び社会的弱者 | 6.3.7 |
| 　課題６：市民的及び政治的権利 | 6.3.8 |
| 　課題７：経済的，社会的及び文化的権利 | 6.3.9 |
| 　課題８：労働における基本的原則及び権利 | 6.3.10 |
| 中核主題：労働慣行 | 6.4 |
| 　課題１：雇用及び雇用関係 | 6.4.3 |
| 　課題２：労働条件及び社会的保護 | 6.4.4 |
| 　課題３：社会的対話 | 6.4.5 |
| 　課題４：労働における安全衛生 | 6.4.6 |
| 　課題５：職場における人材育成及び訓練 | 6.4.7 |
| 中核主題：環境 | 6.5 |
| 　課題１：汚染の予防 | 6.5.3 |
| 　課題２：持続可能な資源の利用 | 6.5.4 |
| 　課題３：気候変動の緩和及び気候変動への適応 | 6.5.5 |
| 　課題４：環境保護，生物多様性，及び自然生息地の回復 | 6.5.6 |
| 中核主題：公正な事業慣行 | 6.6 |
| 　課題１：汚職防止 | 6.6.3 |
| 　課題２：責任ある政治的関与 | 6.6.4 |
| 　課題３：公正な競争 | 6.6.5 |
| 　課題４：バリューチェーンにおける社会的責任の推進 | 6.6.6 |
| 　課題５：財産権の尊重 | 6.6.7 |
| 中核主題：消費者課題 | 6.7 |
| 　課題１：公正なマーケティング，事実に即した偏りのない情報，及び公正な契約慣行 | 6.7.3 |
| 　課題２：消費者の安全衛生の保護 | 6.7.4 |
| 　課題３：持続可能な消費 | 6.7.5 |
| 　課題４：消費者に対するサービス，支援，並びに苦情及び紛争の解決 | 6.7.6 |
| 　課題５：消費者データ保護及びプライバシー | 6.7.7 |
| 　課題６：必要不可欠なサービスへのアクセス | 6.7.8 |
| 　課題７：教育及び意識向上 | 6.7.9 |
| 中核主題：コミュニティへの参画及びコミュニティの発展 | 6.8 |
| 　課題１：コミュニティへの参画 | 6.8.3 |
| 　課題２：教育及び文化 | 6.8.4 |
| 　課題３：雇用創出及び技能開発 | 6.8.5 |
| 　課題４：技術の開発及び技術へのアクセス | 6.8.6 |
| 　課題５：富及び所得の創出 | 6.8.7 |
| 　課題６：健康 | 6.8.8 |
| 　課題７：社会的投資 | 6.8.9 |

出所）図表５－４と同じ，p. 24

大学M. E.ポーターは「戦略的CSR」を発展させたCSV（Creating Shared Value；共通価値創造）の概念を『ハーバード・ビジネス・レビュー』で公表した[20)]．これは，企業が事業を行うなかで社会的課題を解決しつつ利益を生み出すこと，つまり社会的価値と経済的価値を両立するという共通価値を創造する考え方である．現在，世界では途上国の貧困問題，先進国の高齢化・労働力問題，新興国を中心にした環境問題など社会問題が山積している．従来，このような社会的課題を解決することは，企業が経済的利益を出すことと相反する概念として捉えられてきた．

これに対し，ポーターが主張するCSVの考え方は，両立こそが新たなビジネスチャンスにつながると考えるものである．共通価値を創造する方法として，①製品と市場を見直す，②バリューチェーンの生産性を再定義する，③企業が拠点を置く地域を支援する産業クラスターをつくる，の3つをあげている[21)]．これは自社の事業領域と社会との関係性を分析し，それによって社会問題解決を図る事業を考えることである．

本来，社会的課題は，公的部門もしくは非営利組織の担う領域である．しかし，近年ソーシャル・ビジネス（社会性，事業性，革新性の3要素を満たす事業と定義される．「ソーシャルビジネス研究報告書」経済産業省，2008年4月）などのように社会問題解決を目的とした事業体，もしくは官民連携での事業展開をするケースが多く見られるようになった．CSRの世界的潮流が，パブリック，もしくはソーシャルセクターと対立してきた企業との融合を図り，また協働で社会的課題を解決するようになっている．このように現代社会は世界共通で認識される社会問題が多くなっており，それらを事業領域に入れることは，企業にとって重要な戦略になってきている．このような考え方はBOP（Basement of Pyramid）ビジネスにも通じるものである．

### (3) 統合報告書

企業のCSRの取組みは，ステークホルダーに対してCSR報告書として公表される．それらは，GRI（Global Reporting Initiative）のサステナビリティ・レポート・ガイドラインG4に基づいて報告書を作成しているものが多い．同ガイドラインは企業活動をESG（環境・社会・ガバナンス）の3つの側面から評価するトリプル・ボトムラインを報告書に反映させるものである．その他のガイドラインとして，グローバル・コンパクト（10原則）や前述したISO26000を採用する企業も見られる．また日本では，2007年環境省により，環境報告書の基準として「環境報告ガイドライン」（改訂版）を公表している．

しかしながら，このような企業の情報開示において，近年新たな方向性が見られるようになった．昨今の環境・資源問題，金融危機などの経営環境の変化に伴い，企業はより長期的視点にたった経営が要請されるようになっている．これらを背景に，2013年12月，統合報告を検討するIIRC（International Integrated Reporting Council；国際統合報告評議会）は「国際統合フレームワーク」を発表した[22)]．これは組織が中期・長期的に価値をいかに創出するかを説明するためのフレームワークである．また組織と組織に影響を与え得る資本との関係性を適正に考え，また財務的項目とESGなど非財務的項目との関連性を述べ，それを比較可能な形で統合した報告書を作成するためのフレームワークである．これは，従来から報告書で開示されている非財務的情報が，事業のなかで中長期的にどのように企業価値を高めるかとの視点に立った報告書が必要とされていることが背景となっている．

## 第5節　社会的責任投資（SRI）

SRI（Socially, and Responsible Investment；社会的責任投資）とは，CSRを金融の側面から推進する手法である[23)]．それは従来の財務指標に基づいた基準に加えて，環境問題，地域貢献の取組みなど社会的指標も考慮に入れて，投資する際の評価を行うものである．その分類として，①社会的スクリーン（social screen），②株主行動（shareholder engagement, shareholder activism），③コミュニティ開発投資（community development investment）の３種がある．

まず社会的スクリーンとは，企業を経済性，環境適合性，倫理性など社会的側面から評価して企業の選別を行い，投資を行っていくことである．この選別には２つの手法がある．ひとつは事業の活動プロセスにおいて社会的責任を果たしている企業を積極的に選別して投資を行うポジティブ・スクリーニング（positive screening），もうひとつにはギャンブル・アルコール・たばこなど社会的に批判が強い産業分野の企業を投資から排除するネガティブ・スクリーニング（negative screening）である．これらには社会性を考慮した「投資信託」や「年金基金の運用」がある．

次に株主行動（エンゲージメント）とは，投資した企業に対して，社会的な責任を果たすように株主として働きかけるものである．また企業が責任を果たしていないと認識した場合は，それを改善させるために何らかの行動を取ることで経営者に圧力を与える．これらの手段として，レター送付・ディスカッション・質問状送付など経営者との関与や対話，株主提案，議決権行使，株主代表訴訟などがある．これらの株主行動は，従来からコーポレート・ガバナンス問題（corporate governance issue）に関する分野で積極的に展開されてきた．しかし，近年では社会・環境など社会問題（social issue）に関する分野に広がってきている．また対決型からエンゲージメントと呼ばれる対話型に変化してきている[24]．

最後のコミュニュティ開発投資とは，通常の金融機関から対象とされない，主に低所得者や小規模企業向けの投融資を行うことである．たとえば，米国ではコミュニティ開発金融機関（Community Development Financial Institution : CDFI）を通してコミュニティ（地域）発展のために投融資が実施される．これは融資など間接金融も含まれることから，広義の SRI として分類される．

この SRI の歴史的起源は，古くは18世紀から19世紀のアメリカやイギリスでみられたクェーカーやメソジストなどキリスト教一派による倫理投資（Ethics Investment）に遡るといわれる．それら教会はアルコールやギャンブ

ル，武器製造など宗教的価値観にそぐわない企業を排除して投資するネガティブ・スクリーニングを行っていた.[25)]

その後20世紀に入るとアメリカでは経済的価値を優先して経済発展を遂げるようになった．しかし一方で特定の社会的テーマでネガティブ・スクリーニングを行う機関投資家が現れるようになってきた．また1900年代半ばになると民主化の進展にともなって社会における価値観の転換も起きるようになった．公民権や戦争など当時の社会が抱えていたさまざまな問題に対する批判が噴出し，社会運動が展開されるようになったのである．1960年代のGM社に対する消費者運動（欠陥車販売），70年代のダウ・ケミカル社に対する反ベトナム運動（枯葉剤の生産），南アフリカの人権運動（人種差別政策―アパルトヘイト）などの一連の社会運動が起きた．そのなかで年金基金などの機関投資家も投資手法としてSRIに取り組むことで，反社会的な企業に対する株主行動を活発化させるようになっていった．

とくに，SRIは受託者義務を負う公的年金基金に広がりをみせ，社会で注目を浴びるようになっていった．なかでもTIAA-CREF（全米学校教育保険年金協会/大学退職年金），カリフォルニア州教職員退職年金基金（CalSTRS），カリフォルニア州職員退職年金基金（CalPERS）などの大手公的年金基金はSRIファンドに積極的に投資している.[26)]

その後もSRI型ミューチュアルファンド（投資信託）や確定拠出年金の導入によって，個人によるSRIが増大をたどった．また1980年代以降，次なる社会問題としてタバコや環境問題が浮上してきた．近年，SRIの問題領域は製品の安全性，途上国での児童労働などの雇用，人権やテロ関連（2001年同時多発テロ以降）の分野に広がりをみせるようになっている．このようにSRIの投資領域は社会問題を反映するといわれ，時代とともに変化している．また，イギリス，フランスやドイツにみられる年金法改正（SRI投資における情報開示の義務など）やSRI型投資信託の増加などにより，ヨーロッパにおいてもSRI市場は拡大をみせている．

このSRIの市場規模を比較をすると，図表5－6に示されているようにアメリカでは2012年3兆7,440億ドルから2014年6兆5,700億ドルと急増している．US SIF調査によるSRI残高は1995年から2014年までの19年間に929％増加し，この間の年間平均伸び率は13.1％である．また運用専門家が運用する資産額6ドル当たり1ドルがSRI戦略に基づいた投資である.[27)]

ヨーロッパにおけるSRI機関Euro SIFによるSRIの投資手法は，2012年に改訂された．それはテーマ型（sustainability themed），ベスト・イン・クラス（best-in-class），国際規範スクリーニング（norms-based screening），特定ビジネス排除（exclusion），ESG統合（ESG integration），エンゲージメント（engagement and voting），インパクト投資（impact investing）に分類されている.[28)] 表5－7に見られるように2013年末時点では，特定ビジネス排除とESG統合の資産額が多い．ビジネス排除は特にクラスター兵器関連，対人地雷関連が多くを占め，2011–13年の増加率は91％である．また国際規範スクリーニング，エンゲージメントも資産額が比較的大きい．さらにインパクト投資は少額ながら2年間に131.6％と急増してきている手法である．ヨーロッパのSRIは，株式運用が多く，また機関投資家の運用ニーズが高くなっている.[29)]

一方，日本のSRIは主に公募型SRI投資信託（以下，投信）が中心である．JSIF（社会的責任投資フォーラム）は，日本のSRIは投信と社会貢献型債券と合わせたものとして定義している．投信に関しては，1999年に日興アセットマネジメント社が環境型の国内型株式投信「日興エコファンド」を設定したのが最初であった．日本ではエコファンド中心に投信が設定されたが，2000年に国内株式投信としては初のSRI型ファンドが朝日ライフアセットマネジメント社「朝日ライフSRI社会貢献」が提供された．その後，株価急落による影響を受けて低迷が続いたが，2003年頃から再びエコファンドを中心にして増加してきている．投信の市場規模をみると，2003年末SRI投資信託の資産残高は640億円であったが，ピークをつけた2007年12月時点の残高は1億1,200億円（SRI型ハイブリッド投信を含む），2015年6月時点では2,160億円で数年間は横ばいとな

**図表5－6　アメリカにおけるSRI残高（1995–2014）**

（単位：10億ドル）

| | 1995 | 1997 | 1999 | 2001 | 2003 | 2005 | 2007 | 2010 | 2012 | 2014 |
|---|---|---|---|---|---|---|---|---|---|---|
| ESGを組み込んだ投資 | 166 | 533 | 1,502 | 2,018 | 2,157 | 1,704 | 2,123 | 2,554 | 3,314 | 6,200 |
| 株主議決権行動 | 473 | 736 | 922 | 897 | 448 | 703 | 739 | 1,497 | 1,536 | 1,717 |
| 上記2者の重複 | N/A | －84 | －265 | －592 | －441 | －117 | －151 | －981 | －1,106 | －1,345 |
| 合　　計 | 639 | 1,185 | 2,159 | 2,323 | 2,164 | 2,290 | 2,711 | 3,069 | 3,744 | 6,572 |

出所）1995–2012：US SIF, *Report on Sustainable and Responsible Investing Trends in the United States 2012*, p. 11.
2014：US SIF, *Report on US Sustainable, Responsible and Impact Investing Trends 2014*, p. 15.

**図表5－7　EUにおけるSRI残高**

（単位：100万ユーロ）

| | 2011 | 2013 | 2011–13成長率 |
|---|---|---|---|
| テーマ型投資 | 48,048 | 58,961 | 22.6% |
| ベスト・イン・クラス | 283,081 | 353,555 | 24.9% |
| 国際規範スクリーニング | 2,132,394 | 3,633,794 | 70.4% |
| 特定ビジネス排除 | 3,584,498 | 6,853,954 | 91.2% |
| ESG統合 | 3,164,066 | 5,232,120 | 65.4% |
| エンゲージメント | 1,762,687 | 3,275,930 | 85.8% |
| インパクト投資 | 8,750 | 20,269 | 131.6% |

出所）Euro SIF, *European SRI Studies*, Summary and Conclusion, 2014.

っている．また2003年の投資信託数は11本であったが，2015年6月時点で94本まで増加し，2015年9月時点では79本となっている.[30]

従来，日本のSRIの特徴としては欧米諸国にみられるような年金基金などの機関投資家による運用が少ないこと，なかでも株主行動はほとんどみられないといわれてきた．そのためSRI運用は欧米諸国とは比する規模ではないとされてきたが，近年変化がみられるようになってきた．これは，欧米にみられる機関投資家の積極的関与が見られない現状がある．2015年，金融庁が機関投資家に投資先の経営を監視し，持続可能な経営を志向するスチューワードシップ・コードを発行した．その後，公的年金基金機構（GPIF）はじめ180の機関がコード導入を表明した．これにより持続可能な企業へ転換を図りうる株主行動の進展が期待されている[31)]．

**注**

1）「持続可能な発展（sustainable development）」という用語は，1987年に国連の「環境と開発に関する世界委員会」により公表された報告書『地球の未来を守るため（Our Common Future）』の中で表された概念である．

2）Friedman, M., *Capitalism and Freedom*, University of Chicago Press, 1962, p. 133.

3）Hayek, F. A., "Corporation in a Democratic Society: in whose interest ought it and will be it run?" Anschen, M. et al. eds., *Management and Corporations*, McGraw-Hill, 1985, pp. 100–106.

4）森本三男『企業社会的責任の経営学的研究』白桃書房，1994年

5）谷本寛治編『CSR 経営』中央経済社，2004年，p. 5

6）BITC（Business in the Community）による CSR のメリットとして，①企業ブランドの防衛，改善，②リスク・マネジメント，③人的資源確保，④企業革新能力の向上，⑤資金調達力の強化が指摘されている．

7）谷本寛治，前掲書，p. 5

8）水尾順一・田中宏司編『CSR マネージメント―ステークホルダーとの共生と企業の社会的責任』生産性出版，2004年，pp. 7–8

9）現在は15,000以上の企業，労働組合，市民社会組織などが参加して持続可能な成長を実現するための世界的枠組み作りを行っている．http://www.unic.or.jp/globalcomp/index.htm

10）European Commission, *Green Paper on "Promoting a European Framework for Corporate Social Responsibility"*, July, 2001.

11）European Commission, *Corporate Social Responsibility: A Business Contribution to Sustainable Development*, July, 2002.

12）CSR Europe HP　http://www.csreurope.org/［2015.12.5］

13）イギリスのサステナビリティ社代表のジョン・エルキトン氏がその著書

*Carnivals With Forks* の中で表した概念である．

14）GRI Sustainability Reporting Guidelines（G4）日本語版，http://www.nippon-foundation.or.jp/news/articles/2013/img/80/80_1.pdf［2015.12.5］

15）European Commission, "Communication from the Commission: Europe 2020 A strategy for smart, sustainable and inclusive growth", 2010.3.3, http://ec.europa.eu/archives/growthandjobs_2009/pdf/complet_en.pdf［2015.12.5］

16）EU "A Renewed EU Strategy 2011-14 for Corporate Social Responsibility", 2011.10. https://www.env.go.jp/policy/keiei_portal/common/pdf/principlesbooklet. A3. 20120106.pdf［2015.12.5］

17）BSR Report 2007, "Our Role in Designing a Sustainable Future", ***BSR Report 2007***, http://www.bsr.org/about/index.cfm［2015.12.5］

18）ISO26000に関しては以下参照．日本規格協会編「ISO 26000：2010 社会的責任に関する手引」ISO/SR 国内委員会監修（日本語訳），p. 31.（ISO, ***International Standard ISO26000 Guidance on Social Responsibility, 2010***）

19）同上書，p. 40

20）M. E. ポーター and M. R. Kramer「共通価値の戦略」『DIAMOND Harvard Business Review』2011年6月，pp. 8-31参照．（Michael E. Porter and Mark R. Kramer, Creating Shared Value, ***Harvard Business Review***, Feb. 2011.）

21）同上誌，p14

22）「国際統合報告―フレームワーク―日本語訳」Integrated Reporting〈IR〉, http://integratedreporting.org/［2015.12.5］

23）近年，米国とヨーロッパの SIF の報告書ともに，SRI の用語を Social Responsible Investment から Sustainable and Responsible Investment へと変更している．また JSIF は，Social から Sustainability への変化に関して，SRI が投資家の社会的（Social）な価値を実現する手段としての SRI から，社会の持続可能性（Sustainability）の追求と企業の持続的価値を評価する SRI（Sustainable and Responsible Investment）に変わりつつあると述べている．http://www.jsif.jp.net/#!untitled/cmu6

24）森祐司「アメリカ年金基金による社会的責任投資―株主行動を中心とする議論と日本への示唆―」ワーキングペーパー，大和総研，2004年.

25）その起源については，18世紀頃イギリスのクェーカー教徒や19世紀のメソジスト派，バプティストによるなどと多説存在する．

26）年金基金の SRI 投資に関しては，ERISA 法に抵触すると批判されてきたが，1998年に労働省が「カルバートレター」で SRI 投資信託に確定拠出年金を含めることは ERISA 法に反しないとの見解を示した．

27） US Social Investment Forum, *Report on Sustainable, Responsible and Impact Investing Trends 2014*, 10th edition, pp. 12–13.

28） EuroSIF, "Survey Definitions and Methodology", *European SRI study 2014* 参照．EuroSIF では，2012年報告書より SRI を再々定義している．

29） Ibid., "Summary and Conclusions".

30） http://japansif.com/1509sridata.pdf ［2015.12.5］日本における SRI 状況は，社会的責任投資フォーラム編『日本 SRI 年報2013』2014年参照．

31） JSIF は2015年末にスチュワードシップ・コードを受け入れた国内機関投資家（24機関）にサステナブル投資について初アンケート調査を行った結果，その投資残高は26.7兆円であったと公表した．プレスリリース，2016年1月15日 http://japansif.com/160115.pdf

**参考文献**

安達英一郎・金井司『CSR 経営と SRI：企業の社会的責任とその評価軸』金融財政事情研究会，2004年

経済同友会 第15回企業白書『「市場の進化」と社会的責任経営—企業の信頼構築と持続的な価値創造に向けて—』2003年 3 月

谷本寛治『SRI 社会的責任投資入門』日本経済新聞社，2000年

谷本寛治編『CSR 経営』中央経済社，2004年

社会的責任投資フォーラム編『日本 SRI 年報2007』2007年

森本三男『企業社会責任の経営学的研究』白桃書房，1994年

森祐司「アメリカ年金基金による社会的責任投資—株主行動を中心とする議論と日本への示唆—」ワーキングペーパー，大和総研，2004年

BSR Report 2007, "Our Role in Designing a Sustainable Future", BSR.

EU "A Renewed EU Strategy 2011–14 for Corporate Social Responsibility", 2011.10.

EC (European Commission), "Communication from the Commission: Europe 2020 A strategy for smart, sustainable and inclusive growth", 2010.3.3.

Hayek, F. A., "Corporation in a Democratic Society: in whose intrest ought it and will be it run?" Anschen, M. et al. eds., *Management and Corporations*, McGraw-Hill, 1985.

Friedman, M., *Capitalism and Freedom*, University of Chicago Press, 1962.

Social Investment Forum, *2005 Report on Socially Responsible Investing Trends in the United States.*

# 第6章 現代の企業倫理

## 第1節 企業倫理をとりまく環境

近年，日本の企業をめぐって発生しているさまざまな不祥事は後を絶たない．電力，自動車，食品，英会話など実にあらゆる分野において発生していることが近年の不祥事の特徴である．

では日本ではこれらの諸問題を事前に防止するための方策，事件発生後に迅速に解決するための何の努力もしていなかったのか．残念ながらその答えは「ノー」である．90年代以降，日本では企業不祥事の防止や再発防止のためのさまざまな仕組みづくりが行われている．商法，会社法，証券取引法などのような具体的な制度改革を通して企業の不祥事を防ぐための段階的な改革を行ってきている．性急な結論かもしれないが，今までの企業社会の動向をみると，法制度のような法的強制力を仕掛けるだけでは近年問われているさまざまな倫理的な問題を解決するには限界があるようにみえる．

このような観点からみれば，企業の不祥事を未然に防ぐ法制度や事件後の迅速な処理のための仕組みなどを上場企業のような大規模株式会社に義務づけること以外に，何らかの措置が必要ではないかと考えられる．

本章では，これらの諸問題を取り上げ，近年それらの解決策として取り上げられている企業倫理について注目する．具体的には「企業倫理はなぜ重要なのか」，「企業は倫理的になれるのか」，「企業倫理を実践している企業にはどんなものがあるのか」などの問いを中心に考察する．

## 第2節 企業倫理はなぜ重要なのか

### (1) 企業倫理の意義

近年，企業に対して「公器」(public entity) として倫理性または社会性を強力に要求している動向がみられる．実際に，企業倫理先進国として知られている近年のアメリカにおいては，行政，社会活動家，マスメディアなどによって大企業の経営活動で発生したさまざまな問題に対して厳しく責任を追及する場面がしばしば報道されている．

このような企業に対して社会性や倫理性を要求する動きは，全世界の企業を対象にしてランク付けを行った後，その結果を公表しているところでもよく現れている．この評価基準には，過去において最も重視されていた企業の財務力を評価する基準以外にも，倫理的水準を問う指標を取り入れた新たな動きもみられている．たとえば，近年，世間によく知られている雑誌であるニューズウィーク誌は，全世界の企業を対象にランク付けを行う評価基準に財務力とCSR活動水準をほぼ同じ割合で評価している[1)]．換言すれば，従来までひとつしかなかった物指しにもうひとつの評価基準が付け加えられたことは，評価の対象となっている企業にとっては新たな評価基準に合わせて行動せざるを得ないことを意味する．

このように大企業を対象にしてさまざまな角度から監視しようと動きはますます強まっているようにみえる．では企業が社会に対してさまざまな影響力を及ぼしている根本的な理由はどこにあるのか．その答えとしてしばしば取り上げられるのが企業の大規模化である．とりわけ，ソ連の崩壊後，アングロサクソン型の経営を特長とするアメリカ流のグローバル化がそれを加速化させている．グローバルな規模で事業展開が可能な状況で，強力な競争優位性を有する企業がさらなる大規模化を可能にさせているからに他ならない．実際に，フォーチュン誌が選定した世界ランキング500位までに入る企業の中では資産規模の面において第三世界諸国の一国の国家予算をはるかに上回る場合も少なくない．

このような大規模化の傾向は，結果的に企業がそれを意図したかどうかに関係なく，企業活動の「場」である社会に対して莫大な影響力を行使している．エプスタイン（1996）はこのような社会に対して企業の有する影響力を「権力」（power）と表現し，われわれの想像を絶する結果をもたらしていると主張している．彼によれば，社会に対して企業が有する諸権力には，経済的権力，社会的・文化的権力，個人に対する権力，技術的権力，環境に対する権力，政治的権力などがあるという．

また，このような企業規模の巨大化は，企業構成員の中で利益配分をめぐる激しい議論，すなわちコーポレート・ガバナンスの問題との関わりで90年代以降，注目の的となっている．「企業は誰のものなのか」という根本的な問いに対する答えは，伝統的な考え方である「株主のもの」という従来の認識を変えざるを得ないところまで至っている．

本来，企業の有する諸権力には善悪の区別はつかないが，これらの諸権力を掌握している主体である存在がいかなる方向に向かうのかによってその結果は大いに異なる結果をもたらすことになる．とくに，企業の中で最も経営資源を使うことに裁量権が与えられている主体である経営者に対しては従来に比べてより厳格なチェックを行うべきであるという主張はあまりにも多い（佐久間信夫，2007）．たとえば，近年，日本でも実行されている制度改革として最高経営者集団である取締役会の中に当該企業とは何らの利害関係もない社外取締役の設置を義務づけたり，内部統制のプロセスを外部の機関によって規制したりするなどのような試みがその一例である．

では本章の目的であるなぜ企業倫理が重要であるのかという問いに戻ろう．以下の図表6－1は従来まで最も重要視されていた効率性（業績）を縦軸にし，また近年その重要性がますます高まっている社会性（倫理）を横軸にして企業の類型を分類したものである．

われわれが住んでいる現実の世界に存在する企業に対するイメージはいかなるものがあるのか．おそらくわれわれが理念形の企業形態として考えるのが，

**図表6－1　効率性と社会性による企業の類型**

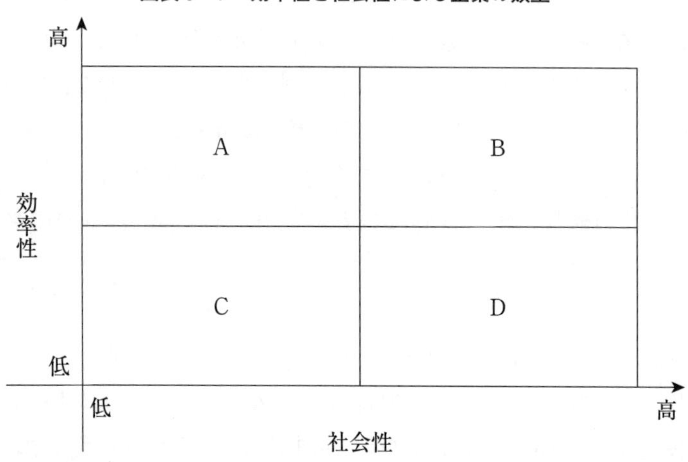


「業績もよくて高い倫理性を有する」「Bタイプ」の企業であろう．しかし，このタイプの企業は実際には非常に少ない．

また，倫理的なレベルも低くてしかも業績も悪い「Cタイプ」の企業は議論の余地もないものである．

そうなると，業績は悪いが，高い倫理性を誇る「Dタイプ」の企業と，業績は好調であるが，倫理性に問題がある「Aタイプ」が残る．前者の場合の企業に対しては普通多くの人びとから同情心を買うであろう．一方，後者の「Aタイプ」はわれわれが企業倫理の実現するにあたって最も妨げとなるようなタイプである．たとえば，近年の不祥事でよく登場するセリフでもあるが，「会社のためだからしょうがない」「自分の会社だけ清廉潔白になっても社会は変わらない」などのような認識である．

数年前に日本中を騒がしたライブドアによるフジテレビ買収劇は未だに脳裏に鮮明に残っている．ライブドアの前社長であった人物は「金稼ぎのためなら法律の隙間を狙ったあらゆる手段を選ばない」としながら世間から注目を浴びていた．しかし，結果的にプロ野球球団の買収に乗り出した際に，財政面で競争相手より遅れをとっているのではないかという懸念が先に走って粉飾事件を起してしまった．この不祥事は世間に暴露され，IT企業の成長神話を成し遂げた寵児としての看板を下ろす結果となってしまった．

結論からいうと，企業倫理の中心的テーマは，図6－1で分類された2つのタイプ，すなわち「Dタイプ」の企業に対しては，経済，社会，国家などからの総体的支援をし，また「Aタイプ」の企業に対しては倫理性を向上させるための何らかの制度的圧力や誘因を企業自らが自発的に見つけ出させるのかにある．

企業倫理は企業不祥事を100％阻止できる万能薬ではない．ただ言えるのは，この企業倫理の究極的な役割が「Dタイプ」の企業と「Aタイプ」を「Bタイプ」に少しでも近づけるところにあることを主張したい．

### (2)「企業倫理」という用語の由来

現在，日本社会で完全に馴染んでしまった「企業倫理」という用語は，他の多くの経営学の分野と同様に，アメリカからの輸入品であった．

‘Business　Ethics’という表現の日本語訳がそれである．‘Business’は辞書を開くと「事業」あるいは「企業」に訳されており，‘Ethics’は「倫理」あるいは「倫理学」と訳されている．したがって，翻訳した2つの単語の組み合わせから考えると，「事業倫理」，「事業倫理学」，「企業倫理」，「企業倫理学」という4つのタイプの翻訳が想定されうる．

まず，‘Business’については，企業活動を行う際に事業をいかに倫理的に行うのかを問う「職業倫理」を意味するのか，事業を行う「主体」あるいは事業を行う「場」としての「企業の倫理」を意味するのか，を明らかにしなければならない．

中村瑞穂（2003）によれば，事業活動を通して発生しうるさまざまな反倫理的な結果に対する諸責任は，責任主体として事業を一人が行う個人企業の場合においてはその責任を個人一般の倫理として扱っても問題がないが，現実では個人企業からグローバル企業まで多様な企業が存在しているため，事業活動を展開する「場」を意味するものとして理解されるべきであると主張している.

次に,「企業の倫理」そのものを示すのか，あるいは「倫理の学問的体系」を示すか，を明確にしなければならないという問題がある．この問題は，倫理学の応用分野としての「企業倫理学」を特別に指す場合以外には「企業倫理」全般を指すものとして理解すべきであるという.

過去の経験から判断すると，経営学分野においてアメリカの先進的な学問が日本の学界や産業界に積極的に導入し始め，経済全般にわたって広範にまで拡散され，完全に定着するまでにかかる時間は短くて10年，長くて20年くらいであると考えられた.

アメリカで企業倫理の重要性が問われ，研究・教育・実践の方面でそれらの活動が急激に盛んになったのが1970年から80年代以降である．しかし，日本で企業倫理の重要性が大きく問われるようになったのがバブル経済崩壊後，すなわち90年代半ば以降に次々と発生した企業不祥事であったため，企業倫理が実際に日本の社会で普及されるまでには時間的なギャップが生じる.

ではなぜ日本で企業倫理の普及がこのように遅延されたのか．その答えは，アメリカ経済の大きな後退と，日本経済の急激な発展が交差する時期に企業倫理がちょうど日本に入ってきたからである．そのような当時の状況は，太平洋戦争の敗戦以降，当時世界ナンバーワンの地位を得ていたアメリカを目標に「米国経済に追いつき，追い越す」というスローガンの下で官民が一体となっていた．このような状況こそが80年代半ば以降に経済大国入りを達成した後，次なる戦略的目標を失ってしまう結果となった.

周知の通りに，当時は「Japan as No. 1」として日本経済を賞賛された社会全体のムードが漂っていた．これらの状況は日本の経済人達に過度な自信をもたせ，当時のアメリカからの輸入品であった企業倫理について自然に学習するチャンスが奪われてしまう結果となった．言い換えれば，普段ならアメリカの先進的なものを学ぶのに熱心であった日本の風潮を，一瞬でありながら「もう米国から学ぶものはないのではないか」という自信で満ちさせたのではないかという見解は，日本で企業倫理の普及を遅延させた大きな原因のひとつとして考えられている（中村，1998）．

## 第3節　企業は倫理的になれるのか

### (1) 人間の脆弱性

ハーバード大学の認知心理学の権威者であるハワード・ガードナー（Gardner, H., 2007）は，ビジネスマンは常に道徳心を失いやすい環境で働いていると主張している．彼によれば，図表6-2が示しているように，人間が繁栄するためには涵養すべき知性が要求されるという．

道徳心は，図表6-2で取り上げている4つの知性に比べて基本的にコミュニティに関わる性格が強い要素である．収益追求を最大の目的とする企業においてこの道徳心の涵養こそが必要不可欠な要素のひとつである．先述したように，社会に対してますます影響力が増大している企業にとっては，とくにこの

**図表6-2　人間が涵養すべき５つの知性**

| 項目 | 内容 | 備考 |
| --- | --- | --- |
| 鍛錬する知性 | 「どのように勉強するのか」に関わる知性 | 学校で涵養可能 |
| 総合する知性 | さまざまな情報源を調べ，重要かつ注目すべき情報を取捨選択し，まとまりとして自分や他者が利用できるようにする知性 | |
| 創造する知性 | 新しいアイディアや活動を追求し，革新し，チャンスをとらえ，何らかを発見する知性 | |
| 尊重する知性 | 他者を理解し，実りある関係を築こうと試みる知性 | 純粋な認知能力とは関係ない |
| 道徳心 | 他者への尊重をより抽象的に拡大した知性 | 内部告発など |

出所）Gardner, Howard “The Ethical Mind ; The Conversation with Psychologist Howard Gardner”, *Harvard Business Review*, March, 2007, pp. 52–56を整理

要素を全社的な次元で身につけさせることが大きな課題となっている.

ではこれらの人間の有する道徳心が低下する理由はどこにあるのか. サクラの影響を受けて多くの人が正しくない道を歩むことを明らかにした「アッシュの同調性実験」や「ドイツ人はなぜユダヤ人を虐殺したのか」についての「ミルグラムの服従実験」などは, 人間が有する矛盾や脆弱性をよく表している. 要するに, 人間は自分が置かれている環境によく支配されたり, 属している組織や雰囲気に同調や服従しやすくなってしまったりするなどの傾向があることが明らかになっている (出見世信之, 2004).

### (2) 企業倫理の制度化

企業倫理の求める究極的な到達点は, 企業を完全な倫理的組織体として作り変えるところにある. しかし, 現実の世界でそれを短期間で実現するには無理があり, しかも不可能である. したがって, 企業における倫理的業績を時間をかけて徐々に高めるためには, 企業内部と外部に働きかける体系的かつ制度的枠組みが必要とされる.

中村瑞穂 (2002) によれば, 図表6－3が示しているように, 企業倫理を企業経営の中で実現させるためのシステムづくりは, 以下のように3つの段階で分けて考えることができるという.

第1に, 法律などのように制度を通して強制させることによるものである. これは最も短期間で効果があがるものとして知られている. しかし, この方法は, 効果的ではあるが, 法律の成立に至るまでには時間がかかりすぎるなどの弱点を有している. 場合によっては, 法律の成立後に企業活動を萎縮させてしまう結果をもたらすことが問題点として指摘されている. 実際に, 2002年に発生したエンロンやワールドコムなどの不祥事を契機に, アメリカでは内部統制を企業内に強制するための装置としてサーベンス・オクスレー法が急遽制定されるようになった. しかし, この法律の成立後, アメリカの企業は義務化された内部統制を徹底するために, 専門家などを雇うのに必要な膨大な費用を甘受

**図表6－3　企業倫理の実現に向けての社会的取組み**

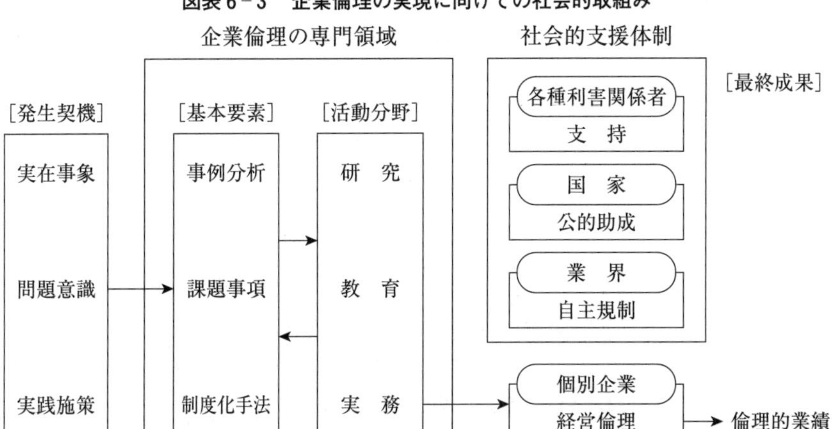


出所）　中村瑞穂『企業倫理と企業統治』文眞堂，2002年，p. 7

しなければならない状況にある．

第2の段階としては，業界自らが規制を行うことである．要するに，この次元は，法律などの規制が成立前に業界の構成員達が集まって規制のための基準を定め，業界のメンバーらによって自主的にルールを決め，自ら強制する領域にあたる．この方法は法律などのように身柄の拘束や罰金などのような拘束力はないが，業界メンバー間の結束力が強い場合には，法律以上の力を発揮することもありうる．たとえば，日経連が定めた原則を違反した場合，当該産業内での取引が全面的に締め出される場合であろう．

最後に，企業自らの自主的な規制がある．これはトップマネジメントの強力な推進によって行われる場合が多い．しかし，これは業績が悪化した場合や経営者交代のような変動要因が発生した場合には持続しない恐れをもっている．

企業倫理を企業活動の中で実現するためにはいかなる枠組みが必要となるのか．図表6－3では上述した3つの方法を総合的に実現できる仕組みを表している．すなわち，研究，教育，実務という3つの分野で企業倫理に関わるあらゆるものを総合的に取り上げ，企業倫理の実践のためのシステムを築き上げることである．さらに，常に企業倫理における実践の度合いが高い企業に対しては，国家，関連業界，利害関係者が社会的に支援する取組みが必要である．

企業の内部に企業倫理を具体化するためにしばしば取り上げられているのが「企業倫理の内部制度化」(Institutionalization of Business Ethics) という考え方である．1990年代半ばから，制度化の手法として注目されているのが，「コンプライアンス型」と「価値共有型」である．前者の場合は，外からの規制を示すものであり，定められたある基準に基づいて組織の構成員を服従，追従，従順させる．これに対し，後者は，企業自らの自発性を誘導するものであり，倫理を企業のすべてのレベルの意思決定に統合させる役割を果たすことになる．

前者のコンプライアンス・プログラムを実現させるためには，基本的に倫理綱領，倫理委員会，倫理訓練プログラム，倫理監査が必要とされる[2)]．中村(2003) は，以下のように，コンプライアンス・プログラムをより具体的に提示している．

① 倫理綱領または行動憲章の制定・遵守
② 倫理教育・訓練体系の設定・実施
③ 倫理関係相談への即時対応体制の整備
④ 問題告発の内部受容と解決保証のための制度制定
⑤ 企業倫理担当常設機関の設置とそれによる調査・研究，立案，実施，点検，評価の遂行
⑥ 企業倫理担当専任役員の選任とそれによる関連業務の統括ならびに対外協力の推進
⑦ その他，各種有効手段の活用（倫理監査，外部規格機関による認証の取得，等々

次に，企業の外部からの支援である．要するに，これは「企業倫理の社会的制度化」を意味するものを示し，これによって企業倫理の制度化が完結され

る．これは以下のような内容を含んでいる．

① 各種利害関係者（出資者，従業員，顧客・消費者，地域住民，納入業者，配給業者，債権者など）の支持．

② 業界（同業者団体，地域経済団体，全国経済団体など）による自主規制．

③ 公的権力（国家および地方の立法・行政・司法機関など）による組成・奨励．

具体的に企業倫理体制を徹底している企業に対しては量刑の一部を減免する「量刑ガイドライン」，奨学財団設立など社会的貢献が活発な企業に対して行う「税金減免制度」などがある．

## 第4節　企業倫理を実践している企業にはどんなものがあるのか

ここでは筆者の2005年のインタビュー調査で明らかになったイオン・グループについて紹介する．

まず，企業倫理の実践を宣言する意味としての企業行動憲章は「基本理念」の中に明示されている．近年，スーパーマーケットの業界で急成長を成し遂げているイオン・グループは，社会・環境報告書を毎年発行している．この報告書によれば，同グループは基本理念として「平和」「人間」「地域」を掲げ，実践としての企業行動の指針を宣言している．

次に，企業倫理を組織内に浸透させる仕組みとしての倫理プログラムについては全社員が携帯を義務化されている「行動規範」の中に示されている．行動規範を全従業員に携帯させて，思わぬ事件や事故に対応できるように備えている．この行動規範の中には「行動規範110」が書かれており，内部告発に対応できるように常設機関を設けている．

また，最高経営者組織の中でも監査委員会，指名委員会，報酬委員会などの法律で定められている機関以外にも，「『お客様』諮問委員会」，「『夢ある未来』

委員会」「『経営』諮問委員会」など，イオン独自の諮問委員会を設置し，社会からの要請に対応できる仕組みを積極的に取り入れている点が興味深い．さらに，先述した「『お客様』諮問委員会」のメンバーは日本全国の各店舗の支店が選抜した「お客様副支店長」から構成されており，しかも彼らに対しては時給2000円を支払うなど，顧客からの要求や店内の改善点について前向きの姿勢で取り組んでいることが明らかになった．

店内に開示されている掲示板には，アンケート用紙を通して受け付けられた顧客からのクレームをいかに処理したかを見せるコーナーも設置されており，上記の図表6－1で示している「Bタイプ」の企業であることがわかった．

最後に，社会貢献活動として行っているのが植林事業である．2004年度の社会・環境報告書によれば，植林事業は日本国内は無論，タイ・マレーシア・中

**図表6－4　イオンの最高経営者組織図**

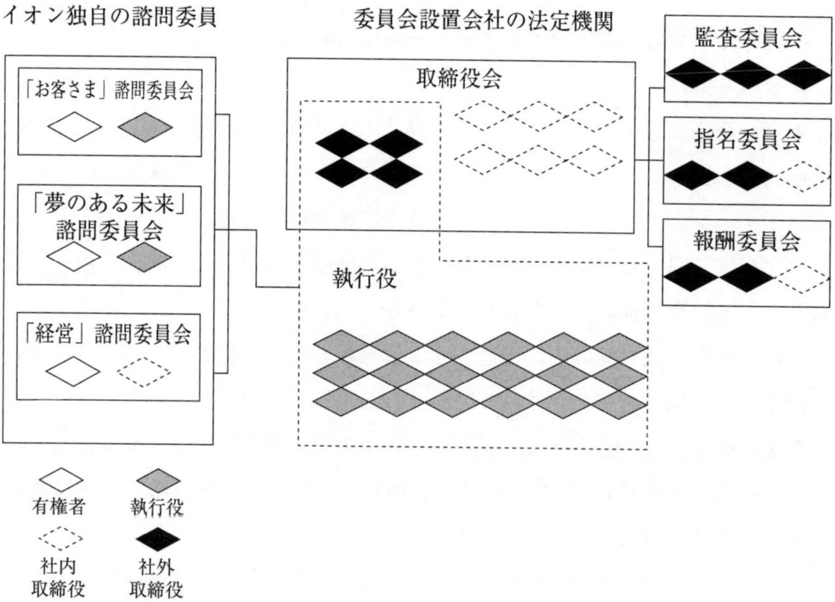

イオン独自の諮問委員
「お客さま」諮問委員会
「夢のある未来」諮問委員会
「経営」諮問委員会
委員会設置会社の法定機関
取締役会
執行役
監査委員会
指名委員会
報酬委員会
有権者
執行役
社内取締役
社外取締役

出所）イオンの内部資料より

国においても毎年数十万本の木を植えていることが記されている．

以上，本章では企業倫理の意義，企業倫理の制度化，事例などについて概観した．企業倫理は日本だけではなく全世界に存在する企業にとっては避けて通れない要因であることが明らかになった．しかも，近年の企業不祥事を引き起こした企業が倒産するなどのような極端な結末に至ってしまう昨今の動向は示唆するところが多い．過去において日本の経済成長を牽引した主役としての役割を果たした日本の大企業は，もはや意図した結果であるかどうかに関係なく日本社会をはじめ全世界に対して多大な影響を及ぼす権力の持ち主となっている．

さらなる企業の大規模化が予測される将来においても，社会を自分達の活動する「場」として企業にとって企業倫理の課題はますます高まるであろう．

**注**

1）2007年7月4日に発行されたニューズウィーク誌では，世界中の企業を対象に上位500社を選定し，ランク付けを行っている．

2）企業倫理の内部制度化については，以下のものを参照．
中村瑞穂「企業倫理とCSR」『日本の企業倫理』白桃書房，2007年
宮坂純一『企業は倫理的になれるのか』晃洋書房，2003年
宮坂純一『現代企業のモラル行動』千倉書房，1994年

**参考文献**

中村瑞穂編著『企業倫理と企業統治―国際比較―』文眞堂，2003年
中村瑞穂「企業倫理と“日本的経営”」『明治大学社会科学研究所紀要』第37巻第1号，1998年10月
エプスタイン，E. M.著（中村瑞穂他訳）『企業倫理と経営社会政策過程』文眞堂，1996年
高　巌・ドナルドソン，T.『ビジネス・エシックス』文眞堂，2003年
企業倫理研究グループ『日本の企業倫理』白桃書房，2007年
佐久間信夫編著『よくわかる企業論』ミネルヴァ書房，2006年

佐久間信夫編著『コーポレート・ガバナンスの国際比較』税務経理協会，2007年
出見世信之『企業倫理入門』有斐閣，2004年
宮坂純一『企業は倫理的になれるのか』晃洋書房，2003年
宮坂純一『現代企業のモラル行動』千倉書房，1994年
Gardner, Howard, "The Ethical Mind; The Conversation with Psychologist Howard Gardner", *Harvard Business Review*, March, 2007, pp. 51–56.

# 現代企業の環境経営

## 第1節 環境問題と環境経営

地球環境問題は人間社会共通の解決すべき課題になっている．地球環境問題とは自然環境の破壊や劣化に伴って生じるさまざまな人間社会の問題である．より具体的には，気候変動，森林破壊，野生生物種の減少，海洋汚染，酸性雨，オゾン層の破壊，砂漠化などに伴って生じる資源枯渇，食糧難，エネルギー源や天然資源の価格の不安定化，人間の生活環境（アメニティ）の悪化，健康被害などさまざまな経済的・社会的問題である．地球環境問題の主因は，20世紀以降の「大量生産—大量消費」型の社会経済システムの構造および成長である．地球環境問題を解決するためには，この従来の社会経済システムとは抜本的に異なる特徴を持つシステムへの転換が必要なのか，それとも従来の社会経済システムを部分的に修正し環境にやさしいシステムへと変革することによって問題の解決は可能なのか，環境対策の方向性についてしばしば議論がなされている．現状では，抜本的なシステム転換ではなく，環境にやさしい「大量生産—大量消費」型の社会経済システムへの変革をめざすような環境対策が企業，政府，一般市民（NPO / NGO）によって世界中で行われている．

企業による環境対策は，環境経営という経営管理の下で行われる．環境経営とは環境対策を主体的に展開することによって，利潤の追求と環境問題の解決への貢献を両立するような経営である．企業は営利原則を指導原理とする経営体である．すなわち企業は利潤動機に基づいて事業活動を行う組織である．ステークホルダー・マネジメント，企業の社会的責任（CSR：Corporate Social

Responsibility)，企業倫理などの視点から環境問題への対応を市場が評価するようになっている今日，営利原則および利潤動機に基づくからこそ，環境経営は企業の存続にとって不可欠な経営管理になっている．

今日，企業は利潤動機に基づいて環境経営を行っている．企業にとって環境対策そのものが利潤を生みだすことは理想的であるが，必ずしもそうはならない．環境対策が直接的に利潤を生まない場合であっても，環境対策がたとえば廃棄物処理や原材料の調達などに係るコストの削減，および企業や製品のブランド価値の向上に貢献すること，またその結果として利益率や生産性が向上することは，企業が環境経営を行う上で重要である．実際に，企業は環境対策を利潤および利益率や生産性の向上につなげるように環境経営を発展させてきた．

世界中の企業が環境経営を標榜し，政府や一般市民（NPO / NGO）と協同して環境対策を行っているにもかかわらず，地球環境問題に解決の兆候は見られない．環境経営に関する既存の経営学的研究によれば，問題解決のためには，営利原則を堅持しつつ環境対策を利潤追求の単なる手段に留め置かない経営管理，利潤だけでなく環境保全と社会の発展も経営目標とするような環境経営が必要であるという．そのような環境経営は果たして可能だろうか．本章では現代企業の環境経営の特徴と発展の方向性を検討するために，環境経営の類型を議論する（第2節）．また経営管理の視点から1990年代以降の環境経営の方法を考察する（第3節）．そうすることによって，現代企業の環境経営の課題を考えてみたい．

## 第2節　環境経営の類型

環境経営は，企業が利潤の追求や競争力の観点から環境対策を管理活動のなかにどのように位置づけるかによって，①無配慮型，②コンプライアンス（法令遵守）型，③社会貢献型，④未然防止型，⑤競争戦略型，⑥持続可能型に大別される．これらの環境経営の類型（スタイル）はそれぞれ，企業が利用可能な経営資源を管理する方法や目的を示している．ある企業がどのような環境経営を展開するかは，経営者や従業員のコミットメント，ステークホルダーからの要請，市場や経済の状況，技術や社会制度の発展度合いなどさまざまな要因によって規定される．ここでは環境経営の類型を提示する代表的な先行研究[1)]やその他の資料を参考にして，日本企業の環境経営とその下で行われる環境対策の特徴を歴史的背景とともに見ていく．

### (1) 無配慮型の環境経営とコンプライアンス（法令遵守）型の環境経営

コンプライアンス（法令遵守）型の環境経営は，法律や法令等によって定められる基準以上の環境対策は行わない環境経営である．コンプライアンス型の環境経営は，環境対策を製品・サービスの競争力および組織能力を育成するための投資活動ではなく，利潤を圧迫する追加的な費用を要する活動と認識する環境経営である．そのため，法的規制の改正・強化を先取りする形で環境対策を改善することに対して消極的である．

日本では，コンプライアンス型の環境経営は公害対策基本法の成立（1967年施行，1970年改正）以降から見られる．同法は，国民の生活環境の保全と健康を確保するための法律であり，特に戦後復興期（1945年から1955年）から高度経済成長期（1955年から1973年）にかけて見られた無配慮型の環境経営を規制するために制定された．無配慮型の環境経営は，企業や産業の成長を最優先課題とする戦後日本の社会状況の中で行われた．日本経済の自立と成長という当時の社会目標を背景として，企業は利潤極大化を目的とする経済組織として活動した．その結果，水俣病，四日市喘息，イタイイタイ病に代表される健康被害，すなわち産業公害問題が全国各地で生じ，住民運動が多発した．

公害対策基本法の成立によって，各地域の住民と企業の間で公害訴訟が見られるようになり，企業は公害に対する賠償責任が問われるようになった．無配慮型の環境経営を行っていた日本企業は当初，公害対策に関する地域社会からの要請を無視あるいは軽視していた．しかし，公害訴訟のための金銭的費用および時間や労力などの費用，賠償金および評判の低下は企業にとってコストにしかならない．コンプライアンス（法令遵守）は訴訟リスクを回避し，これらの追加的費用を最小化することに役立つ．また法的規制が設けられた以上，企業はその法的基準を遵守しなければならない．このような状況下で日本企業はコンプライアンス型の環境経営を行うようになった．

公害対策基本法はいわゆる典型七公害（＝大気・水・土壌の汚染，騒音，振動，悪臭，地盤沈下）の原因となる産業活動を規制対象としている．特に大気汚染の規制については，アメリカの大気清浄法（1963年制定，1970年改正）の影響を大きく受けている．ここでは当時のコンプライアンス型の環境経営の下で行われた環境対策の代表的な事例として，本田技研工業株式会社（以下，ホンダと表記）の環境対策を挙げておく．

ホンダは大気汚染対策を主たる目的として，公害本部を創設（1970年）した．公害本部の下に自動車の排気ガスを削減するための開発組織である大気汚染対策委員会，および工場からの煤煙や廃棄物を削減することを目的とする産業公害対策委員会を設置した．ホンダでは当時，工場の鋳造炉の燃料として石炭を使用していた．その石炭の燃焼ガスは有害な金属粉や粉塵を含んでいた．これらの有害な含有物を削減するために，産業公害対策委員会が主導して電気集塵式キューポラ排煙装置[2]を開発し，狭山工場（＝現，埼玉製作所）で同装置の使用を開始した（1972年）．また，大気汚染対策委員会の主導の下，複合過流調速燃焼（＝CVCC：Compound Vortex Controlled Combustion）エンジンを開発した．CVCC エンジンはガソリン燃焼時に生じる有害物質を内燃機関の内部で燃焼し，排出量を抑制する技術である．この技術を開発することによって，当時の主な輸出先であるアメリカの大気清浄法や日本国内の公害対策基本法による規制基準，すなわち自動車の排気ガスに含まれている有害物質の排出量を1975年型車から従来の10分の１にするという規制基準に対応した[3]．

このようなホンダの開発活動の成果である新型の排煙装置とエンジンはいず

れも，発生した廃棄物や有害物質に適切な処理を施すことによって，無害なものに変えたり，汚染や被害を抑制したりするという点で共通している．このような環境対策をエンド・オブ・パイプ型の対策または公害防止という．

### (2) 未然防止型の環境経営と社会貢献型の環境経営

1980年の環境白書によれば，公害防止を旨とする環境対策は大気・水・土壌などの汚染に対する国民の不満を解消するものではなかった．また，企業や産業の生産活動を原因とする産業公害だけでなく，国民の消費生活から生じる騒音，振動，廃棄物，悪臭など都市・生活型の公害も当時，深刻化していた．このような状況において，そもそも廃棄物や有害物質を発生させないようにするという未然防止ないし公害予防が環境対策の社会全体の課題となった．企業にとっては，公害防止を旨とするコンプライアンス型の環境経営から公害予防を旨とする未然防止型の環境経営への移行が経営課題になった．

論理的には，コンプライアンス型の環境経営は法的規制を遵守する環境経営であるから，規制基準を公害防止から未然防止ないし公害予防へと強化することによって，企業の環境対策の水準は向上することになる．実際には，日本企業の場合，法的規制の強化への対応だけでなく，石油危機（1973年）によるエネルギー価格の高騰や電力料金の値上げ（1976年）を契機とする生産コストの上昇リスクへの対応として省エネ・省資源活動を行った．当時，日本企業は省エネ・省資源活動によって資源生産性の向上を試み，水，エネルギー，原材料などの使用量とそれらの廃棄費用を削減した．その過程で，未然防止ないし公害予防は採算が合うという認識が日本企業の間に広まった．1980年代になると未然防止型の環境経営が普及した．

1980年代には，社会貢献型の環境経営も広く行われるようになった．社会貢献型の環境経営とは，人間の生活環境（アメニティ）の改善を目的として，地域の清掃活動に対する従業員の参加（＝ボランティア活動），環境保護団体への寄付（＝チャリティ活動）などを行う企業フィランソロピー活動である．この企業フィランソロピー活動は，芸術，スポーツ，文化的な活動に対する支援を意味する企業メセナと並んで，地域社会に市民として参加すること（＝企業市民になること）で社会からの信頼を得ようとする管理活動である．

現在では，ステークホルダーの間での企業の評判を高めるだけの企業フィランソロピー，すなわち社会貢献は不十分であるとされる．企業は自らの事業環境と競争力を改善するという戦略的視点がフィランソロピーにも必要であるとされる[4)]．たとえば，釣り餌メーカーのマルキュー株式会社は「マルキュークリーン作戦」と称して，全国各地の釣りクラブ・団体と協力し，釣り場となる河川敷の清掃活動を行っている．この清掃活動は釣り餌の消費地となる河川敷が汚染されていると釣りを楽しむことは困難であり，釣り場の自然環境を保全することは同社の釣り餌の売り上げにかかわる課題であるという認識によっている．同社はこの活動の内容をホームページ上で報告している．この同社の戦略的フィランソロピーの事例は『戦略的環境経営』の事例として先行研究[5)]で紹介されている．戦略的フィランソロピーは社会貢献型の環境経営ではなく，次項で議論する競争戦略型の環境経営による環境対策のひとつといえよう．

### (3) 競争戦略型の環境経営と持続可能型の環境経営

1980年代までの日本企業はそのときどきの市場や社会の状況に合わせて創意工夫をしながら，利潤を損なわないように環境対策を実践してきた．当時の日本企業の環境経営および環境対策は，コスト削減による利益率の増大や企業の評判と信頼の向上を期待できるものの，直接的に利潤を生みだすような管理活動ではなかった．このような環境経営および環境対策は，業界における平均収益と比較した時の自社の収益の多寡を競争優位の評価基準として強調する競争戦略の視点[6)]から，また公害問題に対する国民の不満を解消することができなかったことから，必ずしも称賛できるような経営管理ではなかった．環境経営がさらに発展するためには，環境問題の解決への貢献に対して効果的であると同時に，より直接的に企業の競争優位の源泉となるような戦略的な環境対策を実践する必要があった．実際に，1990年代に入ると企業間のグローバル競争が激化したこともあって，環境経営を経営戦略の重要課題と位置づける企業が世界中で見られるようになった．

1990年代に入って企業が直面した最大の経営環境の変化のひとつは，地球環境問題を解決するための持続可能な社会への転換が人類社会全体の目標になったことである．1992年の環境と開発に関する国際連合会議（UNCED：United Nations Conference on Environment and Development）を契機として，持続可能性（sustainability）が世界中の環境保護運動の共通のコンセプトになった．持続可能性は，環境と開発に関する世界委員会（WCED：World Commission on Environment and Development）が1987年の報告書[7)]で提起した持続可能な開発（sustainable development）によって広く認知されるようになった．同報告書によれば，途上国における貧困の原因は自然環境の破壊や劣化に対する無配慮な経済開発であるという．また経済，環境，社会の成長・発展をバランスさせる（＝持続可能性を追求する）ためには，将来世代のニーズを満たす能力を損なわないように自然環境を利用しながら現在世代のニーズを満たすような経済開発，すなわち持続可能な開発が必要であるという．このような経済開発によって持続可能性をもつ社会が持続可能な社会である．この持続可能な開発ないし持続可能性をコンセプトとして，国際政治的な枠組みの構築[8)]および各国や地域における法整備[9)]が1990年代から現在にかけて進行している．環境問題の解決に対してより効果的な環境経営および環境対策を実践することは，持続可能な社会の構築をめざすという経営環境に企業が適応して長期存続するための条件になっている．

現代の企業は，持続可能性の追求を事業活動の長期存続性の問題と認識し，その意味での持続可能性を追求する競争戦略型の環境経営を実践している．競争戦略型の環境経営は，企業および事業活動の長期存続性の確保を競争優位にかかわる戦略的課題と認識し，環境対策の営利事業化を試みる環境経営である．環境対策の営利事業化とは，環境対策そのものからビジネス・チャンスを見つけ，長期的な収益性および利潤を極大化するために，環境配慮型製品，環境管理システム，グリーン・マーケティング，環境会計など環境にやさしい管理方法を構築することである．競争戦略型の環境経営は，長期存続性，競争優位および利潤の確保を一義的な目的とし，環境対策をそのための手段と位置づける環境経営である．

競争戦略型の環境経営によって，エコカーやLEDランプに代表される環境配慮型製品が普及しつつある．3R（Reduce；廃棄物の発生抑制，Reuse；再利用，Recycle；再資源化）をコンセプトとするリサイクル・ビジネスは容器包装，自動車，家電などの分野で成果をあげつつある．環境対策に積極的な企業に投資を行うエコ・ファンドは社会的責任投資（SRI：Socially Responsible Investment）を行っている．その一方で，たとえば気候変動に関する政府間パネル（IPCC：Intergovernmental Panel on Climate Change）やアース・ポリシー研究所による調査報告[10)]によれば，地球環境問題は悪化の一途をたどっている．このことは，競争戦略型の環境経営によっては，環境問題の解決は困難であることを意味する．そもそも持続可能性とは本来，経済，環境，社会の成長をバランスさせることであり，企業の長期存続はそのための最低条件でしかない[11)]．既存の環境経営研究は，単に企業が長期存続するだけでなく持続可能な社会を構築し環境問題を解決するために，持続可能型の環境経営が必要であると議論している．

持続可能型の環境経営は，利潤や競争優位の獲得（経済的目標）を環境保全（生態的目標）や社会発展への貢献（社会的目標）と経営目標として並置する環境経営である．持続可能型の環境経営を実践する企業は，利潤動機に基づく組織体として優れた収益率を追求するという伝統的な経営目標をもつとしても，地球環境の持続可能性と人間社会の持続可能性を同時に実現するための環境対策や経営管理を自発的・積極的に推進し，主導的地位を築こうとする．この持続可能型の環境経営は企業がめざすであろう理念型として提示されている．

競争戦略型の環境経営と持続可能型の環境経営は，環境対策の営利事業化を図るという点で共通しているが，その目的が自己の長期存続性の確保にある（＝競争戦略型）のか，それとも自己の長期存続にとどまらず環境保全や社会の発展に貢献することにある（＝持続可能型）のかという点で異なる．

総じて，現代企業の環境経営は，公害防止や未然防止および企業フィランソロピー活動による環境対策を営利事業化することによって，企業自身の長期存続性を確保する競争戦略型の環境経営である．現在では，営利事業化した環境対策を企業の長期存続性だけでなく環境保全や社会の発展にも貢献できるような持続可能型の環境経営への発展が問われている．

## 第3節　現代企業の環境経営の方法

現代企業は環境対策を利潤や競争力に結び付けるために，環境配慮型製品，環境管理システム，グリーン・マーケティング，環境会計など環境にやさしい管理方法を開発・導入している．本節では，これらの管理方法について簡潔に見ていく．

### (1) 環境管理システム

現代企業は，温暖化対策，省エネ，資源の有効活用，汚染防止，生物多様性保全などの環境対策を効率的かつ効果的に推進するために，環境管理システムを構築している．一般的に現代企業は，環境管理システムを構築し環境パフォーマンスと経済パフォーマンスの両方を向上するために，ISO14001を導入している．ISO14001とは，経営管理の国際規格の策定・認証機関である国際標準化機構（ISO：International Organization for Standardization）が1996年9月に発効した，環境管理システムにかかわる国際標準の規格認証制度である．2016年2月現在における日本のISO14001認証取得件数（累計）は約2万7,000件である．

ISO14001は同規格の認証を取得する団体に対してPDCAサイクル（Plan；

計画，Do；実行，Check；測定・評価，Action；点検・改善）を回すことによって環境対策の効率と効果を継続的に改善するという環境管理を義務づけている．ここでのPDCAサイクルは，①最初に中・長期計画を自主的に設定し，その中・長期計画を達成するために現在必要な行動を考え，短期計画を設定する（Plan），②この短期計画を実行し（Do），③その成果を測定・評価する（Check），④この評価に基づいて環境対策の改善点を探し，次の短期計画に反映する（Action）という一連のプロセスを繰り返すことによって中・長期計画の達成をめざすサイクル的な管理方法である．また環境対策とその成果を，環境報告書，CSR報告書，サスティナビリティ報告書などによって，定期的に外部に報告することも義務づけている．

ISO14001は2004年11月と2015年9月に改訂されている．この2回の改訂は，用語や文言を変更・追加して文章や規格の意味をより明確にするだけではなく，ISOが提起する他の管理システムとの整合性を高めることを目的としている．2004年の改訂では，品質管理の国際標準規格であるISO9001との両立性の向上が図られた．2015年の改訂では，ISO9001と情報セキュリティ管理の国際標準規格であるISO27001との鼎立性の向上が図られた．ISO14001と同様に，ISO9001もISO27001もPDCAサイクルによる継続的改善を方法としている．この点に注目してISOは，認証を取得する団体が環境，品質，情報セキュリティの各管理システムを別個に取り入れて運用することの非効率を解消するために，これらの管理システムを統合して運用できるようにするような改訂を2015年に行ったのである[12)]．認証登録団体は，各管理システムを統合して運用することができるようになると，環境，品質，情報セキュリティに関する経営情報を一元的に管理できるようになり，経営合理化が進む．また2015年の改訂によって，ISO14001は，認証を取得する団体は環境パフォーマンスを向上することをめざすことを明記した．これはPDCAサイクルや外部に対する定期的な成果報告など環境管理の形式のみを導入し，環境対策を実質的に行わないような環境経営を認めないというISOの姿勢の表明である．

### (2) グリーン・マーケティング

温暖化対策，省エネ，資源の有効活用，汚染防止，生物多様性保全などの環境対策に貢献する製品を環境配慮型製品という．環境配慮型製品には，たとえば，ハイブリッド自動車，電気自動車，燃料電池車などのエコカー，伝統的な白熱電球と比較して耐久性と消費エネルギーの点で優れているLED電球，太陽光や風力など自然エネルギーを利用して発電した電力，再生可能性[13]を維持する方法で伐採した木材のみを原材料とする家具，リサイクルしやすい設計（＝環境配慮型設計）の製品，廃棄しても自然にかえるオーガニック素材などがある．これらの環境配慮型製品は，環境意識の高い消費者（＝グリーン・コンシューマー）を惹きつけることができる．環境省によれば，環境配慮型製品を取り扱う環境産業の日本国内の市場（＝グリーン市場）の規模は2013年現在で約93兆2,870億円であり，2000年の約57兆9,268億円から右肩上がりに成長している[14]．

環境対策に対する企業や製品のコミットメントを強調するようなマーケティングをグリーン・マーケティングという．グリーン・マーケティングは，伝統的な管理的マーケティング（managerial marketing）に倫理や社会責任を組み込んだ社会志向的マーケティング（societal marketing）のひとつである．社会志向的マーケティングは個別の顧客のニーズだけでなく社会福祉にも貢献することを目的とする[15]．グリーン・マーケティングの代表的な方法のひとつに環境ラベルがある．環境ラベルとは，環境保全に役立つ製品であることを示すために製品に貼付するシンボル・マークである．たとえば，株式会社リコーでは環境ラベルに関するISOによる分類を取り入れて，第三者によって環境配慮型製品として認証されるタイプⅠ，自社基準によって環境配慮型製品を自己宣言するタイプⅡ，および製品の環境負荷の定量的データを表示し環境配慮型製品としての判断を顧客に委ねるタイプⅢという3つの環境ラベルを積極的に活用している．

環境配慮型製品は社会に普及し利用されて初めて価値を持つ．環境配慮型製品を普及させるために，企業はターゲット顧客によって製品の環境性能と経済的価値のどちらをより強調するのかを選択する必要がある．ターゲット顧客がグリーン・コンシューマーの場合，および環境経営の一環としてグリーン購入[16)]を実践する法人顧客の場合，製品の環境性能を伝達する環境ラベルは販売促進のツールとして効果的であるかもしれない．しかし，多くの最終消費者は，製品を購入する際に，環境性能よりも経済的価値を重視するといわれている．たとえば，ハイブリッド自動車は伝統的な内燃機関の自動車と比べてガソリン消費量を抑制できることから，省資源・省エネを期待できる．同製品を最終消費者に対して販売促進活動を行う場合，省資源・省エネではなく，顧客の燃費負担の軽減（コスト削減）を訴求ポイントにすることが一般的である．環境配慮型製品を普及させるためには，環境ラベルなどによって当該製品の環境性能を伝達するだけでなく，顧客にとっての経済的価値を示す必要がある．

それでは，環境対策に対するコミットメントを強調するグリーン・マーケティングは必要ないのだろうか．顧客に対して経済的価値を示すのであれば，伝統的な管理的マーケティングで充分である．しかし，たとえばフォルクス・ワーゲン社は，ディーゼル・エンジンにディフィート・デバイスという部品を搭載し，製品使用時の環境性能を偽装するという不祥事を2015年に起こしている．ディフィート・デバイスとは，自動車の排気ガスに含まれる有害物質を浄化するための装置を自在に制御する部品である．同社が使用したデバイスは，排気ガスの室内試験時のみ有害物質である窒素酸化物（NOx）を浄化する装置が作動し，消費者が路上で実走する時はその浄化装置が作動しないようにプログラムしていた．このフォルクス・ワーゲン社の不祥事は，製品の環境性能を偽って利潤を追求するというグリーンウォッシュ（greenwash）の事例である．グリーンウォッシュは不正なグリーン・マーケティングである．そのような不正が行われることは，企業が存続するためには製品の経済的価値だけでなく環境対策に対するコミットメントを社会に示す必要があることを意味している．誠実なグリーン・マーケティングは現代企業の存続条件になっている．

### (3) 環境会計

現代企業は環境管理システムを構築し，グリーン・マーケティングを実践することによって，環境対策を効率的かつ効果的に行い，環境パフォーマンスと経済パフォーマンスの両方を向上しようとしている．環境対策の成果を測定・評価する管理方法を環境会計という．環境会計は企業の環境対策の成果を測定し，企業内部の意思決定に有用な環境的および経済的情報を収集するためのツールである．またその情報をステークホルダーに公表するためのツールである．現在のところ，環境会計は伝統的な財務会計のように強制力をもつ外部基準はない．そのため環境対策の成果を測定・評価する方法は企業に任されており，環境会計は管理会計としての特徴をもっている．日本では環境省の「環境会計ガイドライン」(2002，2005改訂）と経済産業省の「環境管理会計手法ワークブック」(2002年）が，企業の環境会計の方法について，実質上の基準になっている．

「環境会計ガイドライン」によれば，環境会計とは，①環境保全コスト（＝環境対策に対する投資額と費用額）を事業活動別（事業エリア内，上流・下流，管理活動，研究開発，社会活動，環境損傷対応，その他）および環境保全対策分野別(地球温暖化対策，オゾン層保護対策など）に貨幣単位で測定すると同時に，②環境保全効果（＝環境対策の成果）を物量単位で測定し，③環境保全対策に伴う経済効果を貨幣単位で評価するという管理活動である．

また「環境管理会計手法ワークブック」によれば，環境管理会計には以下の6つの方法があるという．その6つの方法とは，①廃棄物低減とコスト削減を同時に達成することを目的とするマテリアルフローコスト会計，②「開発・調達—製造—流通—販売—使用—リサイクル—廃棄」という一連のプロセス（＝ライフサイクル）に投入される物質や使用するエネルギー資源（＝マテリアル）が，どれだけ最終製品として結実したか，およびどの段階でどれだけ廃棄されているのか（＝マテリアル・ロス）を物量単位と貨幣単位の両方で把握するライフサイクルコスティング，③経済性と環境性の両方を考慮した設備投資を可能にする環境配慮型設備投資，④環境配慮型製品の設計にかかわる原価企画の方法である環境配慮型原価企画，⑤低コストかつ効果的な環境対策を実現するための情報を提供する環境予算マトリックス，⑥環境パフォーマンス指標を報酬制度と連結させることによって環境対策を促進する環境配慮型業績評価，である．

企業は環境対策の具体的な活動内容，推進体制，および環境会計によって測定したその活動成果を環境報告書，CSR 報告書，サスティナビリティ報告書などの報告書によって公開している．そうすることによって，ステークホルダーに対する説明責任を果たすと同時に，環境対策にかかわる従業員のモチベーションの向上，ブランド価値の構築，リスク・マネジメントを実践している．

**注**

1）本章では，鈴木幸毅（2005）による「経済管理」「法令遵守管理」「技術管理」「社会管理」「環境管理」「持続可能管理」という環境経営の類型，堀内行蔵（2006）による「公害防止型」「公害予防型」「競争戦略型」「持続可能型」という類型，およびベン（Benn, S.）ほか（2014）による ‘Rejection’ ‘Non-responsiveness’ ‘Compliance’ ‘Efficiency’ ‘Strategic proactivity’ ‘The sustaining corporation’ という類型を参考にして，「無配慮型」「コンプライアンス型」「未然防止型」「社会貢献型」「競争戦略型」「持続可能型」とした．各先行研究による類型の詳細については，鈴木（2005），堀内（2006），および Benn, S. ほか（2014）を参照．

2）粉塵を帯電させて電極に吸収する新型の電気式集塵機に，布製の袋で粉塵を捕捉するバグフィルターを組み合わせた排煙装置．本田技研工業株式会社広報部・社内広報ブロック（1999）を参照．

3）当時，トヨタ自動車と日産自動車は，新たに触媒装置を開発し，ガソリン燃焼時に生じる有害物質を吸収することによって，また電子燃料噴射装置を新たに開発，搭載し，ガソリンの消費量（＝燃費）を低減することによって，大気清浄法や公害対策基本法に対応している．詳細は，山田雅俊（2010）を参照．

4）Porter, M. E., M. R. Kramer（2002）を参照．

5）豊澄智己（2007）を参照．

6）競争優位の概念については，たとえば Porter, M. E.（1980）および Barney, B.

J. (2002) を参照.

7) The World Commission on Environment and Development (1987) を参照.

8) 地球環境問題を解決するための代表的な国際政治的枠組みは，たとえばリオ宣言 (1992年)，アジェンダ21 (1992年)，気候変動枠組条約 (1992年)，生物多様性条約 (1992年)，森林原則声明 (1992年)，OPRC条約 (1990年)，砂漠化対処条約 (1994年)，モントリオール議定書 (1987年)，バーゼル条約 (1989年) などがある.

9) たとえば日本では，環境基本法 (1993年)，循環型社会形成推進基本法 (2000年)，各種リサイクル法 (容器包装[1995年]，家電[1998年]，建設[2000年]，食品[2000年]，自動車[2002年]，小型家電[2012年]) がある.

10) たとえば，Intergovernmental Panel on Climate Change (2013)，Brown, L. R. (2009) を参照.

11) 河口真理子 (2006) を参照.

12) 瓜生務 (2015) を参照.

13) 天然資源には，消費しても自然のプロセスや人間の活動によってその消費量を修復できる再生可能な資源と，消費するとその修復に何万年という地質学的なタイム・スパンを必要とする再生不可能な資源がある．再生可能な資源はさらに，たとえば，太陽光，風，波などの永続的に利用可能な資源と，水，森林，酸素，生物資源 (バイオマス) など自然の修復能力を上回る消費によって再生不可能な資源に転じてしまう資源に分かれる．再生不可能な資源は枯渇性資源ともいい，たとえば，石油，天然ガスなどの化石燃料，金属，石灰などの鉱物資源がある.

14) 2013年の環境産業の市場規模の内訳は，汚染防止分野；約13兆2,000億円，地球温暖化分野；約28兆2,345億円，廃棄物処理・資源有効利用分野；約43兆7,790億円，自然環境保全分野；約8兆728億円である．2000年の同内訳は，汚染防止分野；約7兆2,759億円，地球温暖化分野；約3兆8,482億円，廃棄物処理・資源有効利用分野；約39兆4,602億円，自然環境保全分野；約7兆3,424億円である．環境産業市場規模検討会 (2015) を参照.

15) Benn, S., and D. Bolton (2011) を参照.

16) グリーン購入とは，製品自体およびその製品の生産プロセスの環境負荷が少ないものを積極的に購入するという調達方法である.

## 参考文献

Barney, B. J., *Gaining and Sustaining Competitive Advantage*, Person Education Inc., 2002. (岡田正大訳『企業戦略論』上巻，ダイヤモンド社，2003年)

Benn, S. and D. Bolton, *Key Concepts in Corporate Social Responsibility*, SAGE Publications Inc., 2011.

Benn, S., Dunphy, D. and A. Griffiths, *Organizational Change for Corporate Sustainability*, third edition, Routledge, 2014.

Brown, L. R., *Plan B 4.0: Mobilizing to Save Civilization*, W. W. Norton & Co. Inc., 2009.（環境文化創造研究所『プランB4.0』ワールドウォッチジャパン，2010年）

本田技研工業株式会社広報部・社内広報ブロック編「12の部門で綴る50年」（環境編，第2章）社史『語り継ぎたいこと』1999年を参照.

堀内行蔵「戦略的環境経営」堀内行蔵・向井常雄『実践環境経営論』東洋経済新報社，2006年, pp. 69-108

環境庁『昭和55年版環境白書』1980年

環境産業市場規模検討会「環境産業市場規模・雇用規模等に関する報告書」2015年

環境省「環境会計ガイドライン」2005年版

河口真理子「持続可能性『Sustainability サステナビリティ』とは何か」大和総研『経営戦略研究』2006年夏季号，Vol. 9, pp. 30-59

経済産業省「環境管理会計手法ワークブック」2002年

Porter, M. E., *Competitive Strategy*, The Free Press, 1980.（土岐坤・中辻萬治・服部照夫訳『競争の戦略』新訂，ダイヤモンド社，1985年）

Porter, M. E. and M. R. Kramer, "The Competitive Advantage of Corporate Philanthropy", in H*arvard Business Review*, Harvard Business School Publishing Corporation, 2002, Dec, pp. 56-68.（沢崎冬日訳「競争優位のフィランソロピー」『DIAMOND ハーバード・ビジネス・レビュー』2003年3月号，ダイヤモンド社，2003年，pp. 24-43）

鈴木幸毅「環境経営の史的考察」高橋由明・鈴木幸毅編著『環境問題の経営学』ミネルヴァ書房，2005年, pp. 1-19

The World Commission on Environment and Development, *Our Common Future*, Report of the World Commission on Environment and Development, 1987.（大来佐武郎監修『地球の未来を守るために』福武書店, 1987年）

豊澄智己『戦略的環境経営』中央経済社，2007年

瓜生務「ISO14001改訂が契機 環境と経営の一体化が進む」『環境会議』2015年秋号，宣伝会議，2015年

山田雅俊「環境経営における経営戦略の機能」中央大学博士論文，2010年

Intergovernmental Panel on Climate Change, *Climate Change 2013: The Physical Science Basis*, 2013, http://www.climatechange2013.org/, 2016年2月12日アクセス

リコー・グループのホームページ，http://www.ricoh.co.jp/, 2016年2月11日アクセス

# 第8章 現代企業と経営戦略

## 第1節 経営戦略とは何か

経営戦略とは，「企業を取り巻く環境との関わりについて，企業を成功に導くために何をどのように行うかを示したもので，企業に関与する人たちの指針となりうるもの」と定義される[1)]．企業がどのような事業分野でどのような活動を行って企業目的を実現するのかを明らかにしたものだといえる．戦略は，将来のありたい姿に向けて，その姿と現在の姿のギャップを埋める手段を指す．その企業独自の経営のあり方を策定することが経営戦略である．

また，戦略策定とは，将来のありたい姿と現在の姿のギャップを明らかにし，現在の姿からありたい姿までの道筋をいろいろと考え意思決定することを指す．戦略策定は，経営トップリーダーにとって重要な役割のひとつである．

戦略策定のプロセスには，４つの段階がある．第１に，自社を取り巻く外部環境や自社の内部環境を把握し，その事実から意味合いを抽出し将来を予測する．第２に，その意味合いを元に戦略仮説をたてる．そして第３に，最善の解（仮説）を選択する意思決定をリスクをとって行う．第４に，アクションプランを作成し，ゴールを明らかにすることやメンバーを動機づけるなど，立案した施策が確実に実行されるようにすることである．

### (1) 事業ドメイン

広義でいえば事業ドメインは事業領域ともいい，経営理念に基づき企業がどのような分野で活動するかを定めたものである．単純にいえば，「誰に，何を，どのように」提供するかを示したものである．ドメインの設定にあたっては，ドメインの広さに留意する必要がある．ドメインを広く定義しすぎると，経営活動が分散してしまい方向がまとまらなくなる危険がある．逆に狭く定義すると，活動が限定されて企業の成長が妨げられる危険がある．

ドメインの表現については，こうでなければならないということはない．事業に関する理念が込められ，一方で，戦略的な事業展開が可能となるように事業を規定する．このような観点からドメインの表現を3つの方法に分けることができる．

① 理念や社会との関わりを表現

社会貢献の手段として事業を定義づけるものである．すなわち，文化を向上させる，生活を豊かにする，問題解決をといった機能をその事業領域の役割として規定する．

② 技術や機能をベースに表現

特定の具体的な技術や機能を基盤にその展開として事業領域を規定する．たとえば，磨く，伸ばす，あるいは水などの液体の処理，不燃といった技術，さらに運ぶ，包む，飾る，等の機能をベースに事業展開する．そのことがドメインであるとするのである．ここでも社会とのつながりやニーズとの関連を考えることは重要である．これらと社会や生活との関連を明らかにしたものがある．

③ 事業分野に関する具体的なビジョンを表現

めざすべき事業分野を明らかにするもので，このタイプは従来からしばしば行われてきた．たとえば，インテリアの総合化，総合素材企業，レジャーのデパートなどがある．現在の事業の周辺への拡大，あるいは技術革新によって品質機能の向上や多様化など拡大総合化型が多いが，高級化や特定顧客などある分野に特化・深耕するというケースもある．健康食品への特化，教育市場において最も信頼される企業などがこれにあたる．

### (2) 事業領域の選定

事業領域の選定は，上記のようなドメインのタイプも厳密に分けなければならないものでもない。現実に，これらが混じり合った表現もあるし，生活文化企業とか創造企業といったかたちの企業規定もドメインとしての機能を果たしている．要するに，目的や機能を満足させる事業規定を設定することが大切なのである。ドメインを定義するということは，競争相手と戦う土俵を規定することでもある。企業のアイデンティティが定まることで，企業経営の注意の焦点が限定されることや，組織としての一体感が醸成されることといった効果が期待できる。企業はドメインを定義することにより，自らの生存領域（一般には，市場，業態，業種の選定）を明確にし，将来の進化の方向をも宣言することになる。すなわち，ドメインの定義は，企業が現在と将来を通じて，どのような社会的使命や社会的価値を実現しようと考えているのかを，社内外に表明する

図表8－1　事業領域の選定

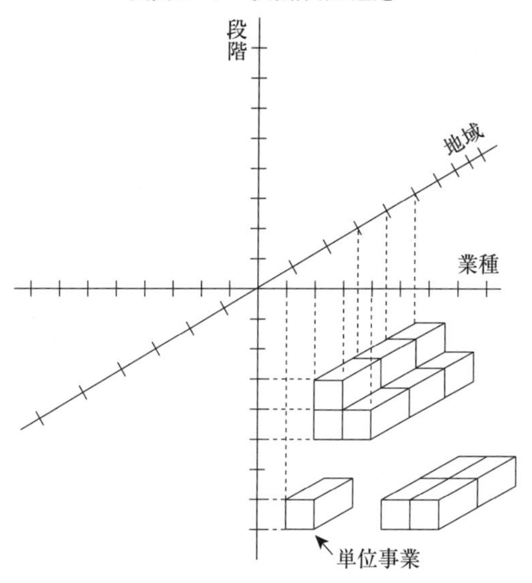


出所）土屋守章『企業と戦略』リクルート出版，1984年，p. 37より作成

基本的な手段なのである。

さらに，市場・業態・業種の選定に関するドメインの具体的な考えは図表8－1のように定めることができる．事業領域の選定に関して，簡単に標記すると立体的なイメージでとらえることができる．横軸はさまざまな業種を表し，縦軸がそれぞれの業種における垂直構造の位置を表している．これは，川上から川下にわたる役割のプロセスを表しており，たとえば鉄の場合，掘るための鉱業か，製品化するための製鉄か，半製品としての部品か，というように鉄にわたるさまざまな加工（プロセス）の段階（業態）が異なっている．この2次元の平面に対して，立体的に地域という市場の広がりがからむ．現代はグローバル化が進展しているので地域限定ではなく，全国，世界に事業を展開している企業が多くなっている．この立体構造は，個々の事業領域のブロックを積み重ねるように構成されている．そのブロックの1単位はひとつの企業が事業を営むことのできる最小単位である．

## 第2節　現代経営戦略の理論体系

### (1)　経営戦略のレベル

企業における経営戦略は，3つのレベルの戦略が存在する．それらは，企業レベルの戦略，事業レベルの戦略，機能レベルの戦略である．それぞれ企業戦略，事業戦略（競争戦略），および機能別戦略の階層に分類できる．

企業戦略では，企業におけるマクロ環境を含めた視点から，企業戦略の指針となる情報を分析して，ドメインの決定や多角化の選定など，経営の骨子に関わる重要な決定を行うところに特徴があるといえる．つまり，企業戦略においては，企業経営の分析結果を基にして，企業の成長をめざす方向性を明確にするとともに，経営活動を行うフィールドを選定することが重要となる．次に事業戦略（競争戦略）では，企業に含まれる事業ごとに，他社企業との競争優位性を確保するための検討を行い，事業活動の方針と実施を具体化する．さらに機能別（職能別）戦略では，事業戦略と同様に，企業戦略を基にした競争優位性の確保をめざし，たとえば，研究開発部門，マーケティング部門などの機能ごとに検討を行うことだといえる．

より具体的には，まずSWOT分析に代表される企業を取り巻く経営環境の分析を行い，次に続く企業戦略への礎とする．企業戦略では，SWOTを基にして，企業の事業領域（ドメイン）と成長する方向性を検討する．企業のめざすべき方向性が明確になった時点で，事業戦略と機能別戦略の策定に移ることになる．事業戦略と機能別戦略では，他社事業との競争において，どのようにすれば競争優位性を保てるのかを検討する．

経営理念やビジョンは企業目的を表しているが，企業の現実の姿との間にはギャップが存在するものである．経営戦略はそのギャップを埋めるための具体的な方策を示すものである．経営戦略は通常，前述のように3つの戦略レベルで策定されるが，それぞれ検討すべき内容や役割は異なる．いずれのレベルでも，経営理念やビジョンとの一貫性，戦略レベル間での整合性を保つ必要がある．

### 1）企業（全社）戦略（corporate strategy）

企業全体の将来のあり方にかかわるもので，基本的にいかなる事業分野で活動すべきかについての戦略である．したがって，事業分野の選択と事業間の資源展開が主たるものとなる．どの事業領域（事業ドメイン）で戦い，何を競争力の源泉とし，どのような事業の組み合わせ（事業ポートフォリオ）を持ち，どのように経営資源を各事業に配分するかを決定する．単一の事業しか持たない企業であれば企業戦略と事業戦略は一致しているが，複数の事業を手がける企業（多角化企業）の場合，事業ごとの戦略以外に企業全体としての視点が必要になる．

### 2）事業戦略（business strategy）

企業が従事している事業や製品—市場分野でいかに競争するかに焦点を当てた戦略で，資源展開と競争優位性が主となる．この戦略は個別の事業分野において，競争に勝ち抜くための戦略を実施することである．企業戦略では多数の事業を対象とするため，事業ごとに競合企業や顧客が異なる場合がある．これに対して，事業戦略では具体的な事業分野や事業を扱うので，特定市場における企業間の競争を分析することが可能になる．分析結果をもとに，より具体的なアクション・プランを策定し，実施することが求められる．企業が自らの成長と発展を実現するための手段として事業戦略を展開するのだが，この事業戦略は個別の事業分野において競争に勝ち抜くための戦略を実行する．

### 3）機能別（職能別）戦略（functional strategy）

各機能分野において資源をいかに効率的に利用するかの戦略で，資源展開とシナジーが戦略構成要素の鍵となる．それぞれの機能別戦略では，企業戦略で配分された経営資源の中で，業務効率を高める方法を模索し，各戦略が相互に連携できる仕組みを整えることが重要になる．

３つのレベルの経営戦略が明らかにされたのであるが，企業目標達成のために企業戦略が手段としてまず策定される必要がある．企業戦略が，事業レベルの目標設定の制約要因として設定され，そして，事業戦略が策定され，職能レベルでの機能別戦略へとつながっていく．なお，こうした各レベルの戦略は，事業の拡大や多角化した企業においてそれぞれ明確に分類される．それと同時に，各レベルの戦略実施に際しては，相互に調和し，一貫したものであることが求められる．事業戦略は企業戦略からの制約を受け，機能別（職能別）戦略は企業戦略と事業戦略の双方からの制約を受けて展開される．要するに，企業戦略，事業戦略，機能別（職能別）戦略のいずれもが有効に機能するためには，まず企業戦略が明確なものとして策定される必要がある．したがって，企

**図表8－2　経営戦略のマトリックス構造**

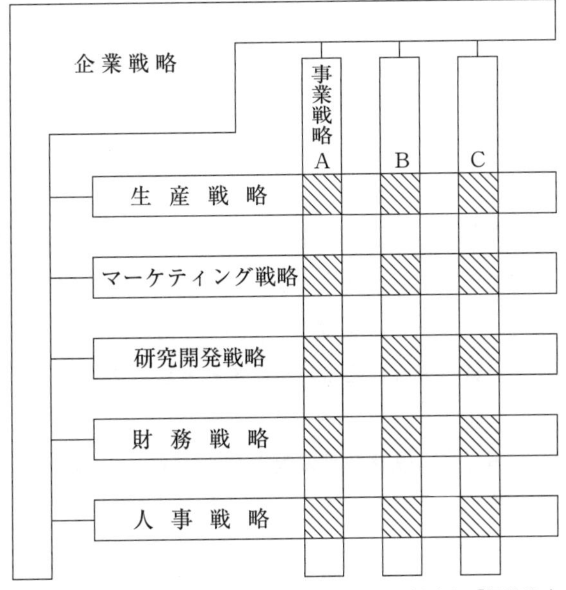


出所）石井淳蔵・奥村昭博・加護野忠男・野中郁次郎『経営戦略論〈新版〉』有斐閣，1996年，p. 11

業戦略を企業行動の中心軸として，各事業戦略，機能別（職能別）戦略へバランスよく連係させることが重要である．

## (2) アンゾフの成長戦略論（製品―市場ミックス）

この製品―市場戦略は，製品分野と市場分野の組み合わせを決定して，市場の変化に適応しながら企業を成長に導くモデルである．プロダクトライフサイクルにも依存し，どの組み合わせを選ぶかが，製品―市場戦略では重要になる．ここには各製品―市場の組み合わせにより，シナジーとリスクとのジレンマが発生する．自社の成長ベクトルとして今後考えられる戦略類型にはどんなものがあるのだろうか．この問題に応えるために，ドメイン，資源展開，シナジーなどを考慮に入れることが必要である．そこでたとえば，企業レベルの戦略において，製品—市場分野に関しての戦略類型をみてみると，横軸に現在および新たな製品分野，縦軸に現在および新たな市場分野をとることによって，次のように戦略の識別ができる（図表8－3参照）．

**・市場浸透戦略**

現在の市場で，取り扱っている製品の販売を伸ばす成長戦略．市場におけるシェアを拡大していこうという戦略で，製品の使用頻度を高めて，販売数を増大することが考えられる．たとえば，既存顧客に広告や値引きなどを通じて，既存商品をより多く買ってもらえるようにする方法である．

**・市場開拓戦略**

新しく顧客を開拓して，既存製品の販売を伸ばす成長戦略．たとえば，化粧品を男性向けに特化してユーザー層を広げたり，国内向け商品・サービスを海外で販売したりするという方法である．

**・製品開発戦略**

既存市場に対して新製品を投入していく戦略であり，既存の顧客層に向けて，新製品を開発して販売する成長戦略である．さらに製品のモデルチェンジやバージョンアップなどもこれにあたる．

**・多角化戦略**

新しい製品分野・市場分野に乗り出し，新しい事業を展開することで成長する戦略である．アンゾフは，多角化戦略は新製品を市場や製品に応用するとともに，さらに新たな市場に投入することによってシナジー効果[2)]が高まり，リスクが低くなるとしている．

たとえば，ソフトウェア会社がレクリエーションビジネスに参入し，航空会社がリゾートビジネスを展開するような場合である．

このような製品—市場マトリックスによる戦略類型は成長ベクトルの説明にもなっている．成長ベクトルとは，現在の製品—市場分野との関連において，企業がどんな方向に進んでいるかを示したものであり，それがどんな方向にいかなる内容をともなって進んでいるかがわかる．

また，製品—市場マトリックスと成長ベクトルによって決定される分野では，当然，企業が競争上の優位性を獲得することが必要である．競合企業とくらべて強力な競争上の地位をもてるような独自の製品—市場分野の特性を明確にすることが要請される．そのために，企業がM&Aを行ったり，事業提携（アライアランス）をすることにもなりうるのである．

多角化戦略の場合は，それが成功するかどうかはシナジー効果のいかんにも大きくかかわってくる．シナジー効果は，もともと生物学の概念用語ものであったが，アンゾフ（1965）が企業の戦略にかかわる言葉として使用してから重要な経営用語になっている．したがって，多角化を行う場合，既存の事業と新事業の間にプラスのシナジー効果が働くような多角化であることが成功の鍵となる．さらに多角化戦略とは，企業規模の拡大にともない，①規模拡大による市場占有率を下げるための企業分割，②単一事業構造による需要変動・季節変動が業績におよぼす悪影響を回避するため，③余剰資源の多角的活用，を背景として展開される戦略であって事業構造の多様化を志向する戦略をいう．

企業が事業活動を通して経営を展開させていくうえにおいては，不可避のリスク（経営リスク）が存在している．既存事業（または既存製品）がそのライフ

**図表8－3　製品—市場戦略**

| 製品／市場 | 現製品 | 新製品 |
|---|---|---|
| 現市場 | 市場浸透戦略 | 製品開発戦略 |
| 新市場 | 市場開拓戦略 | 多角化戦略 |

出所）Ansoff, H.I., *Corporate Strategy*, McGraw-Hill, 1965.（広田寿亮訳『企業戦略論』産業能率大学出版部，1977年，p. 137）

サイクル上での成熟期や衰退期を迎えることによって，今後の成長を求めることが困難となり，継続させることも難しくなる．こうした事態に備え，企業は単一事業のみに事業を依存させるだけではなく，複数の事業を展開することによって，その危険性を回避しようとする．すなわち，経営リスクの分散が多角化を行う最大の理由とされるのである．その他の理由としては，事業間におけるシナジーの追求がある．現代の経営においては，「規模の経済性」と「範囲の経済性」，さらに「連結の経済性」を活かしていかなければならない．規模の経済性は，生産量の増大にともない平均費用が減少する結果として利益率が上昇することを意味するのに対し，範囲の経済性は，企業が複数の製品（サービスを含む）を生産しようとする際に必要とされる費用の合計が，これら複数の製品を個別に生産する際に必要とされる費用の合計より少なくてすむ効果のことをいう．また，最近話題になってきた「連結の経済性」は，企業活動をグローバルで展開するために情報を共有したり，情報の非対称性を活用して他社に先駆けてバリューチェーンを構築したりする．それは，ネットワークの利活用により，多くの企業の結びつきによって生まれる経済性であるといえる．このような理由により，企業にとっては，ある程度の事業の多様化をはかっていたほうが得策であることから，結果として多角化を展開させることとなる．次に，M&Aによる多角化の展開があげられる．ある企業が他企業を友好的買収もしくは敵対的買収をすることを目標としており，経営者が自社の成長を加速させることを目的として，他社または他事業を買収しようとするものである．これまでのM&Aは，その経営を継承しようとする場合や救済的または友好的な意味での買収がほとんどであった．しかしながら近年においては，証券市場を介して，あくまでも被買収企業の支配のみを目的とし，必ずしも経営権そのものの継承を意図しない買収が増加してきている点は注意が必要である．

なお，このような多角化を軸とした企業成長戦略は自社のみで実施するだけでなく，広く同業他社や関連分野の企業を与力として展開され，戦略的提携をとおして実現されるケースも多くみられるようになってきている．

### (3) ボストンコンサルティングのプロダクト（製品）ポートフォリオ・マネジメント

さて，経営資源の包括的な把握と適切な配分を考えるのに有用なフレームワークとして，プロダクトポートフォリオ・マネジメントがある．戦略研究が盛んになるにつれ，こうしたフレームワークもつぎつぎと生みだされてきているが，ボストンコンサルティンググループ（BCG）の開発したプロダクト（製品）ポートフォリオ・マネジメント（Product Portfolio Management）はその代表的なものである．これは，通称，PPMとよばれているものであるが，多角化した企業が各事業に効果的に資源を配分するにはどうすればよいか，また企業全体として製品事業の組合せを最適なものにするにはどうすればよいかを明らかにするのに役立つ．その論理が構築されるために，2つの概念が前提となっているので，まずそのことを明らかにしたい．

第1には，製品や産業にライフサイクル（寿命）があるというライフサイクル説を肯定することである．この説は，すべての生物は誕生から成長，成熟して衰退へといたるプロセスがあるが，それと同じように製品や産業にも寿命があって，一連のプロセスをたどるというものである．ライフサイクルの形状についてはさまざまに考えられるのだが，一般的にはS字型をしているといわれる．すなわち，導入期には成長率があまり高くないが，年数がたつに従いしだいにそれが高くなり，やがてまた低くなるというものである．第2には，経験曲線（experience curve）に則っていることである．経験曲線とは，企業経営において経験が蓄積されるに従いコストが下がるという，昔からよく知られていた経験効果の現象を計量的に測定したものである．この現象は，製造コストばかりでなく，管理，販売，マーケティングなども含んだ総コストにもあてはまり，ひとつの製品の累積生産量が2倍になるにつれ，総コストが一定の率で低減することを実証研究によって発見した．すなわち，業界や製品にもよるが，総じて累積生産量が倍増するごとに総コストは20%から30%ぐらいずつ低下していくということが明らかになっている．

以上のようなライフサイクルと経験曲線の2つの前提から引き出される論理がPPM（Product Portfolio Management）であり，これは図表8－4のような概念図によって表すことができる．それは，市場成長率と相対的マーケットシェアの2次元で構成されるマトリックスである．それぞれの軸に相当する市場成長率は，当該製品の属する市場の年間成長率であり，そして相対的マーケットシェアは，その製品事業の相対的シェアを意味している．また，マトリックスの各セルにはその性格から独特の名前がつけられており，それぞれつぎのような特徴をもっている．

① **金のなる木**：マーケットシェアが高いために，資金がかからず収益率の高い製品である．成長率が低いので過度な投資を控え，収益を他の製品へ回す，重要な資金源となる．成熟事業．フリー・キャッシュ・フローはプラスが継続する．

② **花形製品**：マーケットシェアを維持するために資金はかかるが収益率は高い．マーケットシェアが維持できれば，市場成長率の鈍化に連れて「金のなる木」になるが，失敗すれば「問題児」に転落する．ここの製品は成長・成熟製品である．

③ **問題児**：成長率は高いがマーケットシェアが低いため資金の流出が多い．将来の成長が見込める製品なので「花形製品」にするための有効な戦略が必要で，資金投入を継続する必要がある．ただし，花形への成長可能性の見極めがはなはだ難しい．フリー・キャッシュ・フローは当面マイナスである．

④ **負け犬**：資金の流出・流入のいずれも低い．投入する資金以上の収益が見込めなければ，撤退・売却・縮小のどれかをとる必要がある．概ね衰退事業である．

さて，製品ポートフォリオの概念図はいろいろな活用法が考えられるが，この点に関して土屋（1984）はつぎのような指摘をしている．

① 自社の現状における製品構成をこれによって分析することができる．

② 同業他社やライバル企業について，このようなマトリックスをそれぞれ

時系列的に描いてみると，自社とライバルとの間の相対的な強み，位置関係などについて，理解できるようになり，将来の競争関係の展望をもつことができる．

③ 経営多角化をしようとして新しい事業を選択するとき，えてして負け犬に位置づけられる産業に参入してしまうことがあるが，それを避けるためのひとつの指標を与えてくれる．

一方逆に，フレームワーク自体の説明力に限界があることも知っておく必要がある．PPMには，①事業間のシナジーが考慮されない，②現時点での市場成長率や自社の相対市場シェアでしか評価しない，③潜在的に成長可能な事業であっても，成熟市場に属する事業には資源投入しないことを前提としてい

図表8－4　BCGのPPMマトリックス

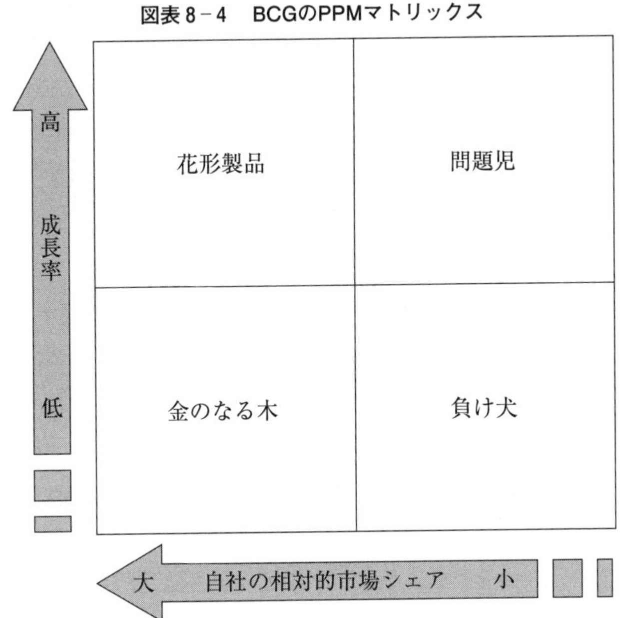


出所）ヘンダーソン，B.D.著（土岐坤訳）『経営戦略の核心』ダイヤモンド社，1981年，p. 236をもとに筆者作成

る，などの問題が指摘できる．さらに現状では市場シェア・市場成長率がともに低い事業であっても，社会貢献という観点から存在意義のある事業として撤退せずに継続すべきという判断が下される場合があるということも考慮すべきである．

## 第3節 ポーターの競争戦略

すでに成熟産業となっていた米国8産業において逆境化の中でも好業績を収めている企業の存在が確認されている．それらの成功を収めている企業は2点において共通性を有していたといわれる．それによれば，各産業において逆境下でありつつも成功を果たしている企業は，①当該産業における最低原価の達成，②最高の製品，サービス，品質等における差別的地位の構築を達成したことであった．このことから解明されたことは，原価における優越性と製品・サービスにおける差別化の実現が，これからの企業経営において何よりも重要であるということであった．このことを通して，競争優位性をいかに構築させるかということについては，1980年代以降，企業競争戦略および生き残り戦略として，その重要性を高めてきている．

### (1) ポーターの3つの基本戦略

ポーター（Porter, M. E.）が提示した企業が競争優位を構築するための競争戦略としての3つの基本戦略は，その後の企業の戦略的経営のあり方を決定づけたともいえる．これらを基礎に戦略ターゲットという次元（いわゆる集中化）を加えることにより，企業がとるべき競争戦略としての基本類型を①コスト・リーダーシップ戦略（低コスト化戦略），②差別化戦略，③集中戦略（特化，ニッチ戦略ともいう）の3つから構成されるものとしてとらえることができる（図表8-5）．

一般に，ポーターの主張の本質である「安くて良い製品つくるのは困難であ

**図表８－５　価格と品質とのトレードオフ関係**

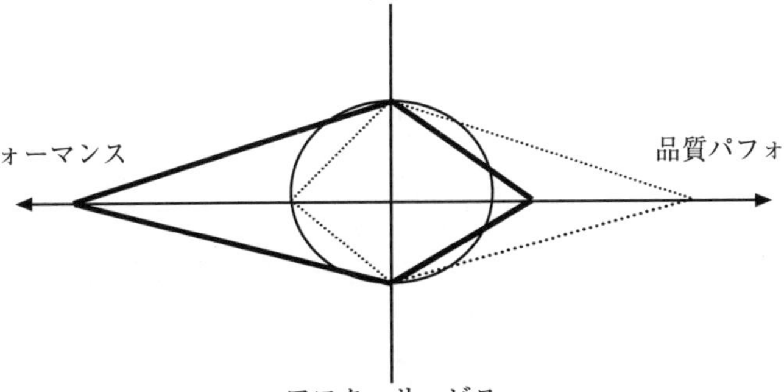

納期

価格パフォーマンス

品質パフォーマンス

アフターサービス

出所）筆者作成

る」という概念は，彼の３つの基本類型の中，２つの基本戦略であるコスト・リーダーシップ戦略と差別化戦略がトレードオフの関係にあることを示している．コスト・リーダーシップ戦略は，他社よりも低い製造コストを実現し，低価格化によって競争優位を作り出そうとする戦略である．なぜコスト・リーダーシップ（低原価）と差別化を同時に追求することが困難なのか．それは，どちらを追求するかで管理の方式や研究開発の重点の置き所，さらには市場動向に対する感受性のあり方など，企業経営についてのさまざまな仕組みや考え方に差異が生じてくるからである．差別化を志向する仕組みや体質を持ちつつ低コスト化を追求することは困難であり，低コスト化を追求する体質を持っていれば差別化戦略の発想が出にくくなる．

### (2)　５つの競争要因

ポーターは産業組織論の考え方に基づき，企業に対し収益をもたらしうる産業構造の特性を抽出した．それによれば，①新規参入の脅威（潜在的参入業者を含む新規参入業者の数と規模がもたらす脅威），②代替品の脅威（買い手のニー

図表８－６　５つの競争要因

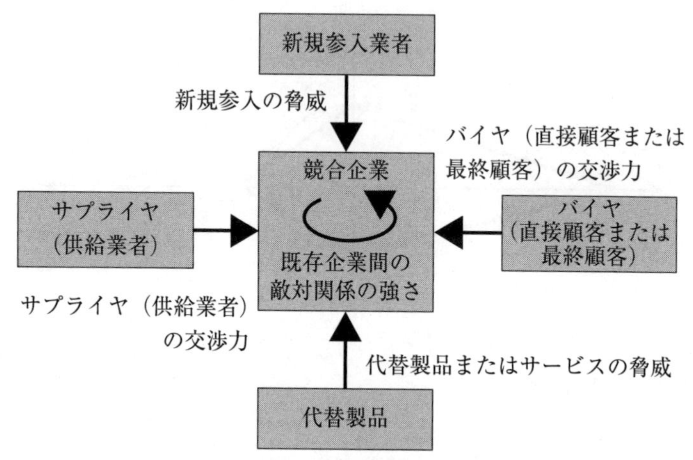


出所）ポーター，M.E.著（土岐坤・中辻萬治・服部照夫訳）『競争の戦略』ダイヤモンド社，1982，p. 18

ズを充足させる別の製品（代替品）の出現がもたらす脅威），③買い手の交渉力（顧客が及ぼす収益への影響），④売り手の交渉力（原材料の仕入れ先である供給業者が及ぼす収益への影響），⑤既存企業間の競合関係（業界内における競合企業どうしの競争状況の程度差がもたらす脅威）の５つの要因の存在が，実際の業界における競争構造を決定することを述べている．これらの諸要因によって決定される業界の収益性を分析したのち，最も収益性の高い業界（産業）を企業が選択する（ポジショニング）ことの重要性を指摘している．よってポーターによる競争戦略とは，競争の発生する基本的な場所である業界において，有利な競争的ポジションを探すことと意味づけられ，その中心概念は「低コスト化」と「差別化」にまず求められる．

### (3) バリューチェーン（価値連鎖）分析

バリューチェーン（価値連鎖）は，企業の全ての活動が最終的な価値にどのように貢献するのかを体系的かつ総合的に検討する手法を指す．ポーターが1985年に『競争優位の戦略』中で紹介してから人口に膾炙された．バリューチェーンは，事業を顧客にとっての価値を創造する活動という切り口から分析し，それぞれの主活動の特徴を把握して，それらの活動の連鎖を構築するフレームワークである．また，企業により競争優位をもたらすために，どこで付加価値を生み出すのかを明らかにするためのフレームワークでもある．

事業戦略において競争優位を確保するためには，付加価値よりも実はバリューチェーンを分析するほうが適切であると述べている．その理由は，付加価値（販売価格から総費用を引いた額）は，原材料と会社の活動に利用される多くの購入物を正確に分離しておらず，企業とサプライヤの連結関係を明らかにしていないのがその理由である．それに対し，バリューチェーンは，価値のすべてをあらわすものであるとしている．なお，バリューチェーンは，価値をつくる活動とマージンとからなる．価値活動は，主活動と支援活動に分かれており，主活動は，製品・サービスが顧客に到達するまでの「材料や部品の購買物流」「製造」「出荷物流」「販売・マーケティング」「サービス」などをいう．一方，支援活動には，「調達活動」「技術開発」「人事・労務管理」「全般管理」などがあり，すべての支援活動が個々の主活動に関連しており，バリューチェーン全体を支援する．マージンとは，総価値と，価値活動の総コストの差であるとしている．

ここで重要なポイントは，企業活動のバリューチェーンにおいて，一部の活動だけが価値を生み出しても有効性が低く，相互の活動が有機的に機能してはじめて，その価値を最終的に顧客まで提供することができるということである．換言すると，各活動が有機的に機能してはじめて，競合他社に模倣されない価値を生み出し，競争優位性を確保できるとする．

さらに，競争相手のバリューチェーンについての情報収集による分析を行

図表8－7　バリューチェーンの基本形

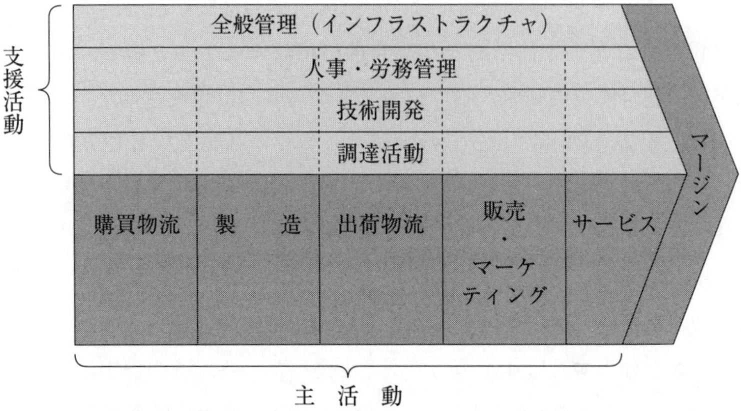

全般管理（インフラストラクチャ）
人事・労務管理
技術開発
調達活動
支援活動
購買物流
製　造
出荷物流
販売・マーケティング
サービス
マージン
主　活　動

出所）ポーター，M.E.著（土岐坤・中辻萬治・小野寺武夫訳）『競争優位の戦略』ダイヤモンド社，1985年，p. 49

い，他社にないバリューチェーンの構築を行うことが求められる．近年，情報通信技術の活用が主活動全般にわたって価値（バリュー）を生み出す重要な要因となっており，これが差別化要因となりうるのである．この構築されたバリューチェーンによって，コスト・リーダーシップや差別化を実現するには，不断に自社のバリューチェーンの再検討と模倣困難性を形成してゆくことが理想である．

## 第４節　競争戦略

企業間理論として，戦略論から検討する．経営戦略論は，環境ベースビュー（EBV：Environment Based View）と資源ベースビュー（RBV：Resource Based View）の２つに大別される．前者の代表がM. E. ポーター（1982）の競争戦略論である．ポーターの理論は外部環境要因に力点を置き，経営環境を５つの競争要因から分析し，競争優位性を実現するために自社をいかにポジショニングするかを考える．一方，後者の代表がバーニー（Barney, J. B.）で，競争優位の源泉はリソースやケイパビリティ[3)]にあると主張する．この2つの異なる視点は互いに相反するものではなく，「資源と環境はコインの表裏」といわれる．優れたリソースの保有者はポジショニングにより先行者優位性を得ることができ，飛び石的に他の市場へ展開していく戦略（Stepping-stone Strategy）により，長期的な優位性を得ることができるとしている．弱みを克服して脅威に対抗するなど，戦略アイデア創出のために用いられるSWOT分析のフレーム自体も，両者がコインの表裏であることを裏付けている．

### (1) ポジショニング・アプローチ

環境ベースビュー（あるいはリソース・ベースド・アプローチ）で重視されるのは，「価値」の創造である．ポーターの価値についてのステートメントに関して，企業が創造する価値は，買い手が製品またはサービスに対して喜んで支払う金額の全体によって測定できる．ポーターは，競争優位性は基本的に差別化かコスト優位の戦略オプションによって実現できるという．2つの方策は基本的にトレードオフであるが，戦略の側面から差別化をはかり，オペレーションの側面からコスト優位性がとれればこのトレードオフは解決する．ポーターは，競争戦略の目標を，競争的な脅威を寄せつけないところに置くことだと考えた．その代表的な分析手法が前述のファイブフォース分析（five force analysis）である．これは，競合他社，買い手，供給業者，新規参入者，代替品という5つの競争要因にしたがって，業界の構造や魅力度（収益力）を分析するものである．ポーターは『競争の戦略』で，この分析ツールを活用しながら，意図的に競争優位に導く3つの戦略を次のように類型化した．すなわち，上述の低コスト化戦略，差別化戦略，集中戦略である．このポジショニング・アプローチは，ポーターの3つの基本戦略および5つの競争要因を中心に形成されているといえよう．

### (2) リソース・ベースト・ビュー（RBV）

資源ベースビューでは，リソース（内部資源）に焦点を当てる．リソースとは，すなわち，タンジブルな資産（財務的，物的），インタンジブルな資産（技術，評判，文化），人的資源（スキル，ノウハウ，コミュニケーション力，コラボレーション力，動機づけ）の3つをいう．しかしながら，こうしたリソースのみで競争優位を獲得することはできない．1980年代から競争優位の源泉として，企業の内部資源や組織能力に着目する研究が台頭して，競争優位の源泉が企業外部の構造的要因によって決まるのか，内部資源によって決まるのかという議論が始まった．

IBM社は，パソコンが大型コンピュータに変わることを予測して，いち早く市場に出ながら，マイクロソフトやインテルに市場を奪われた．これは，裏を返せば，戦略そのものより，戦略を有効に実行するだけの資源や能力の方が重要という示唆である．このように，経営資源をベースに戦略を見る視点を，リソース・ベースト・ビュー（RBV：Resource-Based View）あるいは，資源アプローチという．このアプローチでは，特に，持続的に競争優位を保つために，価値（Value）があり，稀少（Rarity）があり，模倣（Imitability）が困難で，それらを活用する組織能力（Organization）があるかが問われる．こうした問いかけに基づいて経営資源の活用を考える枠組みのことを，バーニーは，VRIOフレームワーク（VRIO framework）と呼んだ．

リソース，ケイパビリティ，コア・コンピタンスと競争優位性がどのように関係づけられるのかについては，バーニーはVRIOと呼ばれるフレームで説明している．まず，競争優位を実現するためには，リソースに価値があること（V：Valuable Resources），稀少であること（R：Rare Resources）が条件となり，それが持続性をもつためには，模倣できないこと（I：Imperfect Imitable Resources），代替できないこと（S：Substitutability）が必要だとする．リソース・ベースト・ビューでは稀少性と価値は競争優位性の必要条件，模倣性，非代替性，非転換性は，持続的競争優位性の必要条件とみるが，競争優位性を持続させることの困難性を指摘している．持続的競争優位を達成するには，このVRIOの条件をみたした「稀少で模倣にコストがかかるケイパビリティ」を確保し，それを活用して顧客ニーズに応える戦略を確立し，実行する必要がある．

また，アマゾン，トヨタ，サウスウエストなど，これらの企業は，あまりに多くの脅威に囲まれ，非常に限られた機会しか存在しない業界にあっても，非常に高いパフォーマンスをあげている．この事実は，業界の競争環境だけが企業の潜在的な収益性を決定する要因ではないことを示唆している．企業のパフォーマンスを理解するためには，企業の外部環境に存在する機会と脅威の分析を超えて，個別企業が保有する独自の強みや弱みを分析しなければならない．

企業固有能力（Distinctive Competencies）とは，その企業がいかなる競合他社よりもうまくやることができる行動のことである．企業の強み・弱みは企業固有能力に依拠しているとする研究である．つまり，経営者の質が企業パフォーマンスを決定するという考え方である．この考え方の限界は，「質の高い」経営者がもつべき特質・属性とは何なのかを特定することが難しいこと，と経営者だけが組織の強み・弱みの源泉ではないことである．しかしながら，近年，この主張は，企業の変革をつかさどる経営者のリーダーシップの問題として注目されており，多面的な側面から人間の可能性に対する新たなフロンティアを切り開いている．

### (3) 創発型戦略論

ミンツバーグ（Mintzberg, H.）は，戦略を，①意図した戦略と，②パターン（一貫した行動）として実現した戦略に分け，当初に意図した戦略が完全に実現した場合を「熟考型（deliberate）」戦略と呼び，実現しなかった戦略を「非現実型」戦略と呼んだ．当初に意図しなかった戦略が実現したパターンを「創発型（emergent）」戦略とよんでいる．この熟考型戦略は，トップや一部スタッフが立案した戦略でトップダウン的な要素が強いが，創発型戦略は，トップダウンの指示や環境変化に対して現場の自主的な行動が生み出したパターンが影響している．これは，意思決定におけるボトムアップとは異なる．戦略というものは，知らず知らずのうちに創られ，あるいは何らかの意図があったにしても次第に形成されてゆくことが多いが，ミンツバーグはこれを「創発戦略(emergent strategy)」と述べている．戦略を策定するためには，この創発とプランニングの2つが必要である．その理由として，プランニングは策定後の経験や学習を排除し，創発は統制を排除し，どちらかに偏りすぎると本来の意味を失って，必要な学習と統制の結びつきを壊してしまうからである．

プランニング戦略と創発的な戦略が両極にあって，実際の戦略のクラフティング（策定方法）は，この中間のどこかで行われて戦略が実行されるのである．優れた戦略は，およそ形式化を離れ，思いも寄らぬ場所で生まれ，考えもしなかった方法でかたち作られてゆく．ミンツバーグは戦略を策定する唯一最善の方法など存在しないと主張する．戦略を実行する段階では，命令系統の明確化や計画実行のための組織デザイン，職務の配分，リーダーシップのあり方，報告や情報共有の方法，計画と実行過程の評価やフィードバックなど，企業固有の仕組みややり方が含まれる．さらに，現場における意思決定や行動は，企業文化や学習能力と深い関係がある．これまでの戦略論は，戦略が立案された時点で終わり，本来の現実性に欠けるところが多かったが，むしろ現場の職人が仕事を創発的（クリエイティブ）にクラフトしてゆくことが戦略を作り，実行してゆく姿ではなかろうか．今後は，創発的な発想で戦略の実行と評価，そして，それらをフィードバックするプロセスに結びつける戦略的経営(strategic management）の研究の必要性が高まっていることを看過してはならない．

**注**

1）軍事戦略が理論的に研究され始めてわずかに2世紀，経営戦略論に至っては20世紀も後半に入ってからであるが，「戦略」という用語そのものは紀元前から使用されている．これを初めて使ったのは，ギリシャのクセノフォン

(B.C.4世紀) であったと伝えられる. 戦略 (ストラテジー) の語源は古代ギリシャ語のStrategiaであり, 将軍の地位, 職務を示しているとされる. 戦略とは, 語源的には将軍の術を意味したといえよう.「戦略」という用語がわが国で初めて使われたのは, 17世紀の山鹿素行の軍学書においてであったとされている.

2) 通常2＋2は4になるのだが, これが5になったりする現象をプラスのシナジー効果といい, 逆に3になったりするのをマイナスのシナジー効果という. アンゾフは, このシナジー効果については4つについて言及している. 販売シナジー, 生産シナジー, 投資シナジー, マネジメントシナジーを指す.

3) 有形資源 (ヒト・モノ・カネ)＋無形資産 (技術力・ブランド・特許・プロセス・情報・知識)＝ケイパビリティ (能力). 近年ではますます無形資産の重要性が高まっている.

**参考文献**

Ansoff, H. I., *Corporate Strategy*, McGraw-Hill, 1965. (広田寿亮訳『企業戦略論』産業能率大学出版部, 1977年)

Ansoff, H. I., *Implanting Strategic Management*, Prentice Hall, 1984.

Anthony, R. N. & L. K. Pearlman, *A Review of Essentials of Accounting*, 7th ed., New Jersey, 1999.

Chandler, A. D. Jr., *Strategy and Structure*, M. I. T. Press, 1962. (三菱経済研究所訳『経営戦略と経営組織』実業之日本社, 1969年)

犬塚正智『ネットワーク時代の企業戦略』学文社, 2000年

伊丹敬之『新・経営戦略の論理—見えざる資産のダイナミズム』日本経済新聞社, 1985年

Porter, M. E., *Competitive Strategy*, Free Press, 1980. (土岐坤・中辻萬治・服部照夫訳『競争の戦略』ダイヤモンド社, 1982年)

Porter, M. E., *Competitive Advantage*, Free Press, 1985. (土岐坤・中辻萬治・小野寺武夫訳『競争優位の戦略』ダイヤモンド社, 1985年)

Rumelt, R. P., *Strategy, Structure and Economic Performance, Division of Research*, Harvard Business School, 1974. (鳥羽欽一郎・山田正喜子・川辺信雄・熊沢孝訳『多角化戦略と経済成果』東洋経済新報社, 1977年)

吉原英樹・佐久間昭光・伊丹敬之・加護野忠男『日本企業の多角化戦略：経営資源アプローチ』日本経済新聞社, 1981年

Mintzberg, H., Ahlstrand, B. & J. Lampel, *Strategy Safari*, Free Press, 1998. (齋藤嘉則監訳, 木村充・奥澤朋美・山口あけも訳『戦略サファリ』東洋経済新報社,

1999年）
土屋守章『企業と戦略』リクルート出版，1984年

# 第9章

# テイラーの管理論

## 第1節 テイラーの生涯と主要業績

「経営学の父」あるいは「科学的管理の父」と呼ばれるテイラー（Frederick Winslow Taylor）は1856年フィラデルフィアに生まれた．1874年，ハーバード大学を受験し合格したが，目の病気のため進学せず，小さな工場の機械工見習いとして働いた．1878年にミッドヴェール製鋼（Midvale Steel）に入社し，この会社で職長などを経験した後，工場長にまで昇進したが，この間にも苦学して夜間の大学院に通学し，1883年スチブンス工科大学（Stevens Institute of Technology）から工学修士の学位を授与された．ミッドヴェール製鋼に11年間勤めた後，1890年に退社し，バルブ工場を経営するメイン州の会社に勤めたが，彼は自分の開発した管理方式をさまざまな作業現場に適用することを試みた．1898年には従業員6,000人の大企業ベスレヘム製鋼の能率顧問として迎えられ，金属削りの研究やズク運びの研究を行った後，1901年に退社した．

テイラーの開発した科学的管理法（scientific management）は1910年に起きた東部鉄道賃率事件によって広く知られるようになった．この事件はアメリカ東部の鉄道会社が「州際商業委員会」に運賃の値上げを申請したが，荷主側の反対にあい，紛争に発展した事件である．荷主側は鉄道会社の非能率を証明するために，何度も開かれた公聴会にアメリカ機械技師協会（American Society of Mechanical Engineers : ASME）の能率技師たちを招き科学的管理法の効果について証言させたのである．

テイラーは1880年，ミッドヴェール製鋼の旋盤の組長になったのを機に管理の問題に取り組み，一連の実験を行った．ミッドヴェール製鋼時代の研究成果は1895年の論文「差別出来高払制」（a piece rate system, being a step toward partial solution of the labor problem）としてまとめられた．これはアメリカ機械技師協会のデトロイト大会において発表された論文で，その副題に見られるように，当時労使間の大きな問題となっていた賃金をめぐる対立を解決しようとする目的で書かれたものであった．具体的には，①要素的賃率決定部門，②差別出来高払制度，③日給制度で働く工員を最もうまく管理する方法と信ぜられるもの，の3点について説明することを目的としていた[1)]．

ベスレヘム製鋼時代には課業管理や職能的職長制についての研究に力が注がれ，その成果は1903年に『工場管理』（*Shop Management*）として公表された．ここでテイラーがめざしたものは，①明確な法則をもった技術としての管理を明らかにすること，②「高賃金低労務費」（high wages and low labor cost）を実現するために，課業（task）の確立，作業の標準化，作業の管理組織の構築を行うことであった[2)]．この『工場管理』においてテイラー・システムの体系が完成したと考えることができる．

これに対して1911年に著された『科学的管理の諸原理』（*Principles of Scientific Management*）は『工場管理』における成果からむしろ後退したものと評価される[3)]．この著書は，例証を用いて科学的管理の一般的原理を説明することを目的としていた．しかし，1911年，ウォーター・タウン兵器廠の鋳物工を中心にテイラー・システムに反対する大規模なストライキが起こり，テイラーは世論の非難を回避するために，『工場管理』における課業管理の主張をあいまい化，抽象化させたと考えられる．

彼の論文や著書は各国語に翻訳され，多くの国々で科学的管理法が導入されることになった．科学的管理法がいかに広範に浸透したかは，共産主義国ソビエト連邦のレーニンが，1918年共産党機関誌「プラウダ」においてテイラー・システムのロシアへの導入の必要性を強調していることからも知ることができる．テイラーは1915年，59歳で死去した．

## 第2節　科学的管理論の背景

アメリカでは南北戦争をきっかけに市場が拡大したため，企業の大規模化が進んだ．1880年代には大量生産体制のもとで分業化が促進された．同時にこの時期には労働運動も激しくなり，1886年にはAFL（American Federation of Labor：アメリカ労働総同盟）が結成された．

当時，アメリカでは工場制度が進展し，機械を導入した作業が普及していったが，それは「従来の技術と熟練に基礎をおいた作業組織と管理方式」，すなわち「万能的熟練工であった職長を中心とする従弟制度的作業管理体制」を崩壊させていった[4)]．いわゆる熟練の機械への移転がおこり，多量の未熟練労働者の需要が高まったのである．

また，この時期，アメリカには大量のヨーロッパからの移民が流入したため，多種の言語を母国語とする労働者の多くは英語能力を欠き，それが作業現場において「命令伝達の一大障害となった」ばかりか，「作業態度や道具の不統一」さえもたらされることになった．工場制度は「労働の細分化，標準化，画一化，常規化」とともに促進されてきたが，それは労働者が「判断力や高度の熟練を必要としないように仕事を単純化する方向に進められたきた」ということができる[5)]．

当時の生産現場においては作業能率を増大させるために刺激的な賃金制度が取り入れられていた．雇用主が一定の刺激的賃率を提示すると労働者はより多くの賃金を得ようと生産高を増加させる．すると雇用主はもともと賃率が高すぎたとして賃率を切り下げる，というようなことが繰り返された．雇用主のこのようなやり方に対応するために労働者がとった対策が「組織的怠業」(systematic soldiering) であった．

すなわち，高い賃金を得ようとして生産高を増加させると賃率の切り下げにあうことになるから，労働組合は組合員である労働者に生産量を抑制するように命令を出す．労働組合の命令に違反した労働者には罰金が課せられるから，労働者は敏速に仕事をしているように見せかけながら，実際には非能率に仕事をする．これが組織的怠業といわれるものであり，当時の生産現場におけるもっとも大きな問題であった．

1880年にはアメリカ機械技師協会（ASME）が設立され，組織的怠業の解消を目的として能率増進運動（efficiency movement）や管理運動（management movement）が展開された．アメリカ機械技師協会は創立当初は活動の中心を工業技術の研究に置いていた．しかし，当時のアメリカの技師たちが直面していた問題は組織的怠業によるいちじるしい能率の低下であり，アメリカ機械技師協会のメンバーは工場における能率問題への取り組みをしだいに強めていかざるを得なかった．1886年のアメリカ機械技師協会の年次大会において，同協会会長タウン（Towne, H.R.）の行った報告「経済人としての技術者」（The Engineer as an Economist）はこうした当時の技術者たちの置かれた状況を如実に反映するものであった．彼の報告は技師は工学と同様に工場管理，とくに作業能率の問題にも取り組むべきである，というものであった．

その後，アメリカ機械技師協会の技師たちによってさまざまな賃金制度が考察され，採用されることになった．同協会のメトカーフ（Metcalf, H.）やタウン，ハルシー（Halsey, F. A.）らは，「タウン分益制」や「ハルシー割増賃金制」などを提唱した．かれらの方式は，賃金収入の刺激によって労働者をより多く働かせようとする方法であり，創意と刺激の管理（management of initiative and incentive method）と呼ばれ，後にテイラーによって成り行き管理と呼ばれたものであり[6)]，これによって組織的怠業をなくすことはできなかった．とはいえ，「ハルシー割増賃金制」は1900年頃からアメリカで広く採用されるようになっただけでなく，イギリス，ドイツ，日本などにおいても導入が進んだ．アメリカ機械技師協会はハルシーのこの功績を認め，1923年に彼を表彰している．

## 第3節 課業管理

既に述べたように，19世紀後半のアメリカでは，大規模生産の普及，多数の移民労働者の流入，生産現場への機械の導入と大量の未熟練労働者の発生等々の背景に，テイラーもまたアメリカ機械技師協会の一員として組織的怠業の問題に取り組むことになった．

テイラーは組織的怠業が起こる原因には次の3つがあると考える．まず第1は，労働者の間に浸透している誤解である．労働者は生産能率を増大させれば，より少ない労働者で同じ量の製品を生産することができるので，労働者は解雇されると考えた．しかし，テイラーによればそれは全くの誤解であり，生産能率の増大は製品価格を引き下げ，製品に対する需要が増大するため失業はおこらないというものである．第2は，経営者の無知によって間違った管理法が行われていることである．彼は，経営者がそれぞれの仕事を遂行するために必要な適正な時間を知っていれば，組織的怠業はおこらないと考えた．第3は，生産高や能率の決定が，過去の経験などに基づいて目の子算方式で行われていたことである．テイラーは生産には唯一最良の方法と用具が追求されるべきであると考え，計画などの管理的職能は経営者が担当すべきであると主張した．

あまりにもあいまいな能率基準によって賃率が決定されていることが組織的怠業の原因になっていると考えたテイラーは，能率基準を科学的な方法に基づいて決定しようと試みる．それはテイラーの経営学研究における最も大きな貢献と評価される課業管理（task management）として結実することになった．課業管理は課業の設定と課業の実現とから成る[7)]．課業の設定は，一日の公正な作業量である課業を決定することである．テイラーは一流の労働者を基準にして，無駄のない，最も早い作業動作を研究し，標準的な動作とそれに要する標準時間を決定した．これは一流労働者の全作業を要素的動作に分解して，一つひとつの要素的動作に要する時間をストップ・ウォッチを用いて観察する方法で行われ，それぞれ要素時間研究（elementary time study），動作研究（motion study）と呼ばれた．従来，作業全体に必要な時間が経験的，想像的に決定されていたのに対し，テイラーは一流労働者の無駄のない動作をいくつかの要素動作に分解し，その最速の作業時間を測定することによって標準時間を決定したのである．

課業の実現は，職能的管理組織（functional organization）および差別賃率制度（differential rate system）によって行われる．すなわち，テイラーは設定された課業をできるだけ完全に遂行するために，新しい管理組織と新しい賃金支払い制度を採用した．

職能的管理制度は，従来の作業を執行的作業（performing work）と計画的作業（planning work）の2つに分け，執行的作業は労働者が，計画的作業は経営者が担当することとした．また計画部を設置し，頭脳的な仕事は計画部に集中し，労働者を頭脳的な仕事から排除した．

また，これまでは1人の職長がすべての職能について労働者を監督・指導する責任を負う万能的職長制であったが，テイラーはこの万能的職長の担当していた職能を8つの職能に分割し，それぞれの専門的職能を1人の職長に担当させる職能的職長制（functional foremanship）を取り入れた．すなわち，①作業の手順係，②指図票作成係，③治具，工具，図面などの準備係，④作業の速度を指導する速度係，⑤検査係，⑥修繕係，⑦時間および原価の計算集計係，⑧工場規律をつかさどる工場訓練係の8人の職長がそれぞれの専門的職能について労働者すべての指導にあたることになった[8]．このうち①②⑦⑧が計画部における職長であり，③④⑤⑥の4人が執行的職長である．従来の職長が担当していた職能を8つの専門的職能に分割したため，1人の職長が担当する専門領域は狭められ，その負担は大幅に軽減されるため，労働者をより良く指導することができるだけでなく，職長の養成もより短期間に容易に行えることになった．

ここで8つの職能についてより詳細に説明しておくことにしよう[9]．

手順および順序係は，資材の通過経路すなわち時と場所と人を計画し決定したのち，工程図あるいは手順表によって，図式的あるいは時系列的にその経路を示す．

指図票係は，手順表に示された各要素について，最も損失の少ない作業方法を詳細に記述して指図票を作成する．そして労働者と執行部門の職長にそれを交付する．

時間および原価係は，工員によって，作業に要した時間が原価とともに報告されると，それに基づいて賃金と原価を計算する．

訓練係は，訓練に係る組織内の問題をすべて扱う．意見の不一致や誤解を防止したり，また調停したりする．

準備係は，教師的職能を行い，指図票に示された作業方法を労働者に説明する．

速度係は，個々の作業が指図票どおりに正確な速度で行われていくように看守し，時によっては，自分で機械の操作を教えなければならない．

修繕係は，すべての機械を清潔かつ良好な状態に保ち，指図票どおりに修繕・分解掃除を行う．

検査係は，品質について責任を持つ．作業の誤りを防ぐため，労働者の近くに立って，作業方法を正確に知らせるために，最初の仕事を最も注意深く検査する．

差別賃率制度は，課業を達成できた労働者には高い賃率，達成できなかった労働者には低い賃率を適用する制度であり，テイラーの理念である「高賃金低労働費」(high wage and low labor cost) を実現する手段である．課業あるいは要素的作業時間が設定されても労働者がその標準作業時間に向けて働く保証はないが，差別賃率制度は労働者を標準作業に向けて最速で作業させる方向に仕向ける手段であるということができる．

## 第4節 精神革命論

科学的管理法の普及とともにAFLを中心とする労働組合の科学的管理法反対運動もしだいに激しくなった．科学的管理法に反対して行われた，ウォーター・タウン兵器廠の大規模なストライキはひとつの社会問題として捉えられた．アメリカ議会もこの事態を重く受けとめ，下院に「テイラー・システムおよび他の工場管理の制度を調査する議会特別委員会」が設置された．委員会は1912年1月25日から30日まで続けられ，テイラーは科学的管理法の意義や効果について証言を行ったが，彼の精神革命論はこの議会証言の中で初めて登場する．

テイラーは科学的管理法の本質は，労働者（工員）側と管理者ないし経営者側の双方が精神革命を起こすことであると主張し[10]，次のように述べている．

「(科学的管理法の本質は—引用者—）工員がその仕事に対し，その使用者に対し，自分の義務について，徹底した精神革命を起こすことである．同時に管理側に属する職長，工場長，事業の持主，重役会なども同じ管理側に属する仲間に対し，日々の問題のすべてに対し，自分の義務について，徹底した精神革命を起こすことである」

テイラーは売上げから諸費用を差し引いたものを剰余金と呼び，この剰余金が労使双方に分配されると考える．これまで労使双方はこの剰余金を「一方は賃金として，一方は利益として，できるだけ多くとろうとしていた」．これまでの労使間の争いはこの剰余金の分配をめぐって起こされたものであり，これが原因となって争議やストライキが起こったと述べている．そして剰余金の分配をめぐる争いが原因となって，労使は反目するようになり，互いを敵視するようになった．

しかし，科学的管理法の実施の過程で，労使双方の精神的態度に大革命が起こり，労使双方は剰余金の分配をそれ程重要なことと思わないようになり，剰余金を増やすことを重視するようになると，テイラーは主張する．

「互いに逆らって力をだすことをやめ，同じ方向に力をあわせて働くと，協力した結果として生まれてくる剰余金は非常に大きなものになってくる．反対と闘争にかえて友情的協働と助け合いとをもってすれば，この剰余金が今までよりもずっと多くなって，工員の賃金も増すことができ，製造家の利益も増すことができるようになる．

これがすなわち大きな精神革命の始まりであり，これが科学的管理法にいたる第一歩である．

まず，双方の精神的態度を全然かえてしまうこと，戦いにかえるに平和をもってすること，争いにかえて，兄弟のような心からの協働をもってすること，反対の方向に引っぱらずに，同じ方向に引っぱること，疑いの目をもって監視するかわりに，相互に信頼し合うこと，敵にならずに友だちになることが必要である．

この新しい見方に変わってくることが，科学的管理法の本質である．これが双方の中心観念になった上でなくては，科学的管理法は成り立たない．この新しい協働および平和の概念が，古い不和と争いの概念と入れ替わらなければ科学的管理法は発展してこない」

科学的管理法が効果的に機能するための要件として，テイラーは精神革命のほかに科学性の確立をあげている．すなわち，労働者も管理者・経営者も，仕事について用いられる方法，仕事をなし終える時間に関して，従来の古い個人的な意見や判断ではなく，正確な科学的研究と知識に基づいてこれを決定すべきである，というものである．

彼は精神的態度の変革と正確な科学的知識の採用を科学的管理法の不可欠の要素として捉えている．

## 第5節　科学的管理に対する批判と労働組合

テイラーの科学的管理法は労働者の強い反発を生み，社会的な問題にまでなったため，テイラーがアメリカ議会の公聴会において証言を迫られるような事態にまで発展した．科学的管理法に対する批判について稲葉襄は，①生産基盤から生ずる批判，②技術的批判，③経済的・社会的批判の３つの側面から詳細にまとめている[11)]．ここでは稲葉の指摘した経済的・社会的批判の中から主要なものだけを取り上げることにしよう．

まず，第１は，標準作業時間の決定が一流労働者を基準に設定されたため，一般労働者にとっては労働の強化になるというものである．第２は，能率基準の設定が経営者によって一方的に決定される場合には，その基準ができる限り高く設定されるであろうということである．第３は，労働の強化により「８時間中に10時間分の労働が詰め込まれ，能率増進によって９時間分の賃金が与えられる」ということになれば，それは「本質的には賃金の切下げになる」というものである．第４は，能率が標準以下であった場合に懲罰的に低い賃金を課すことは労働者の生活を脅かす，というものである．第５は，テイラーの科学的管理法は技能的個人能率向上主義であり，個人タスクの達成を志向するものであって，部門タスク，工場タスクではないから企業全体の利潤の最大化に必ずしも合致しない，というものである．

他方，稲葉は科学的管理法が労働の生産性を高めるのに大きな貢献をし，社会主義諸国にも導入された点を高く評価し，テイラーの研究成果の意義を次の３点にまとめている．

① 最良のものを，従来の伝習的経験的方法に比べるならば，分析的科学的な方法であくまでも追求しようとした科学的批判的な態度
② 標準動作と標準時間の観念を提唱しようとしたこと
③ これらのことを直接に現場労働と取り組むことのなかから研究していった研究方法をとったこと

ところで，科学的管理法は一般の労働者に労働の強化を求めるものであったため，労働組合の強い反発を招くことになり，AFL は1913年に科学的管理法反対の決議を行った．元来人間は変化に対し不安をもち抵抗しようとするが，

科学的管理法は当時の労働者の作業に大きな変化を求めるものであったため，労働者の反発を生むことになった．また，科学的管理法は労働者を集団としてよりも個人として取り扱う性格をもっていたため，労働組合否定の性格をもつものと労働組合は捉えた．さらに科学的管理法を十分理解していない経営者や専門家が科学的管理法を実施することも多かったため，科学的管理法がうまく機能せず，それが，労働組合が科学的管理法に反対する原因にもなった．

労働組合は科学的管理法と管理における科学とを明確に区別し，管理における科学には反対しないが科学的管理法には反対するとして，以下のような反対理由を挙げている[12]．

① 科学的管理法は金銭的刺激による労働の強化である．それを回避するためには，労働者が経営上の諸点について参加することが必要である．
② 科学的管理法は労働を細分化，専門化してしまうため，熟練を消滅させ，熟練労働者を未熟練労働者の地位に押し下げてしまう．
③ 課業は一流労働者を基準に設定されるため，一般労働者には達成できない．
④ 科学的管理法は熟練と創意を破壊し，人間的要素を無視し労働者を機械として取り扱うものである．
⑤ 科学的管理法は，労働災害の危険を増大し，労働者の健康をむしばみ，彼らの活動期間，所得能力を減少させる．
⑥ テイラーの考え方および方法は，労働者に不利な，不当な損害を与えるような手段を雇用者に与え，ブラックリスト作成の可能性をつくりだす．
⑦ 計画樹立は経営者・管理者によって行われ，労働者は単にその指揮にしたがうのみでよいことになるから，経営者・管理者専制主義である．
⑧ 科学的管理法は労働組合無用論を含み，また労働者を個人主義化し，その団結力を弱める傾向をもっている．

このように労働組合は科学的管理法に激しく反発したけれども，1914年に第一次世界大戦が勃発すると，アメリカは軍需物資を中心としてヨーロッパへの物資の供給基地となり，生産の増強が強く要請されることになったため，労働組合も態度を軟化させ，労使の協調が始まり科学的管理法の導入が進んだ．その結果，科学的管理法は幅広く普及するようになり，生産現場のみならず，配給や財務の領域にまでその原理が適用されるようになってきた．

また，戦後の恐慌の際にも科学的管理法を実施している企業の方がむしろ失業も少なく，労働条件も良かったが，労働組合がこうした事実を正しく認識するようになった．さらに，第一次大戦後，一般に科学的調査への関心が高まり，労働組合も科学的調査に基づいて発言する必要性が高まったために，科学的管理法にも関心をもつようになり，団体交渉を通じて科学的管理法に協力するようになってきた．他方，経営者・管理者も科学的管理法を導入するためには労働者の協力が不可欠であることを理解するようになり，その実施にあたっては事前に労働組合の了解を得るなど，労働組合に対し民主的に対応するようになってきた．科学的管理法の導入に関しては，当初労使の激しい軋轢があったにもかかわらず，第一次大戦後急速に普及していったのは，労働組合と経営者・管理者双方の対応にそれぞれこのような大きな変化があったためである．

## 第6節 科学的管理法の継承者たち

テイラーの動作研究・時間研究はテイラーの死後も継承，発展していった．[13)]
ガント（Gantt, H.L.）はガント課業賞与制度（Gantt task and bonus plan）を考案した．これはテイラーの差別賃率制度において標準に達しない労働者の反発を緩和しようとする制度で，作業が標準時間を超えた時は時間給としての日給を支払い，標準時間内で終わった時は標準時間による賃金に20％を賞与として加えて支払うものである．

ギルブレス（Gilbreth, F.B.）はテイラーのストップ・ウォッチによる動作研究をより精緻化し発展させた．すなわち，彼の微細動作研究（micro-motion study）は高速度映画の撮影機によって作業者の作業動作と高速の時計の針（12万分の1時間を記録できる）とを一緒に撮影することによって，微細動作の分析を行おうとした．しかし，この方法では動作の正確な経路や動作の長さを正確に測定することができなかったため，ギルブレスはさらに動作経路写真法と時間動作経路写真法を開発した．動作経路写真法は指や手などの体の各部分に豆電球をつけて作業動作を写真撮影するものである．現像された写真には動作経路が白線となって現れるため，無駄な動作を発見し，最良の動作を見つけ出すことができる．しかしこの方法では作業動作における時間を測定することができなかったので，彼は豆電球を一定の間隔で規則的に点滅させるなどの方法を考案した．これが時間動作経路写真法であり，これによって動作時間と動作のスピードを測定することができるようになった．彼はこの研究にさらにいくつかの工夫を加え，作業方法の改善と労働者の訓練に利用した．

テイラーの職能的職長制は命令一元化の原則に反するため，指揮命令に混乱が生ずることになる．エマーソン（Emerson, H.）は職能的職長制における専門的職長による助言機能という長所を生かしながら命令の一元化を維持しうる管理組織として，参謀部制直系組織（line and staff organization）を提唱した．

テイラーの科学的管理法における作業の標準化という側面を継承し，徹底して追求していったのはフォード（Ford, H.）である．フォード自動車は1908年にはすでにテイラー・システムを導入しており，フォード自動車の事例は「管理論の歴史において，標準化思想の徹底と科学的管理論の実践を示すケースとして」[14]知られている．フォードにおける標準化は「消費者に対して最良の商品を十分なだけ，しかも最低のコストで生産できるようにするために，生産上のすべての最良の点（the best point）と，諸商品のすべての最良の点とを結合すること」[15]を意味し，彼の提唱した方法の標準化は「多くの方法の中から最良の方法を選び，それを用いること」[16]を意味する．

フォードにおける方法の標準化は具体的には，ひとつの工場（組立て工場）はひとつの製品だけを製造すべきであるとする①「単一製品の原則」（principle of a single product），ひとつの工場はひとつの部品の製造に特化されるべきであるとする②工場の特殊化（specialization），生産における経済性を高めるためにはすべての部品が互換性をもつものとすべきであるとする③部品の互換性（all parts are interchangeable），さまざまな工場で製造された部品が組立て工場において不具合を起こさないようにするための④製造の正確性（accuracy in manufacturing），ひとつの作業のみのために用意された⑤単一目的機械（single-purpose machinery）をその内容としている．標準化と移動組立法，すなわちベルトコンベアを用いた組立て作業法を結合して採用することにより，フォードは生産コストを飛躍的に引き下げることに成功し，労働者に対する高賃金の支払いと製品価格の大幅な引き下げ，すなわちフォードの経営理念である「高賃金と低価格」（high wages and low prices）を同時に実現したのである．フォードは「テイラーによって一応集大成されたと考えられる科学的管理を，実践的，具体的，理論的に一層高度化，深化せしめた[17]」ということができる．

さらに寺沢正雄は，テイラー・システムの展開・発展過程をトヨタ生産方式にまで連なる，4段階のより広いタイムスパンで捉えている[18]．すなわち，テイラー・システムの経営管理システムとしての展開の第1期は，「工場の生産管理の科学化を意図する時期」である．第2期はフォード・システムであり，「テイラー・システムの生産管理方式を基盤として，ビッグ・ビジネスとしての自動車産業の経営に応用」した段階である．第3期はドラッカー・システムである．これは「統合経営管理組織（integrated management system）または情報管理組織が発展する時期」の大規模企業の経営管理システムであり，ドラッカーは具体例としてゼネラル・モーターズの経営方法を挙げて説明している．第4期は，トヨタ生産方式であり，「情報管理組織の基盤の上に，世界各国が独自の工夫をこらして開発する経営管理組織」の発展段階である．寺沢はトヨタ生産方式を「テイラー・システムとフォード・システムを基盤として，日本の自動車産業のになう宿命ともみられる多種少量生産のなかに，大量生産の利益と効果を取り入れるため，日本の風土に合わせて研究開発されたもの」と捉えている．

**注**

1）上野陽一訳・編『科学的管理法』産業能率大学出版部，1966年，pp. 3-4
2）相馬志都夫「テイラー」車戸實編『経営管理の思想家たち』早稲田大学出版部，1987年，p. 15
3）松岡磐木「古典的経営管理論」高宮晋『現代経営学の系譜』日本経営出版会，1969年，p. 24
4）相馬志都夫，前掲稿，p. 7
5）同上稿，p. 8
6）稲葉襄『企業経営学要論』中央経済社，1991年，pp. 201-202
7）以下，稲葉襄，前掲書，pp. 207-213によった．テイラーの用いた専門的用語には異なった日本語の訳が当てられているものもあるが，ここでは原則として稲葉のものを用いた．
8）同上書，p. 208
9）相馬，前掲稿，pp. 18-19
10）以下のテイラー証言については，米国議会議事録第3巻，1912年，pp. 1300-1508（上野陽一訳「科学的管理法　特別委員会における供述」上野陽一訳・編『科学的管理法』産業能率短大出版部，1969年，pp. 337-541）によっている．
11）稲葉，前掲書，pp. 213-218
12）同上書，p. 223．稲葉の挙げる以下の反対理由は主としてAFLによる反対理由であるが，これについてはホクシー・レポートに詳述されている．次を参照のこと．Hoxie, *Scientific Management and Labor* , 1915.
13）同上書，pp. 218-221
14）坂井正廣「アメリカ経営学の発展」高柳暁・飯野春樹編『新版　経営学（1）総論』有斐閣，1975年，p. 24
15）Ford, H., *Today and Tomorrow*, 1926, p 80.（稲葉襄監訳『フォード経営』東洋経済新報社，1968年，p. 100）
16）*Ibid*, p.80, 訳書，p. 100
17）工藤達男「フォード」車戸實編『新版　経営管理の思想家たち』早稲田大学出版部，1987年，pp. 41-42
18）寺沢正雄「テイラーの科学的管理法」小林康助編著『アメリカ企業管理史』ミネルヴァ書房，1985年，pp. 226-229

# 第10章

# ファヨールの管理論

## 第1節 ファヨールの生涯

アンリ・ファヨール（Fayol, Henri）は，アメリカのテイラー（Taylor, F.W.）と並ぶ経営学研究の創始者，そして経営管理論の元祖と位置づけられる．ファヨールは，1841年にフランスの製鉄専門家であった父親アンドレ・ファヨール（Fayol, André）の赴任先コンスタンチノープル（トルコの都市イスタンブールの前身）で長男として生まれた[1)]．ファヨールの父親は，イスタンブールにある金角湾の両岸をつなぐ鉄橋の建設のために働いたため，ファヨールは少年時代をその鉄橋の建設工事を眺めながら過ごした．このことが彼に技師としての道を歩ませることになったといわれている．

フランスに戻ったファヨールは，パリの中学校を卒業して，技師になるために1858年17歳の最年少で国立のサンテチエンヌ鉱山学校（École Nationale des Mines de Saint-Étienne）に入学した．サンテチエンヌ鉱山学校は，現在でも，パリ鉱山学校と並んで，その格式を誇っている．1968年の社会変革の一環としてフランスの大学制度に手が入れられ，フランスの大学の実力と権威が大幅に低下した．それに対して，いわゆるグラン・ゼコール（Grandes Ecoles）は，いぜんとして少数精鋭のエリート教育を行っており，その評価はきわめて高い．サンテチエンヌ鉱山学校は，そのようなグラン・ゼコールのひとつである[2)]．

若きファヨールは，一種のオーラをもつ頭のよい生徒だといわれる．彼は2年後の1860年19歳の若さでサンテチエンヌ鉱山学校を卒業し，技師の資格を得た．卒業後，コマントリ炭鉱で2ヵ月の実習を受けたが，その縁で株式会社コマントリ・フルシャンボー・ドゥカズヴィル（La Société Anonyme de Commentry-Fourchambault et Decazeville），通称コマンボール社（La Société de Comambault）に技師として入社した．この会社は石炭・製鉄・機械工業の大規模な会社であった．

ファヨールは，1860年から66年までコマントリ炭鉱の技師として勤務し，1866年から72年までこの炭鉱の鉱業所長としてその管理を任せられた．次いでコマントリとモンヴィックの炭鉱およびペリ鉱山の鉱業所長として総合管理を担当し，当時の困難な経営問題であった炭鉱火災や地盤沈下，あるいは炭鉱枯渇といった問題の解決に取り組みながら，経営者としての腕をみがいた．

その手腕が認められて1888年についにこの鉱業会社の社長に昇進した．彼は，1888年３月８日から1918年12月末日まで，破産に瀕したこの鉱業会社の立て直しにあたり，30年間にわたって社長として取り仕切った．輝かしい経営業績をあげて喜寿に達した1918年に基礎の堅実な会社を後継者に譲った．彼は，社長引退後も，84歳で亡くなるまで，取締役の一員として引き続き同社の経営に参画しつづけていた．

このようにファヨールは技師から管理者となり，ついに経営者となって経営実践にあたり，65年間という，その生涯の大部分をコマンボール社と関わり合いつづけた．その経営過程における管理的職能の重要性を身をもって体験し，その体験を繰り返すうちに管理の規則，原理，理論に行きついたのである．彼がコマンボール社の再建に用いた管理方法は，老朽化した工場を閉鎖し，効率の高い工場に生産を集中すること，研究開発を重視したことなどである．とりわけ，ファヨールの「自ら革新的な管理方法の採用による成功」でもあった．経営危機の会社再建に成功しただけではなく，その後20年以上にわたって高い業績をあげ続けたことについて，ファヨールは，「同一の鉱山，同一の工場，同一の財源，同一の販路，同一の取締役会，同一の従業員であったにもかかわらず，ただ管理の革新的方法のみによって，会社は衰退への歩調と同じ歩調で上昇していった」と述べているように，経営管理の重要性とこの革新的管理方

法の有効性を強調している.[3]

彼は管理の重要性と管理教育の必要性を早い時期から説いていたが，その主張は1916年に「産業ならびに一般の管理」(Administration Industrielle et Générale) の表題で『鉱業協会雑誌』(Bulletin de la Société de l'Industrie Minérale) という雑誌に掲載された．この論文が経営学史における名著といわれる独立の著書として刊行されたのは1925年であり，次いで英訳が刊行されたのは1929年であった．このように，ファヨールの管理論がフランス以外の国々に紹介され評価されるようになったのは相当後になってからであった．しかし，彼の理論の翻訳や紹介，研究が進むにつれて，その評価も高くなり，テイラーと並ぶ経営の理論の開拓者たる地位に立つのである．

ファヨールは管理を企業以外の，政治や宗教などのあらゆる組織体に適用できるものととらえ，すべての種類と規模の事業や企業に共通の管理原則を提示し，理論化しようと試みた．このように，企業の不可欠な活動である管理は，予測，組織化，命令，調整，統制という一連の過程を通して実践されるとファヨールは主張した．それゆえ，彼の理論は管理過程論と呼ばれている．

ファヨールは1918年，社長の職を退いて取締役の一員として一生経営に参加した．他方において，その管理論の発展と普及を促進するために，「管理研究所」(Centre d'Études d'Administration Industrielle et Générale, ou Centre d'Études Administratives) を設立した．彼はこの研究所を本拠にして研究会や講演，談話の会合を開くと同時に，政府の要請に基づいて行政機関や軍隊の管理についての調査と研究をおこなった．この「管理研究所」はファヨールの死後1926年，フランス・テラー派によって1920年に設立された「フランス科学的管理協会」と合併し，「フランス管理協会」(Comité National de l'Organisation Française, ou CNOF) に発展した．このように成立したフランス管理協会はそれ以来フランスにおける管理研究の中心として活動するばかりでなく，「科学的国際経営管理協議会 (CIOS)」の一員として国際的活動も担当している.[4]

ファヨールは，1925年11月19日に84歳でパリの自宅で死去した.

## 第2節 「管理」と「経営」との区別

ファヨールは，衰退し破産寸前の大会社の経営者となってその会社の再建という重責を果たした．当時の環境変化に適応する適切な経営戦略をとり，さらに合理的な管理の原則と管理手腕を発揮することによって会社を再建することができた．彼はその経営過程において体験した管理の実践を明瞭な形でとりまとめ，管理的職能の重要性と管理教育の可能性について社会の注意を喚起した．

このようにファヨールの管理論の基礎をなすのは，これまでの論述でも触れた「管理」と「経営」との区別の認識であった．この認識は経営学史にも経営学の理論にもきわめて重要であるにもかかわらず，経営学が発展した今日においても，この区別の認識が欠如している．

ファヨールの主著『産業ならびに一般の管理』において，彼はまず「管理の定義」を明確にしたあと，次のように「管理」と「経営」とを混同しないように注意している．

「この管理を経営と混同しないことが大切である．

経営するとは，企業に委ねられているすべての資源からできるだけ多くの利益をあげるよう努力しながら企業の目的を達成するよう事業を運営することである．本質的六職能の進行を確保することである．

管理は，経営がその進行を確保せねばならない本質的六職能の一つにすぎないのである．しかし，それは経営者の役割の中で，時にはこの経営者の役割がもっぱら管理的であるかのように見られるほどに大きな地位を占めているのである.[5]」

以上のように，ファヨールは管理と経営とを区別しながら，経営における管理の重要性を認識し，管理の研究を発展させている．言い換えれば，企業を経営することは，企業がもっているすべての資源をできるだけ効率よく利用するよう努力しながらその目的に向けて企業を導いていくことである．これに対して，管理は経営の6つの活動のひとつにすぎない．けれども，大企業の経営者はその時間の大部分を管理に使うので，時には経営者の役割が管理だけであるかのように見られる．

## 第3節 企業管理と管理教育

ファヨールは，企業の規模の大小を問わず，あらゆる企業の経営過程で見出される活動として，次の6種のグループに分けている[6)].

第1　技術的活動（生産，製造，加工）

第2　商業的活動（購買，販売，交換）

第3　財務的活動（資金の調達と運用）

第4　保全的活動（財産と従業員の保護）

第5　会計的活動（棚卸，賃借対照表，原価計算，統計など）

第6　管理的活動（計画，組織，命令，調整，統制）

これらの6つの活動は，規模の大小，事業が単純なものか，事業分野が多岐にわたる複合的なものかは問わず，企業活動の本質的な職能として常に存在している．企業が自由に処分できるすべての資源から可能な最大の利益を引き出し，企業の目的へと導くためには，これらの6つの活動を確実に遂行し，達成しなければならない．これらの6つの企業活動の本質的な職能については，次のようにより詳細に説明される[7)].

① 技術的職能―技術活動の多様性，あらゆる性質（物的，知的，道徳的）の製品が一般に技術者の手で作られている事実，職業学校における教育がほとんど技術的教育であること，技術者に開かれた就職口などをみれば，事業の運営に対する技術的職能の重要性が明らかである．けれども，技術的職能が，すべての職能の中でつねに最も重要なものとはいえない．本質的な6職能が互いに依存関係にある．たとえば，原料，資金，計画なくしては，技術的職能も存続しえないのである．

② 商業的職能―製品の販路を見出せなければ，その経営は破滅である．し

たがって，購買することおよび販売することの知識は，うまく製造する知識と同じように大切である．商業的手腕は，鋭敏性や決断性とともに，市場や競争者の力についての深い知識，長期の予測，さらに大規模事業の経営にあっては，業者間協定の実務経営を必要とする．

③ 財務的職能—資金を調達するためにも，余剰資金を利用してできるだけ多くの利益をあげるためにも，上手な財務管理を必要とする．どんな組織の改革も，どんな設備の改善も，予備資金なく，または信用なくては不可能である．成功のための本質的な条件は，企業の財政状態をつねに正確に把握していることである．

④ 保全的職能—財産や従業員を窃盗や火災や洪水から保護し，ストライキ，テロや陰謀を避けることを使命とする．要するに，企業の運営や存立を危険に曝す，あらゆる社会的秩序の障害物を除去することである．

⑤ 会計的職能—企業の経済状態について，正確で簡潔な情報を提供しなければならない．企業の状況についての正確な認識を与える簡潔で明確な優れた会計は，経営の強力な一手段である．この会計的職能にとっては，ほかの職能にとってと同様に，ある一定の初歩的な教育が必要である．

⑥ 管理的職能—企業活動の全般的計画の策定，組織体の構成，人びとの努力の調整，諸活動の調和などを任務とするこれらの活動は通常，管理という名称で呼ばれる職能である．これらの活動は，上記の５つの職能の中に含まれない固有の職能である．計画，組織，調整，統制は，一般論として管理の一部をなしているが，命令も管理概念に加えるべきである．

このように企業の本質的活動が６つの職能から構成されることを指摘したファヨールは，なかでもとりわけ管理的職能が重要であると主張する．管理的職能は，具体的に以下のことを意味する[8)]．

① 計画することとは，将来を検討し，活動計画を作成することである．

② 組織することとは，事業経営のための権限と責任を割りつけ，物的および社会的という二重の組織を構成することである．

③ 命令することとは，計画を実行させるために，従業員を職能的に働かせることである．

④ 調整することとは，あらゆる活動とあらゆる努力を結合し，団結させ，調和を保たせることである．

⑤ 統制することとは，すべての活動が確立された規則に則り，与えられた命令通りに行われることを確保することである．

このように理解すれば，管理は企業の社長や経営者たちだけの特権でもなければ，個人的な任務でもない．ほかの５つの本質的職能と同様に，組織体の指導者と構成員の間で分担されるべき職能のひとつである．

ファヨールは，上述の６つの職能を遂行するためには，それぞれ専門的能力が必要であると述べている．すなわち，技術的職能を遂行するためには技術的能力，商業的職能を遂行するためには商業的能力，財務的職能を遂行するためには財務的能力が必要である．また，これらの専門的能力は，次のような資質と知識を基礎としている．

① 肉体的資質—健康，体力，器用さ

② 知的資質—理解習得力，判断力，知力と柔軟性

③ 道徳的資質—精神力，剛毅果断，責任を負う勇気，率先性，献身性，気転，威光

④ 一般的教養—専門的に訓練されている職能領域以外の種々な一般的知識

⑤ 専門的な知識—技術，商業，財務，管理などの職能に関する知識

⑥ 経験—業務の実践に由来する知識．それは，自分自身の体験を通して導き出した経験の記憶である．

上記のように，企業活動のための本質的職能は，これらの資質，教養と知識を含んでいなければならない．そして，ファヨールによれば，これらの職能を構成しているそれぞれの要素の重要性は，その職能の性質と重要性に依存している．本来，その重要度を数値で表現することは適切ではないけれども，あえて従業員や管理者の職能担当における各能力の相対的重要度を数値化するなら

ば，図表10－1，10－2になる．

図表10－1は，大規模な工業企業の担当者ならびに責任者の階層ごとに必要な各職能の相対的重要性を比較したものである．図表10－2は，さまざま規模の工業企業の経営者に必要な各本質的職能の重要性を比較したものである．ファヨールによれば，図表10－1から導き出された結論を工業企業のすべての職能担当者にあてはめることができる．また，図表10－2の結論はあらゆる種類の事業の経営者に適用されうるということを確認することができる．このよう

**図表10－1　工業経営従業員に必要な能力の相対的重要性**

大規模事業

技術的職能担当従業員

| 担当者の種類 | 能力 | | | | | | 価値総計 |
|---|---|---|---|---|---|---|---|
| | 管理的 | 技術的 | 商業的 | 財務的 | 保全的 | 会計的 | |
| 大規模工場 | | | | | | | |
| 労働者 …… | 5 | 85 | | | 5 | 5 | 100 (a) |
| 職長 …… | 15 | 60 | 5 | | 10 | 10 | 100 (b) |
| 係長 …… | 25 | 45 | 5 | | 10 | 15 | 100 (c) |
| 課長 …… | 30 | 30 | 5 | 5 | 10 | 20 | 100 (d) |
| 技術部長 …… | 35 | 30 | 10 | 5 | 10 | 10 | 100 (e) |
| 取締役 …… | 40 | 15 | 15 | 10 | 10 | 10 | 100 (f) |
| 多数工場複合体 | | | | | | | |
| 取締社長 …… | 50 | 10 | 10 | 10 | 10 | 10 | 100 (g) |
| 国営産業 | | | | | | | |
| 大臣 …… | 50 | 10 | 10 | 10 | 10 | 10 | 100 (h) |
| 総理大臣 …… | 60 | 8 | 8 | 8 | 8 | 8 | 100 (i) |

出所）ファヨール，H.著（山本安次郎訳）『産業ならびに一般の管理』ダイヤモンド社，1985年，p.16

に，ファヨールは「あらゆる種類の事業において，下位従業員の本質的な能力は事業に特有な専門的能力であり，また経営者の本質的能力は管理的能力である」という結論を導き出している[9)].

図表10－1と10－2からもわかるように，上位の責任者であればあるほど技術的能力の相対的重要性が減少し，管理的能力の重要性が増す．また，企業規模が大きくなればなるほどその経営者の管理的能力の要求が高まる．

しかし，当時のフランスの実業学校においては，将来の管理者が備えるべき管理能力を養成するための科目はまったく設けられておらず，管理的能力は経営実務のなかでしか修得することができなかった．そこで，ファヨールは，学校教育において管理的能力がまず修得されるべきであると主張する．そして，ファヨールは，フランスの実業学校において管理教育が行われていない理由は，管理教育のための教理（doctrine）の欠如にあると考える．教理なくして教育が可能なはずはないので，まず管理の教理を確立すべきだと彼は考えた．

**図表10－2　工業経営従業員に必要な能力の相対的重要性**

各種規模別工業経営

経営者

| 経営者の種類 | 能力 | | | | | | 価値総計 |
|---|---|---|---|---|---|---|---|
| | 管理的 | 技術的 | 商業的 | 財務的 | 保全的 | 会計的 | |
| 零細事業経営者 ・・・・・・・ | 15 | 40 | 20 | 10 | 5 | 10 | 100（m） |
| 小規模事業経営者 ・・・・・・・ | 25 | 30 | 15 | 10 | 10 | 10 | 100（n） |
| 中規模事業経営者 ・・・・・・・ | 30 | 25 | 15 | 10 | 10 | 10 | 100（o） |
| 大規模事業経営者 ・・・・・・・ | 40 | 15 | 15 | 10 | 10 | 10 | 100（p） |
| 超大規模事業経営者 ・・・・・・・ | 50 | 10 | 10 | 10 | 10 | 10 | 100（q） |
| 国営事業経営者 ・・・・・・・ | 60 | 8 | 8 | 8 | 8 | 8 | 100（r） |

出所）図表10－1に同じ，p. 17

教理を確立することはそれほど難しいことではなく，そんなに長い時間を要しない.「ただ何人かの偉大な経営者たちが，事業の経営を容易にする最も適当と思われる原理とその原理の実現に最も有効な方法についての彼らの個人的な見解を発表しようと決意すればよいのである．これらの諸見解の比較と討論からやがて原理という光が現れてくるであろう[10]」．要するに，ファヨールは，管理の教理を確立するためには，成功した複数の経営者たちを観察し，その洞察を通して獲得したものを公表し，さらに人びとのなかで議論し精錬化していくことである，と考えた.

そして,「小学校では初歩的であり，中学校ではやや拡大されたものであり，高等学校では十分に展開されたものであるべきである[11]」と述べているように，管理能力は企業だけではなく，政府や家庭においてさえ必要とされるので，その教理の普及は初等学校，中等学校，職業学校，高等教育機関のすべてで行われるべきものとする.

## 第4節　管理の一般的原則

管理の問題には厳密なものもなければ絶対的なものもなく，すべてが程度の問題として捉えられるべきものである．したがって，同一原則を同一条件のもとで再度適用することはほとんどない．さらに，状況が多様で変わりやすく，人間やほかの多くの可変的要素を考慮しないといけないため，管理問題はきわめてダイナミックなものである．言い換えれば，原則には柔軟性が必要となり，原則を用いる管理者には知性と経験，決断力などが必要とされる．管理原則の数は，とくに限定されるわけではない．ファヨールは，自らの経験に照らして最も重要とおもわれる管理原則として，以下の14項目をあげる.

① 分業の原則

② 権限・責任の原則

③ 規律の原則

④ 命令一元性の原則

⑤ 指揮統一の原則

⑥ 個人的利益の全体的利益への従属の原則

⑦ 公正な報酬の原則

⑧ 権限の集中の原則

⑨ 階層組織の原則

⑩ 秩序の原則

⑪ 公正の原則

⑫ 従業員の安定の原則

⑬ 創意の原則

⑭ 従業員団結の原則

これらの管理原則のうち，経営管理論のなかでよく知られているものについて，下記のように詳細にみていく[12)].

① 分業の原則

管理原則として第一に取り上げられるのが分業である．分業の目的は，同じ努力でより多い，またはよりよい生産を可能にすることである．常に同じ仕事を繰り返す労働者，同じ業務を絶えず処理する管理者は，熟練，信念と正確さを取得して，その結果，それぞれの能力を増進することになる．分業はその結果として，職能の専門化と権限の分化をもたらす．

② 権限・責任の原則

権限とは，命令する権利であり，他者を服従させる力である．職能に結びついた規定上の権限と，知性，知識，経験，道徳評価，業績などから形成される個人的権威とは区別されなければならない．相手を納得させ，服従させる個人的権威の存在は不可欠である．

権限が行使されるところに，つねに責任（権力の行使にともなう制裁）が要求される．そして多くの権限を追求する一方，ときにその権限が要求する責任に恐れる．上位責任者の権限の乱用と人間的弱さを防ぐことは，上位責任者の個人的な道徳的価値観にかかっている．

③ 規律の原則

規律とは本質的に服従，勤勉，活動，活力，態度であり，企業と従業員との間に締結された協約に従い，これを守ることである．規律を規定するのは，これらの協約である．したがって，協約が変われば規律も変わる．優秀な事業経営には規律が絶対的に必要であり，またどんな事業も規律なくしては繁栄しない．この規律は最高の経営者にも従業員にも同様に要求されるものである．この規律を作成し，維持する最も有効な方法は次の3つである．

a. すべての組織階層に優れた管理者をおくこと

b. できるだけ明瞭で公正な協約をつくること

c. 適正な判断で賞罰の制裁を行うこと

④ 命令一元性の原則

職務担当者はどんな行為をするにあたっても，ただ1人の管理者からのみ命令を受けなければならない．命令の二元性という混乱は，組織のなかでしばしば見られる．その場合には，権威は害され，規律は損なわれ，秩序は乱され，安定は脅かされる．

## 第5節 管理の諸要素

ファヨールは管理の機能が，計画（予測），組織，命令，調整，統制の5つの要素からなると考える．

「計画すること」とは，将来を予測して同時に将来に備えることを意味する．具体的には，活動計画を策定することである．活動計画の策定はすべての事業経営において最も重要であり，かつ最も困難な活動のひとつである．だからその作成には，すべての部課，すべての職能の働きを必要とし，とりわけ管理的職能の働きを必要とする．活動計画は，①企業の保有する資源（土地・建物・

設備などの不動産，従業員，生産力，販路など），②現に営まれている事業活動の性質と重要性，③将来の可能性（部分的には技術的，商業的，財務的諸条件などの可能性）に基づいて策定される．そして，ファヨールは事例として大規模な鉱山会社における活動計画作成の方法をあげた後，「活動計画は企業の保有する資源の利用と目的達成のために使用すべき最良の手段の選択を容易にする」[13]と述べている．

企業を「組織すること」は，原料，設備，資本，従業員といったその企業の稼動に有用なものすべてを備えることである．組織は物的組織と社会的組織に区別される．ここで，問題とされるのは社会的組織である．

社会的組織は階層的に構成され，従業員の人数が多くなるほど階層数が多くなる．企業規模が拡大するとともに会社の機関の数も増加する．社会的組織の担当者あるいは構成要素について，たとえば大規模な工業企業においては，労働者，職長，係長，課長，部長，技師長，管理者，全般的管理者などがあげられる．ファヨールは株式会社において次の機関を区別することができると述べている[14]．

a. 株主集団
b. 取締役会
c. 全般的管理者（社長）とその参謀
d. 地域ならびに地区の管理者
e. 技師長
f. 部課長
g. 工場長
h. 職長
i. 労働者

社会的組織を構成することやこれを監督することは，組織図を作ることによって容易に行うことができる．組織図によって組織の全体像，諸部門とその境界，組織の階層などを簡単に把握することができる．それはまた，部門の重複や侵害，命令の2元性，所属が明瞭ではない職能，専任の責任者の不在などといった組織の欠陥に目を向けさせることになる．

社会的組織が構成されれば，次の問題はこれを機能させることになる．これが「命令すること」の使命である．この命令という使命は各階層の管理者に分担され，各管理者はその担当する組織単位について権限と責任をもつ．各管理者にとって命令の目的とするところは，企業全体の利益のために，自分の担当する組織単位を構成する従業員に，できるだけ有利な働きをさせることである[15)]．

「調整すること」とは，企業の活動と成功を容易にさせるように，すべての活動を調和させることである．言い換えれば，調整することとは，事物と行為に適切な割合を与えることであり，手段を目的に適応させることである[16)]．

「統制すること」とは，すべての事物が採用された活動計画，与えられた命令，承認された原則に従って行われているかどうかを確かめることである．統制の目的は，間違いや過失を修正して，これを繰り返すことを避けるように警告することである．統制は事物にも，人間にも，行為にも適用される[17)]．

管理的見地からみれば，統制は活動計画が存在すること，その計画が日々執行され維持されていること，社会的組織が完成されていること，従業員一覧表が用いられていること，命令が原則に従って発令されていること，調整の会議が行われていること，などという事実を確実なものにしなければならない．

**注**

1）ファヨールの生涯については，佐々木恒男『アンリ・ファヨール―その人と経営戦略，そして経営の理論―』文眞堂，1984年；ファヨール，H.著（山本安次郎訳）『産業ならびに一般の管理』ダイヤモンド社，1985年；ジャン-ルイ・ポーセル編著（佐々木恒男監訳）『アンリ・ファヨールの世界』文眞堂，2005年によるものである．なお，ファヨールの最初の著作で，経営学の古典である『産業ならびに一般の管理』には，3冊の邦訳がある（都築栄訳，風間書房，1958年；佐々木恒男訳，未来社，1972年；山本安次郎訳，ダイヤモンド社，1985年）．本章では山本訳を用いた．

2）佐々木恒男『アンリ・ファヨール―その人と経営戦略，そして経営の理論―』文眞堂，1984年，p. 27

3）ファヨール，H. 著（山本安次郎訳）『産業ならびに一般の管理』ダイヤモンド社，1985年，p. 221

4）同上訳書，p. 222

5）同上訳書，p. 10

6）同上訳書，p. 4

7）同上訳書，pp. 5-8

8）同上訳書，pp. 9

9）同上訳書，p. 13

10）同上訳書，p. 25

11）同上訳書，p. 26

12）同上訳書，pp. 32-70

13）同上訳書，p. 89

14）同上訳書，pp. 109-110

15）同上訳書，pp. 172-173

16）同上訳書，p. 184

17）同上訳書，p. 191

**参考文献**

佐久間信夫編著『新版　現代経営学』学文社，2005年

佐々木恒男『アンリ・ファヨール―その人と経営戦略，そして経営の理論―』文眞堂，1984年

佐々木恒男編著『ファヨール―ファヨール理論とその継承者たち―』文眞堂，2011年

ジャン-ルイ・ポーセル編著（佐々木恒男監訳）『アンリ・ファヨールの世界』文眞堂，2005年

ファヨール，H. 著（山本安次郎訳）『産業ならびに一般の管理』ダイヤモンド社，1985年

# 人間関係論と行動科学

## 第1節 人間関係論の歴史的背景

19世紀末から20世紀にかけて，アメリカ企業は工場現場では職長の個人的資質に依拠する体験的な「成り行き」管理による工場作業強化を原因とした未熟練工の怠業と，出来高報酬をめぐる職長と工場主の対立激化によって管理の混乱が生じ，新たな管理方法がテイラーによって提唱された.

その管理は，人間を経済的刺激のみで行動する経済人としてとらえる管理者側に立脚する立場からの色を濃くし，時間，動作研究の工学的基準に基づく課業を設定し，組織的管理による経済性を追求することを管理の本質に据えるものであった.

第1次世界大戦（1914～1918）前までは，アメリカの経営者は経営管理を経営実践問題としてとらえ，利益を効率的に獲得するために必要な技術を開発し，それを活用できる組織を作り，組織構成員を能率的に機能させることのみに専念していた．その背景には，1830年代に労働組合運動が活発化し，1870年代から1890年代にわたる大不況期に，企業間競争と労働争議対策問題が先鋭化すると，経営者にとっては，競争面では機械技術，労務面では管理技術を進展させることを急務としたのである.

経営者は，労働者側の8時間労働制への要求の高まりの中で，労務管理を中心とする管理問題の重要性を意識し，企業利益増加のための能率増進運動に基づく差別賃金制度の基準化と，職長の工場管理支配から脱却し，組織による工場管理支配に適する組織再編を課題としたのである.

1920年代になると，アメリカ企業は戦後恐慌からの脱出を商務省主導の産業合理化運動を通して克服する．その後，持株会社による企業合同を通して市場を寡占化する巨大企業群が台頭すると，巨大企業は規模の増大化にともない，資本の効率的運用を目的に経営資源を無駄なく利用する管理を追求したのである．

同年代においては，経済性追求の成果とする生産性が増加し，テイラーシステムが各種分野へ適応され，管理は部門管理から購買，生産，販売を統一的に把握し，管理し，企業利益の増大を意図する全般的管理へと展開する．

こうした改革の時代を背景に，テイラーシステムや自動車量産体制を確立したフォードシステムの普及は，現場労働と結びついた技術的発達に基礎を置く工学的管理とみなされ，その管理法は，人間を機械と同列で扱い，仕事のスピード化を通して生産性の向上を目的としていたのである．具体的には，その管理法は作業工程，管理過程をプロセスとして認識し，その分析を介して工学に類似させた原則を提示するものであった．

一連の管理方法の展開において，合同のたびに労働市場から失業者が排出され，作業工程が細分化された単純作業の繰り返しによって，労働者は仕事への倫理観を後退させ，雇用不安を顕在化させていた．だが，労働者の失業への不安，単調な作業による労働疎外と労働倫理の後退は，経済性を追求する合理的な管理手法を求める模索の中で，経営者に意識されてはいなかったのである．

労働者の職場に対する不安を抱えた状況の中で，企業は経済的合理性を追求する一方で，人間問題の合理的対応，すなわち，労働者の人間性の喪失，労働組合の反抗を弱めさせる必要性を求めていたのである．その解決法は，1930年代以降に主流をなす新たな経営管理において，労働者の人間性回復を社会学，心理学，政治学，行政学に求める動きに委ねられることになる．

新たな管理法への模索は，資本主義の危機的状況下での企業組織維持からも要請されることになる．1929年恐慌とその後の大不況期では，労使関係が先鋭化し，企業の存立基盤である資本主義体制そのものが体制的な危機的状況におかれた．その状況下では，新たな人間性を重視する管理手法は，1933年に大統領に就任したフランクリン・ローズヴェルトが掲げる反独占とケインズ理論の政策実践としてのニューディール政策の下，政府による労働者の法的団結権の承認を含む労働宥和策と企業による労働組合の団体交渉権の保障，福利厚生の充実施策といった労使協調路線に対応する管理であった．

こうした動きは，経営者が技術革新にともなう職務関係の再編成よりも，技術水準を一定に維持しつつ職務に人を適合させるほうを重視し，従業員の個人的欲求と作業効率の改善に注目した経営管理といえるであろう．

## 第 2 節　人間関係―集団的心理研究―の探究
## ――ホーソン実験（the Hawthorne Studies）

ここでは管理対象の組織構成員を社会的存在としてとらえる新たな人間像を提示する．新たな人間観はホーソン実験を契機とする人間関係論の成立から始まり，グループ・ダイナミックス，リーダーシップ論，一般組織論，行動科学へと多岐にわたる理論を貫くエートスとなっている．

### (1) 照明実験（the Illumination Experiment）

ホーソン実験とは，シカゴ郊外にあるウェスタン・エレクトリック社ホーソン工場の技師たちが全国学術審議会との協力の下で，1924年11月から1932年 5 月にかけて「照明の質および量と産業能率の関係」を当初の研究テーマに，労働科学的なアプローチによってなされた産業合理化実験のことである．

最初の照明実験（1924年11月～1927年 4 月）では，コイル捲きの作業部門から，同じ能力を有する者の実験グループと，その対比グループに分けて配置し，照明の明暗と作業能率の関係を探る実験がなされた．実験グループでは室内の照明を明るくしたり暗くしたりしながら，作業が進められた．一方，対比グループでは室内の照明の明るさが一定に保たれた下で作業が進められた．照明の明暗操作の下での作業では，照明の明暗操作とは関係なく作業能率が上昇したのである．また，対比グループでも作業能率の上昇がみられた．その結果，実験担当者たちは，以下の3点を確認することができた．

①照明は作業員の生産に与える多くの要因の一部に過ぎず，しかも，小さな要因である．②ひとつの変数の効果を測定することは成功しなかった．それは，以下の理由による．ひとつは，作業員の行動に影響する諸要因が統制されていないため，結果が数要因のうちの一要因に影響されたこと．もうひとつは，作業は作業員の反応に作用する多数の要因があり，そのどれか一要因の効果を評価することは不可能であるということ，である．

当初の会社の技術者による実験ではその成果が出ず，その後に会社はハーバード大学経営大学院付属機関である産業調査部に実験調査の継続を依頼した．研究機関の所長に就任（1927年）したエルトン・メーヨー（Mayo, Elton）が中心となり，同大学のレスリスバーガー（Roethlisberger, Fritz J.），ドーナム（Donham, W. B.）の協力と指導で心理学・社会学的アプローチとなる実験が行われることになる．

当初の実験では，会社からの要請を受けて，1927年にマサチューセッツ工科大学公衆健康学部のターナー（Turner, C. E.）教授が加わった．新たに始まった調査研究方法は，作業条件の変化と生産性の関係についての照明実験において有意性を見出さなかったことで，照明実験を止め，次の継電器組立作業実験へと場を移して開始された．その実験では，労働者の心理的側面と生産性の有意な関係を見出すことになる．

調査研究法は，①調査実験研究，②面接実験研究，③観察調査研究でなされた．調査実験研究は，従業員の行動に及ぼす個別的変数の効果の評価に関するものである．面接実験研究は，従業員の態度改善に関する心理学的研究である．観察調査研究は，作業集団の非公式組織に及ぼす諸要因の記述と理解に関する社会学的研究である[1)]．

### (2) 継電器組立作業実験室（the Relay Assembly Test Room）

同実験は，1927〜1932年かけて2段階に分けて行われた．最初の実験では継電器組立作業者として6名の女子工員を選抜し，他の作業員から隔離した部屋で作業をさせるものであった．室内には測定記録を担当する係りの者が1人配置され，作業員が親しい雰囲気の中で作業できる環境を作り，作業員の能率に貢献するさまざまな要因の研究を目的に1927年4月から開始された．

実験は作業条件に変化を与え，能率の経緯を追究するものであった．条件変化としては，集団出来高賃金制度，休憩時間の導入，軽食サービス，おやつの提供などを行った．作業条件の改善にともない生産高が上昇し，さらに終業時間の切り上げ，労働時間短縮を施すと，能率が改善されていった．その後，変更前の作業条件に復しても生産高は上昇を続けたのである．その結果，作業条件の変化自体は能率の向上と直接には関係ないことがわかった．

1928年春に，メーヨーはホーソン工場の幹部から実験の参加依頼を受け，ハーバード大学経営大学院の産業調査部のスタッフがメーヨーの指導の下に多数参加することになった．メーヨーが参加する段階では，すでにホーソン工場の技師たちの調査分析で新しい状況が生まれていた．6人の女子工員は自由な室内作業環境のなかで，強要感をもたずに仕事をしている過程で，相互に個性ある人格としてとらえる社会集団を形成していたのである．女子工員は，実験条件について相談を受け，自分たちの意見が受容されていることを知ると，仕事への態度が責任をもつ積極的な態度へと変わっていった．

作業条件面での変化，疲労，単調感などは，作業能率の決定要因とはならず，実験担当者は女子工員たちに接近して，作業環境に関する好き嫌いをいわせて，基本事実を集めるものであった．その内容は女子工員たちが実験担当者に前の作業部門の監督者の苦情を吐露したのである．その原因として考え出された仮説は，実験担当者が当初全く予測しえなかった監督方法の変化であった.[2)]

次に1928年8月に雲母剥離作業実験（the Mica Splitting Test Room）が開始

された．実験は５人の女子工員を選考して行い，継電器組立作業実験と同じ作業変化を個別出来高制の下で実験した．その際，調査時間が十分に取られ，超過労働に対する反応を考慮しつつ，作業時間の増減が能率の変化にどの程度に関連するかを研究テーマに据えたのである．

結論は報酬制度を個別出来高制である奨励報酬制度へ変更することや，労働時間の増減が能率決定要因ではないというものであった．もし，２つの変数をあげるとすると，職場の人間関係と職場外の個人的な状況との関連の下でのみ，生産への効果が決定されるという．実際に，雲母剥離作業実験過程で，家族環境が職場での作業に大きく影響する事実が確認されたのである[3)]．

そこで，会社側は広い範囲の従業員たちから監督者や人事管理についての意見を集めて改善の参考にするために，従業員の面接実験をメーヨーの主導で実施することにした．

### (3) 面接調査（the Interviewing Program）

面接調査は，1928年秋から1929年初めにかけて検査部門の作業員1,600人に対して直接質問形式で行われた．当初は，観察担当者の訓練のために計画された調査であったが，家族環境や職場の人間関係が生産性に影響を与えることを広く確認するために，さらに，1928年９月から1930年３月にかけて，ホーソン工場の全従業員40,000人のうち21,126人を対象とする面接が行われた．

当初は従業員の労働条件，作業状況，賃金，昇進，クラブ活動，監督者についての好き嫌いの６項目を直接質問形式でなされた．ところが，従業員は私的なおしゃべりに興じ，質問内容に戻しても，再び話が脱線する結果となり，質問事項に対する自発的な意見を聴取できず，監督者への反感や決まりきった返答しか聞き出せなかったのである．工場側の監督や人事管理の事実について従業員の考えを聞きたいという意図から外れた結果となった．だが，従業員の不満はそれ自身事実を伝えてはいるが，事実として扱われるべきではなく，探究されるべき個人的，ないし社会的状況の兆候や表示として扱うべきであることが判明したのである．個人が感情を述べる背後には社会的背景がある．彼らの不満は，会社の社会的組織，会社内の出来事，職場の人間関係，技術の変化，経営政策，社会的要因と関連している[4]．それは，個人的な生活，経歴抜きでは意味がなく，従業員の生活全般の情況のなかで理解し，質問する必要性を意味したのである．

そこで，面接の際に独自な概念的枠組みが提示されることになった[5]．

① 面接者は面接の際に述べられたことを全体の前後における一項目として扱う．

A　面接者は会話の明白な内容のみに注意を向けてはならない．

B　面接者は述べられたすべてのことを真実ないしは誤りと割りきってはならない．

C　面接者は述べられたことすべてを同一の心理的レベルにあるものとして扱ってはならない．

② 面接者は相手が述べようとすることだけではなく，述べたがらないこと，助力なしで述べないことにも傾聴しなければならない．

こうした社会学的調査方法は，実験担当者の基礎的学問教養に大きく依存する手法であり，その後の工場調査に広く活用されることになった．ホーソン工場での面接調査実験で職場の小集団における人間行動が実験室的に追究されたのは，当時のアメリカに台頭しつつあった文化社会学的思考によったものであることを留意すべきであろう．それが実験担当者の教養に根ざす調査になったのである．

面接実験の結果，社会的な存在としての従業員の行動が明らかにされた．レスリスバーガーとディクソンは，従業員の仕事の最終的な意味は，工場に対する個々人の関係によって規定されるのではなく，社会的実在に対する関係によって規定されるという．後者の関係によってのみ，外見上同一の作業環境，職業的地位を享受する個々の従業員の満足や不満などの態度の相違が理解されるのである，と結論する[6]．

そこで，面接実験で明らかにされた成果を前進させるために，最後の実験となるバンク配線作業観察実験が行われることになった．

### (4) バンク配線作業観察実験室（the Bank Wiring Observation Room）

同実験は２つを目的に計画された．ひとつは，面接実験で明らかにされた成果を，さらに前進させる新たな方法を発展させることである．もうひとつは，会社内の社会的なグループに関して，より正確な情報を得ることである[7)].

今回の実験では室内の観察者と室外の面接者との役割を併用する方法が採用された．バンク（差し込み式電話交換台）配線作業員の男性14人（配線工９人，ハンダ工３人，検査工２人）が選考され，彼らが出来高賃金制下で，標準的な作業条件での日常的な作業をいかに達成するかが研究された．また，この実験調査では生産，作業時間，品質状況，個人別生産性格差の分析まで及んでいる．

調査で明らかにされたものは，以下の点である．

① 集団の中の個人はその生産を制限している．

② 部門の生産記録が歪められている．

③ 品質検査は配線工，ハンダ工によって行われた仕事の質によって変わるだけではなく，彼らと検査工との個人的関係によっても変化する．

④ 配線工の週時間当たりの生産能率は，彼らの作業能力を反映しない．

また，組織内の異なる監督者に対する作業員の態度と行動をみると，班長，係長，職長などの役職に対しては一様な態度や行動をとらないことがみられた[8)].

このことは，各監督者の組織内の地位に対する職場の人間集団の反応によるものであった．それは職場内で何らかの別の非公式の集団が存在していることを意味するものである．その非公式の集団が生産の協働行為に一定の影響を与えていたことを示すものであった．その際に，集団内に４つの基本的な感情が支配していることが明らかになった．

① 仕事に精を出しすぎるな.

② 仕事を怠けすぎるな.

③ 上司に告げ口をするな.

④ 偉ぶるな.

これらの感情とともに，職場内には仲間と作る非公式組織が形成され，彼らの行動規範が集団出来高賃金制にもかかわらず，意図的に生産を抑制し，生産に影響を与えたのである．この非公式組織は集団内で自然発生的に発生するものであり，集団の規範に合致させて，仲間はずれを回避する心理が働いていたのである[9)].

観察実験の結果，集団は経済的な犠牲を払っても，生産を抑制していたのである．したがって，能率問題は職場内の非公式組織の存在を認識することから始められるべきである.

ホーソン実験の結果，物理的な作業条件の変化と生産性との間には有意な関係が存在せず，集団心理や個人心理が物理的な作業条件の変化を，どうとらえるかということに有意な関係がある，と結論づけられた.

観察された結果，生産性の増加は作業員の規範の向上によるものであり，それは監督者と作業員との関係および作業員相互の信頼関係に基づく人間関係にある．個々の作業員は家族関係の中で育ち，その家族は孤立的な存在ではなく，ある種の文化的な背景をもっている．そして，人間は成長にともない経験を重ね，社会化されるのである．成人は自分の環境に対して，自分がそれまで参加してきた人間関係のシステムにおいて，かなりの程度決定された評価を受ける[10)]．この点を無視して，経営者は従業員にいかなる管理を強要しても，従業員の反抗を生むだけであり，経営者は従業員の個人的な経歴，職場状況を正しく理解し，欲求を満足させるべきである．そのためには，経営者は人事カウンセリングが能率向上のために使用できる唯一の手法であるとみなすが，その手法だけでは労働問題解決の万能薬ではない，と結論されたのである[11)].

人事管理は次の点を満足させる必要がある．ひとつは，経営者は人間情況を診断する新たな技術を導入する必要がある．もうひとつは，その技術によって，経営者は個人および集団の人間関係の研究に専念すべきであり，組織的立場から人間関係を処理すべきである．

産業組織では網の目のような人間関係に取り囲まれている従業員や作業員が自分と関係する人間関係を解かずに，科学的管理が適用されても有効性は発揮できない．従来の管理方法は組織目標の達成手段として，組織構成員を始めとする経営資源を機能させる点に職能第一義的な重要性がおかれていたものであった．しかし，ホーソン実験では，管理者の監督スタイル，従業員個々人の家族環境，来歴，職場の人間関係などが作業能率に関係する点を明らかにしたのである．

次に，ホーソン実験から導かれた結果を理論化した諸説から人間関係論をみてみよう．

## 第3節 人間関係論の理論

ホーソン実験の中心的な役割を果たしたのがメーヨーとレスリスバーガーである．とくにメーヨーは精神科医の立場から産業心理学を探究してきた．その実験を理論化したメーヨーとレスリスバーガーの理論から人間関係論を考えてみよう．

### (1) メーヨーの社会人仮説

メーヨーの理論上の人間観は，従来の組織観の基本となっている「烏合の衆」仮説，すなわち，互いに孤立し，烏合の衆として行動する個人ではなく，また，テイラーが立脚している経済的刺激のみで働くとする「経済人」仮説を否定して，「社会人」仮説の人間観に立つものである．

彼によれば，人間は協力しながら社会を形成する協働的個人であるので，組織において集団を作り出すことが重要である．そのためには，管理者が協働関係を作り出す社会的・人間的能力を備えることが肝腎であり，その能力は教育訓練を通して形成されるという．

また，メーヨーは，産業社会の発達が従来の社会において精神的均衡を果たす役割を担っていた家族や職業集団の絆を解体させ，個人は産業社会の中で無益さ，挫折感，幻滅感，孤立感を強め，個々人が社会的適応不全に陥り，強迫観念から不合理的な行動をとるようになる，と分析した．産業社会では物的，経済的効率性の「技術的技能」の発達速度に対して，人間の自発的協働を促す「社会的技能」の発達が遅れ，個人は精神的な均衡を崩し，不合理に行動するようになり，社会の混乱状態をもたらすのである．産業が発達した社会では，個人生活と社会生活との両面で無計画的状態—アノミー状態—が発生するのである[12]．

メーヨーの理論は，近代産業文明批判的な側面を有し，1920〜1930年代のアメリカ経済の繁栄と大恐慌，その後の不況にみられた社会の道徳的堕落（犯罪・自殺の増加，労働運動の高まりと労使対立の先鋭化）状態をアノミー状態とみなした．私たちを協働するように訓練してくれた非論理的な伝統と社会規範に支えられた家族や職業集団は，産業技術の急速なる発達に適合できなくなり，職場での人間関係問題が血縁，友情，信頼関係に基づく人格的関係による解決法から，非人格的，経済的，効率的解決方法へと変化していった．それは，伝統的な社会を作っていた共同体や社会的な規範を解体し，社会的連帯を破壊する．社会的連帯の破壊は，個人生活を無規範で根のない生活に変え，社会にアノミー状態をもたらすのである．その後には新たな人間的社会的論理が生まれず，非合理的反応が社会を混乱状態にさせている，ととらえる．

メーヨーはその問題の解決を有能な為政者—政治家，経営者，管理者—の発見と労働者のモラールの維持に求めたのである．彼はリーダーが部下との人間関係の扱いに優れていれば，職場集団の結束力が高まり，労働移動，欠勤，能率の低下を抑制できるという結論を導く．そのためには，リーダーが組織のなかに集団を創出する必要がある．管理的地位にある者が協働関係を作り出す社会的・人間的能力を備えるにはリーダーの能力を養成する教育訓練の必要性があるのである.

メーヨーは, 近代産業社会は技術的技能に比して, 社会的技能が遅れている点を指摘し, 産業文明社会の危機ととらえるのである. 社会的技能の発展は人間の自発的な協働関係の確保にあり, それは新しい経営者の課題であるという.

### (2) レスリスバーガーの人間関係論

ホーソン実験の成果を理論的に貢献したのは, レスリスバーガーであった. メーヨーが人間の生理的問題の探究を通じて, 人間関係問題や人の相互間の協働問題を追究したのに対して, レスリスバーガーは産業内の人間問題を人事管理の問題として, その改善の手法を探究した. 彼は産業社会における組織の人間問題は, 経営における各種構成要素間の不均衡から生み出されるものとしてとらえる. 彼は健全なる常識への復帰を説いて, 労働者とは, 相互に孤立した無関係な個々人ではなく, 彼らを社会的動物としてとらえるのである.[13)]

彼によれば, 人間は何らかの形で集団に属し, お互いにさまざまな気分や感情をもちつつ, 協働体系の中で個人を連帯させる. こうした集団の感情は産業社会のあらゆる事物, 事象のなかにみることができる. その感情は人間を取り巻く全体情況で理解しうる. 全体情況は個人が職場で抱く価値, 希望, 憂慮, 期待, 失望などの感情と, 職場の人間関係の感情に依存する. こうした感情は人間の行動を動機づけるのである.

組織の中での人間は職場集団の人間関係から発生する感情の論理に規定されて行動する. その行動は経済的合理性の行動ではない. 従業員は個人的来歴, 家族環境, 職場での人間関係のなかで, 他の者との協働という社会化過程を通して内面化された感情から行動する社会人なのである.

レスリスバーガーは社会人仮説に立脚し, 社会学的な考察から, 人間の社会的な非経済的要因の重要性を明らかにした. また, 産業社会組織では, 物的生産のための技術的組織と，それと相互関係にある協働する個人から構成されている複合体としての人間組織によって構成されている社会システムである，ととらえる．

人間組織は協働体系を構成する個々人の感情欲求を抱える人間と，諸個人の相互作用から形成される社会的組織から構成されている．社会的組織は，組織目的を効率的に達成する管理システムである公式組織と，組織構成員間の日常的な人的関係を通して組織内に自発的に規範を作り，それに規定されて行動する非公式組織からなる．公式組織は費用の論理や能率の論理で動くが，非公式組織は感情の論理で動く，という．

ホーソン実験で明らかにされたのは，生産性は感情の論理で大きく左右されていたことである．したがって，管理は非公式組織をいかに管理するかによる．その役割は経営者，管理者の手腕に依拠するのである．だが，組織を機能させ，構成員を協働させ，集団を効果的に協力させるという企業経営者の社会的役割は，彼の経験的直観的技能に依存しているため，経済的役割に比して進歩，発展が遅れている[14)]．

レスリスバーガーによれば，企業組織は社会的システムとして経済的機能と組織構成員の個人や集団に満足を与え，効果的協働を達成する社会的機能を併せもつ，という．企業は経済的機能としては市場変化に対応する対外的均衡の問題に直面しつつ，社会的機能としては協働する個々人の欲求充足という対内的均衡の問題にも直面するのである．

人間関係論において，彼は対内的均衡に視点を当て，従来の経済的合理性の追求で立脚していた経済的論理に基づく経済人仮説を批判し，従来の管理では触れてこなかった対内的均衡を人間関係処理技術の技能の導入とその改善，組織内の人間的情況の継続的研究，その研究で得た知識にしたがって人事管理を行い，従業員の協力を確保し，経営組織内で日常的に生起している事象を観察し，理解することを通して解決することを説いたのである．それは公式組織の能率の論理と非公式組織の感情の論理との均衡による作業能率の向上を意図する経営管理であった．

人間関係論は1930年代以降，新たな人事管理として企業に採用される．だが，1930～1940年代おいても経営者は従業員を人格，態度，尊厳，諸権利を有する人間として意識化しているとはいえなかった．人間関係論は個別的実証ケースで従業員の感情的な満足度と生産性向上の因果関係を論じ，生産の基本的性格の差異を考慮せず，すべての協働を一元化してしまったのである．

しかし，人間関係論は経営管理において技術的経済的側面重視であった管理法から，人間的側面の重要性を理解し，経営者の人事管理の対応を理論化した点に意義があるといえよう．その理論は行動科学の管理論の基礎を提供したのである．

## 第4節 行動科学的管理論

メーヨーやレスリスバーガーによって，人間の行動の動機づけ要因が賃金刺激から社会的欲求の充足に転換するように理論化されたのが人間関係論であった．人間関係論では企業における人間要因の重要性が明らかにされ，新しい人間関係の管理が提唱された．その影響を受けて，経営管理論・組織論では個人の動機づけ，集団行動についての理論と調査方法の発展をみせることになる．ホーソン実験を契機に，各種分野で調査研究が進み，社会関係論，小集団研究，集団力学といった実証研究の領域が生まれてきた．1950年には一連の調査研究を支えてきたフォード財団が，それらの研究に対して行動科学（Behavioral Sciences）という用語を使用して以降，行動科学が広く活用されていく．

意思決定理論からは，マーチ（March, J. G.），サイモン（Simon, H. A.）が多岐にわたる行動科学の成果を経営学，社会学と融合させる組織の行動解明のための理論を構築した．彼らは組織活動の背後にある組織構成員の意思決定に注目し，それを徹底化して組織行動を説明した．意思決定論以外には，組織構成員の動機づけを組織行動に関連づける研究の動機づけ理論が行動科学理論の一翼を担っている．組織構成員の組織へ働きかける動機づけは，集団における監督者のリーダーシップと従業員の士気との関係から行動科学を展開するうえで，大きな人間的要因となっている．

そこで，本節では動機づけ理論から主要な行動科学に触れていくことにする．ホーソン実験では，職場集団が企業の従業員の行動を規制する規範を作り出し，その集団を統制する管理者のリーダーシップが集団の生産性に大きな影響をもつことを明らかにした．このテーマに関する探究を進めたのがレンシス・リッカートであった．

### (1) リッカート理論

ミシガン大学社会科学研究所の初代所長として就任したリッカート（Likert, R.）は，組織におけるリーダーシップと生産性の関係に関する調査研究を進めた．調査研究の手法は，統計調査方法と集団実験手法を併用しつつ，長期的な調査を行い，組織管理とリーダーシップに関する組織理論を構築した．その代表作が『経営の行動科学』（*New Patterns of Management*, 1961）と『組織の行動科学』（*The Human Organization*, 1967），である．

その背景には，アメリカ社会の参加の原理の活用と労働者の教育水準の向上がある．高度に発達した技術と専門化，特殊化した知識訓練を受けた人の増大は，トップが単独で技術上のことに関して最上の決定を下すことができない時代にあることを指摘する．リッカートは，アメリカ社会における一般的な風潮として，個人に対してより大きな自由と自発性を与える傾向があり，若者たちは学校や職場で自分たちが受ける決定に自分も参加する傾向がある点を指摘する．また，リッカートはアメリカ社会における豊かさからくる基本的な変化が企業では一般従業員の側に，自分たちがいかに取り扱われるべきかという期待を作り出していると指摘し，期待と従業員の態度との影響関係に注目する．

これらの着眼から，彼は複雑多岐にわたる技術体系をもつ産業組織体において，それに従事する人間の努力を有効に組織化する管理論を探究したのである[15)].

社会科学研究所の調査研究とグループ・ダイナミックス研究で，職場の小集団の構造（意思決定における参与度）と，生産性・モラールの関係が探究された．彼は実証研究からの発見を検証し，新しい組織モデルを提案し，組織の類型と諸特性を提示し，集団の運動法則を表す人間関係論を展開したのである．

リッカートの業績は，ホーソン実験の研究成果に基づく職場集団について社会学的・心理学的考察から，経営管理論の実践的解明に役立つ理論として形成されたグループ・ダイナミックス研究に大きな貢献をしたことである．

では，リッカート理論の特徴をみてみよう．

### 1）監督方式と組織業績

この業績は，リッカートがプルーデンデャル生命保険会社の本社組織を対象に監督方式と業績の関連性を実証調査した成果である．また，同じ調査を各種の会社に広げて行った結果，同じ結論が確認された．実証調査研究は，同一の作業方法で同一の仕事の流れを処理する並行作業集団を調査対象にした．仕事，組織に関する心理的要因以外の諸条件が同じとなるように統制された集団を，生産性や目標達成度の業績の高い集団と低い集団に分けた．それは，両集団における監督者たちの行動の特徴と部下たちの満足度を質問状と面接形式で調査し，両集団の心理的要因の業績に対する影響を比較分析する手法であった．結果は，生産性の違う集団では，監督者たちの行動も異なる特徴を示した点である．また，仕事，会社，給与，待遇などの満足度は生産性の差とは直接結びつかないことが明らかにされた．

監督者の特徴を従業員中心型監督と職務中心型監督の２つに類型化すると，以下のことが明らかになった[16)].

① 従業員中心型監督方式と高い生産性

生産性の高い集団における監督者の行動は，部下たちの人間的諸問題を配慮し，効果的な作業集団を形成しようと努める．監督者は部下に仕事の目標を明示し，仕事の方法，進捗に関しては部下たちに自由裁量を与え，指示を少なくした．その結果，監督者は部下が失敗しても，経験から学ぶ教育として受容するのである．

こうした監督者の態度の下，部下たちは仕事に関する討議機会を多くもち，監督者に自分たちの考え，提案を理解させようと努める．監督者は組織の自立性を重んじ，監督者が不在のときでも，部下たちは平常活動を全うする．また，従業員相互間では助け合いの度合いが高く，生産性も高い成果を実現したのである．

② 職務中心型監督方式と低い生産性

生産性の低い集団の監督者の行動は，定められた方法と標準時間で規則通りに一定の作業手順に則り部下たちを働かせる．その際に，監督者は部下に細かい指示を与えるので，部下たちは監視されているという不当な圧迫感を抱きながら働くために，生産性は高くならなかったのである．部下たちの不当な圧迫感は監督者に対する信頼，信用の低さと比例して生産性の低さに結びついていた．

両集団の監督者の行動が部下に与えた心理的影響分析で，支持的関係の原則である心理的原則が提示された．監督者の役割は部下に対して関心を示し，集団内の各構成員は上司や同僚から支持され，自分の経歴，価値，欲求，期待について組織のすべての相互作用や人間関係のなかで認められたと自覚すると，能力を十分に発揮し，組織に留まろうとする．監督者は組織構成員に対して各人の尊厳性が支持されていると自覚させ信じさせることが，肝腎である．それはリーダーシップや他の遣り方で実現される支持関係の原則を意味する．

### 2）集団参加と生産性

縫製工場での製品や工程変更時に生産性低下をみせた職場における集団的意

思決定への参加と生産性の関係をみる実験である．実験集団とその対比集団に分け，実験集団では，手順変更，標準設定に関して作業員全員に意思決定に参加させると，作業工程変更でも生産性の低下はみられず，上昇がみられた．対比集団では，従来通りに生産スタッフが定めた手順，標準について作業員全員の会合で説明したが，作業工程変更での生産開始では生産性の低下がみられ，生産性の回復はみられなかったのである．

次には，作業工程変更の際に，対比集団も実験集団に入れて全員参加させると，生産性が上昇をみせたのである．実験集団は，上司から自分たちの仕事に対する信頼を感じ，集団における意思決定に参加することで集団の目標を自分の目標と意識するようになり，集団において組織と個人の目標が一体化した結果，生産性が上昇したのである．これは組織構成の単位を小集団として，集団的意思決定を行わせる原則である．

### 3）長期にみた効果的監督方式

この実験目的は，短期的な生産性上昇が必ずしも持続的な上昇にならない原因解明にあった．部下に裁量権を多く与えるために上層部の意思決定階層を引き下げた参加型プログラムと，細部にわたる監督方式の採用や意思決定階層の引き上げと並行して，仕事の標準時間の算定に基づいて余剰人員を他の部署へ配置させる統制型プログラムで生産性の比較実験が試みられた．

参加型プログラムにおける生産性は，人員削減した統制型プログラムには常に劣った．しかし，従業員の仕事の達成への責任感や上司への満足度では参加型プログラムが優れているという結果となった．また，時間的な経過でみると，生産性が上回った統制型プログラムでは短期的な成果は得られたが，上司が短期間で異動すると，部下の怠業，欠勤，退職，不良品の発生，労働問題による生産性の低下が起こったのである．上司は生産，コストといった結果要因に注意を注ぎ，短期での成果を追求するが，その間に従業員の態度や動機づけが無視され，人的資源が喰い潰される．その組織では長期的には生産性の低下と労働問題を抱えるのである.

### 4）高い目標の原則

凝縮性（集団に留まりたいという強さ）の高い集団は,同僚集団への強い忠誠心をもち，生産に対して好意的な態度をもつ傾向が強く，生産性が高いことがグループ・ダイナミックスの研究で解明されていた．高い目標を掲げることが，人間の自己実現欲求を満たし，高い生産性を実現できるのである．集団における組織構成員相互間の好意的態度，高い相互影響が高い凝縮性を生み出し，職務に関する諸事項に対する不安が少なく，メンバー間の優れたコミュニケーションを生み出すことで高い生産性を実現するのである.

重要なのは凝縮性を生み出す統制力の性質である．統制力，影響力，パワー，リーダーシップなどの社会的パワーの基盤は合法力，強制力，同一力（一体感からくるパワー）である．なかでも，同一力の範囲が最も広いと考えられる.

リッカートは，集団メンバーが構成員に同一性を認めたときに，集団の目標が自分の目標と同一化し，目標に向かう動機づけによって協働していく過程で，集団構成員相互間で自発的な自己統制が機能する，という．作業の荷重に応じて同僚間で仕事をやりくりし合い，メンバー間での影響力の行使が同一力に基づく統制を強める．だが，集団構成員間の同一力に基づく統制は，一体感に基づいているので各構成員には統制されているという意識が欠如しているのである．このような集団運動から生まれる同一力に基づく自発的自己統制は，組織における人間統制の理想をなす.

以上のように，リッカート理論の本質は，凝縮性の高い集団運動が自然に生み出す同一力に基づく統制，すなわち，同一力に基づく構成員間のリーダーシップを組織の中に構築した点にある.

次に，企業における人間的要因の重要性を個人の欲求や動機を充足する行動から組織の行動を解明しようとした理論をみてみる．その代表者がアブラハム・マズローであった．マズローは個人の動機づけから行動科学をアプローチした．

### (2) マズローの欲求階層説

マズロー（Maslow, Abraham H.）は，*Theory of Human Motivation*, 1943, *Motivation and Personality*, 1954において心理学の立場から人間の行動を動機づける人間の内面的欲求内容を分析し，欲求を動因とし，目標を誘発要因として成立する欲求階層説を説く．彼は，人間の欲求には階層性が存在し，最高次の欲求階層は自己実現の欲求である，という．自己実現とは自己の才能，能力，可能性の使用と開発を意味し，自己実現している人こそ，自分の資質を十分に発揮し，最大のことを実現しているととらえ，マズローは自己実現人モデルを仮定する．自己実現人は健全な精神を有し，判断力，予想能力，決断力に富み，他人の意思を謙虚に傾聴し，物事に対して的確な判断を下す．

こうした自己実現人になるには，自己の可能性，能力を発揮したいという欲求によって動機づけられる心理的動機づけが必要である．その欲求は，低次から高次への人間の欲求階層を充足することで実現する．マズローは人間の基本的欲求階層のメカニズムに注目する．

人間の欲求階層は低次から高次までは以下の階層がある．

① 生理的欲求（physiological needs）：人間の生理的肉体的欲求，衣食住，性の欲求

② 安全欲求（safety needs）：身体的危険，脅威，剥奪から身を守りたいという安全性の欲求，仕事の保障，保険，安全への欲求

③ 社会的欲求（social needs）：集団への帰属，友情，愛情を希求する人間関係の欲求

④ 自我欲求（egoistic needs）：自信，自立などの自尊への欲求と他人から尊敬されたいという地位，名声賛美，評価に対する承認欲求

⑤ 自己実現欲求（needs for self-actualization）：人間の潜在能力の実現，

継続的自己啓発，創造性の発揮などの自己の本性に忠実に成長しようとする欲求

彼は人間の欲求階層を唱え，人間は低次の欲求を充足すると次の高次の欲求が生じ，それが人間の次への行動の動機づけ要因を形成する，という．①～④までの階層の欲求が段階的に充足されると，人間の行動の動機づけの欲求が希薄になり機能しなくなる．そこで，マズローは人間の永久に成長したいという自己実現の欲求を最高次に設定し，永久に人の動機づけ要因として機能させるようにしている．

マズローによれば，人間は低次の欲求ほど充足度が高く，高次の欲求にいくほど充足度は低下する，という．⑤の自己実現の欲求は完全に充足されることはなく，ある程度充足されると，さらなる自己実現欲求を充足したくなる．また，人間の行動は外的環境や誘因によっても規定されている，と指摘する．

マズローの欲求階層説は，その後の研究で欲求区分と階層性について検証された．５つの欲求区分は相互に部分的に重なり合い，独立していない．また，欲求重要度と階層性は必ずしも一致していないし，独立の欲求因子が抽出できないと指摘された．さらに，高次の欲求の充足度ほど満足度が減少するという命題は支持できないという報告もある．

しかし，マズローは，人間の行動の動機づけとして，欲求充足度が高次の欲求因子になる欲求優先性の存在と外部環境の存在を指摘し，人間の行動の動機づけを欲求充足過程ととらえ，最高次の自己実現の欲求を設定することによって自己の潜在能力を実現したいという自己実現の欲求充足が，個人の行動を最も強く動機づける，と説いた．

マズローの説はマグレガーによって「目標による管理」の基礎理論となる経営管理理論として仕上られるのである．

### (3) マグレガー理論—X 理論と Y 理論—

ダグラス・マグレガー（McGregor, D.）は目標による管理，自己統制に基づ

く管理の理論的支柱を提供した．この管理論は企業内の組織構成員，とくに中級・下級の中間管理者が仕事の策定について，ある程度の自由裁量権をもち，その仕事の成果に関して自己統制によって評価しようとする理論である．

心理学者であり，経営者の経験をもつマグレガーは『企業の人間的側面』(*the Human Side of Enterprise*, 1960：高橋達男訳，産業能率短期大学出版部，1970年）において，経営管理に関する理論を２つに分け，ひとつをＸ理論，他をＹ理論と名づけた．彼は，経営者の経験から人間をどうみるかで，企業の成長の成否が決まる点に着目し，経営者は人間の能力を十分に活用しておらず，人材を育てる風土を育んでいない，と主張する．重要なのは経営者のもつ従業員に対する人間観である，という．

彼は２つの人間観で経営管理論を展開する．Ｘ理論では，管理対象の人間は古典的な管理論の人間観を要約された人間観である．命令，統制に関する伝統的見解であり，大衆は凡庸であるという前提から発して，従業員は外から強制や統制しなければ働かないものだ，という人間観に立脚する管理論である．[17)]

Ｘ理論的人間観は以下の特徴をもつ．

① 普通の人間は生まれながら仕事が嫌いで，できれば仕事がしたくない．

② 仕事の嫌いな怠惰な人間は，強制，統制，命令，処罰などの脅迫がないと，企業目標を達成する力を発揮しない．

③ 普通の人間は命令されるのが好きで，責任を回避し，野心をもたず，何よりも安全を求めている．

こうした性質を有する人間は，従来の経営者が管理する人間であり，アメリカ企業の経営に深刻な影響を与えてきた．しかし，このＸ理論では，企業内の人間行動を部分的にしか説明できず，これによって，Ｘ理論における人間性と矛盾する現象が企業内外に多数発生した情況では，それらの現象を解決することができなかった，と批判する．

マグレガーは人事管理の中心は従業員に「やる気」をおこさせることだ，ととらえる．その場合に，従業員を人間として理解し，人間は絶えず欲求をもった動物として，従業員にやる気を喚起させるには従業員の欲求を刺激する必要がある，と主張する[18)].

マグレガーによれば，マズローの欲求階層説，アージリスのパーソナリティ論に依拠しつつ，X 理論に基づく命令と統制の管理手法で，生理的欲求，安全的欲求を充足させるために経営者がアメ（高賃金，より良い作業条件，昇進など）とムチ（低賃金，より悪い作業条件，降格，解雇など）を使い分けて人事管理を実践してきたのである．しかし，科学技術が発達し，生活水準の向上が実現した社会では，アメとムチの管理法では賃金上昇，労働条件の向上で低次の欲求が満たされてしまうと，仕事への熱意が失われてしまう．したがって，X 理論的管理では社会的欲求，自我の欲求段階で欲求の有効性がなくなってしまう[19)]．社会的欲求，とくに，完全に満たされることのない自我の欲求を充足させ，従業員にやる気を喚起するには，従業員個々人の目標と企業の目標とを統合する Y 理論を必要としたのである．それはホーソン実験から生まれた新しい人間観を起点とするものであった．

Y 理論は X 理論と異なり，人間は成長し発展する可能性をもち，統制には絶対的な形がなく，その場に即応するやり方を取る必要性がある．マグレガーは Y 理論の人間性について 6 点を列挙する．

① 仕事で心身を使うのは人間の本性であり，遊びや休息の場合と同じである．

② 外から統制されたり，脅したりするだけが企業目標を達成させる手段ではない．人は進んで身を委ねた目標のために自らにムチ打って働くものである．

③ 献身的に目標達成に尽くすかどうかは，それを達成して得る報酬次第である．

④ 普通の人間は，条件次第で責任を引き受けるばかりか，進んで自ら責任をとろうとする．

⑤ 企業内の問題解決のために比較的高度な想像力を駆使し，手練を尽くし，

創意工夫する能力は，大抵の人に備わっているものである．

⑥ 現代の企業においては，日常，従業員の能力は一部しか活用されていない．

以上のＹ理論では，従業員が怠業し，仕事に無関心となり，消極的で創意工夫がなく，非協力なのは管理者に責任があるのである．管理者は従業員のもっている能力を引き出すことが重要なのである．

マグレガーによれば，Ｙ理論的人間は多面的な能力をもつ資源とみなされ，組織作りの中心に統合の原則を据える．統合の原則は従業員の個人目標と組織目標を統合することである．そこでは，個人の統制は権限による統制ではなく，自己統制に委ねている．

マグレガーによれば，企業の欲求ないし目標も従業員個人の欲求ないし目標も無視されてはならず，両者の欲求ないし目標が合体したところに関係者の献身的な努力が生まれる．こうした献身的な努力によって企業が繁栄し，組織内の個人が最大の効果と報酬を受け，経営の能率が最大に向上するのである，ととらえる．

このように，マグレガーは従来の経営者中心の経営管理の問題点を克服するには，統合と自己統制による経営の優れている点を強調するのである．

だが，いくつかの問題点がある．従業員を人間とみなし，彼らが管理者なのか従業員なのかを区別せず，従業員の欲求を人間の欲求と理解し，欲求の範囲を曖昧にしている．また，低次の欲求が充足されると，行動に対する刺激としての効力を失うというが，因果関係が絶対的なのか検証されていない．統制を個人の自己統制に帰しているが，企業による統制の一変形にすぎず，自己統制は個人が企業の統制力に服従している状態を指しているといえる．

とはいえ，マグレガーがＹ理論的人間観に立脚する新しい管理を提供した意義は大きい．

**注**

1）Heyel, C. ed., *The Encyclopedia of Manegement*, 1963, p. 276.
2）Roethlisberger, F. J. & W. J. Dickson, *Management and the Worker*, Harvard University Press, 1939, p. 88.
3）Ibid., p. 160
4）Ibid., pp. 269, 375–376
5）Ibid., p. 272
6）Ibid., pp. 375–376
7）Ibid., p. 385
8）Ibid., pp. 448–45
9）Ibd., p. 548
10）Ibid., p. 554
11）Ibid., p. 604
12）Mayo, E., *The Human Problems of an Industrial Civilization*, 1933.（村本栄一訳『産業文明における人間問題—ホーソン実験とその展開』日本能率協会，1967年，p. 128）
13）Roethlisberger, F. J., *Management and Morale*, 1941.（野田一夫・川村欣也訳『経営と勤労意欲』ダイヤモンド社，1954年，p. 31）
14）同上訳書，p. 157
15）リッカート，R. 著（三隅二不二訳）『経営の行動科学』ダイヤモンド社，1964年，pp. 4–8
16）同上訳書，pp. 12–61
17）マグレガー，D. 著（高橋達男訳）『企業の人間的側面』産業能率短期大学出版部，1970年，pp. 38–39
18）同上訳書，pp. 40–41
19）同上訳書，pp. 48–49

**参考文献**

Helel, C. ed., *The Encyclopedia of Management*, 1963.
Roethlisberger, F. J. & W. J. Dickson, *Management and the Worker*, Harvard University Press, 1939.
メーヨー，E. 著（村本栄一訳）『産業文明における人間問題—ホーソン実験とその展—』日本能率協会，1967年
レスリスバーガー，F. J. 著（野田一夫・川村欣也訳）『経営と勤労意欲』ダイヤモンド社，1954年

リッカート，R.著（三隅二不二訳）『経営の行動科学』ダイヤモンド社，1964年
リッカート，R.著（三隅二不二訳）『組織の行動科学』ダイヤモンド社，1968年
マグレガー， D.著（高橋達男訳）『企業の人間的側面』産業能率短期大学出版部，1970年
マズロー， A. H.著（小口忠彦監訳）『人間性の心理学』産業能率短期大学出版部，1971年
ブルーム，V.著（坂下昭宣他訳）『仕事とモチベーション』千倉書房，1982年
佐久間信夫編『現代経営学』学文社，1998年
佐久間信夫編『新版　現代経営学』学文社，2005年
北野利信編『経営学説入門』有斐閣新書，1977年
野中郁次郎『経営管理』日本経済新聞社，日経文庫，1980年
佐久間信夫・三浦庸男『現代経営学要論』創成社，2007年
佐久間信夫編『経営学者の名言』創成社，2015年

# バーナードとサイモンの組織論

バーナード（Barnard, C. I., 1968）は近代組織論の祖といわれ，サイモン（Simon, H. A., 1989）は，その理論を精緻化し，近代組織論の基礎を築いたといわれる．本章で明らかにしたいことは，バーナードとサイモンがどのような組織論の基礎を築いたかである．

以下にそれぞれ別個の説として取り上げ，バーナードの場合は，公式組織とその成立と維持に頁を割き，サイモンの場合は，合理性と意思決定に頁を割くものの，共通した理解を明確にしたい．それらは，組織とは何か，組織を形作るものは何か，組織を全体としてまとめるものは何か，の３点である．

## 第１節 バーナードの組織理論

### (1) 人間モデル

では初めに，バーナードの人間モデルを歴史的な比較の上で探ってみよう．古典的組織論では経済的利得を追求する「経済人」や賃金刺激に受動的に反応する人間モデルに依拠していた．また人間関係論は集団への帰属や人間関係といった社会的欲求を行動の動機とする「社会人」モデルを提示した．バーナードは，こうした人間仮説はいずれも人間行動の重要な側面を明らかにしているが，一面的であると考え，包括的な人間モデルを提示している．

バーナードによると，個人は，他と社会的関係を取り結ぶことによってのみ機能する．社会的関係の中で，個人は，「過去および現在の物的，生物的，社会的要因である無数の力や物を具体化する，単一の，独特な，独立の，孤立した全体」[1)]として存在し，「個々独立したパーソナルな存在」と意味づけられている．そして，①活動ないし行動，およびその背後にある，②心理的要因と，③一定の選択力をもち，④目的を有するという特性を備えている．

活動は個人の重要な特性であり，活動の容易に観察可能な側面が「行動」である．個人の行動は心理的要因によって引き起こされる．「心理的要因」とは，「個人の経歴を決定し，さらに現在の環境との関連から個人の現状を決定している物的，生物的，社会的要因の結合物」であり，これが行動の「動機」にほかならない．

また個人は選択力，決定力，自由意志をもつ．しかし個人は具体的な物的，生物的，社会的要因の結合された個別的存在であり，それゆえ彼の選択力は限定されている．均等な無数の選択肢が存在するような場合には，現実にはどれを選ぶこともできないだろう．したがって選択には可能性を限定することが必要であり，意思決定とは選択肢を限定する過程にほかならない．個人が行動の「目的を設定する」とは，意思決定力を行使するために選択条件を限定することなのである．

### (2) バーナードの組織理解

個人は動機を満たすために行動するが，さまざまな「制約」に直面する．人間が自分ひとりでできることは限られているので個人は協働を選択する．

#### 1）協　働

協働とは，「個人にとっての制約を克服する手段」[2)]なのである．個人にとっての制約は，①生物的才能や能力，②環境の物的要因からもたらされるものである．ある人がひとりでは動かせないような石に遭遇した時，彼は大きな石という物的制約に対して身体的能力の限界という制約に直面している．こうした生物的能力の制約は他人と協働することによって克服されるだろう．

### 2）協働システム

上記の意志の協働は，ひとつの協働体系を希有制している．バーナードは，協働体系とは，「少なくとも一つの明確な目的のために二人以上の人々が協働することによって，特殊の体系的関係にある物的，生物的，個人的，社会的構成要素の複合体[3)]」と定義している．

協働システムという概念は，ひとつの目的のために多数の人間の協働からなるので，「法人[4)]」という理解を超え，資本家，経営者，管理者，従業員，関連するさまざまな集団や個人などを含んだ概念である．したがって，貢献者という概念も，上記のとおり拡張する．

### 3）公式組織

こうした多様な協働体系に一般的にみられ，共通に存在するような体系がある．これが「組織」なのである．ここからバーナードはこれを「公式組織」と呼び，「二人以上の人々の意識的に調整された活動や諸力の体系」と定義する[5)]．

組織を，「目的を達成するために作り上げられるもの（organization)」，としたら，先の協働システムで何を作り上げていかねばならないだろう．その答えは，「人びとの行為」であった．

## (3) 組織の成立

こうした組織は，相互に意思を伝達できる人びとがいて，彼らが行為を貢献しようという意欲をもち，共通目的の達成に向けて活動するようなときに成立する．すなわち，貢献意欲，共通目的，コミュニケーションが，組織の成立に必要な3つの要素なのである．

### 1）貢献意欲

組織を構成する要素は人間そのものではなく，人間の行動や行為，活動である．したがって，組織に貢献しようとする貢献意欲が必要である．

組織への貢献意欲は，「克己，人格的行動の自由の放棄，人格的行為の非人格化」による人びとの「努力の凝集」を生み出す．組織において人びとは，自分の好き嫌いや価値意識に従って行動するのではないという意味で「自己の行動の人格的統制を放棄する」ことになる．人びとはこのようにして個別の行為を組織へ貢献するのである．

貢献意欲は個人的な動機や欲求を満たすための欲求である．したがって，協働にともなう不利益や犠牲と，組織から期待できる誘因とを比較考量し，さらに他の協働の機会からえられる純満足と比較したうえで，協働する誘因がプラスになる時に貢献意欲は生じるのである．したがって，貢献意欲は，組織が提供する諸誘因がどれだけ個人の動機を満たしうるかに依存する[6)]．貢献意欲の確保のためには，組織は誘因≧貢献の均衡を維持しなくてはならない．

**2）共通目的**

組織には共通の目的が設定されなくてはならない．共通目的がなくては，個人の協働意欲は生まれないし，構成員はどのような努力が要求されているのか，また協働からどのような満足がえられるのかを知ることができないからである．さらに組織に貢献する諸個人によって共通目的は容認されるものでなくてはならない．目的が容認されるものでなくては，彼らの協働意欲は期待できない．

組織の共通目的は，協働に参加する個々人の観点からすると，協働的側面と，主観的側面とがある．目的の協働的側面とは，組織全体の立場から組織の利益としてとらえられ，個人の努力を差し向ける対象である．貢献者の主観的側面からみれば，組織の共通目的は個人にとっては直接的には何の意味ももたない．

前者は，組織の構成員として協働的行為の一端を担う個人であり「組織人格」の立場での見方であり，後者は「個人人格」の視点と理解される．したがって，組織目的と個人的動機は明らかに区別されるべきものである．

### 3）コミュニケーション

組織目的と貢献意欲をもつ人びとの行為とを目的達成への協働行為に結びつける過程がコミュニケーションである．コミュニケーションの過程を通じて，組織の共通目的が貢献する人びとに対して知らされ，さらに人びとが目的達成のためにどのような努力を貢献すべきかが指示される．

協働的行為の確保という点からすれば，中心的な問題は命令に従う個人の行動を期待できるかどうかということである．この場合，命令の「権威」が問題となるのである．

① 権威とは

権威とは，命令の性格である．権威によって，組織構成員は，命令を受け容れるのである．権威は，構成員が主観的に命令を権威あるものとして受容されている．この場合の命令の権威の源泉は，命令の受け手の権威への同意すなわち「受容」にあるのである．

また命令が上位の職位から発せられるため受容されるような場合は，これは「職位の権威」といえる．そしてまた職位に関係なく，優れた知識と理解力といったその人の能力ゆえに命令が受容されるような場合は「リーダーシップの権威」といえる．

② 権威の受容

権威受容[7)]条件は，受令者が，伝達された命令を理解できること，命令が意思決定に際して組織目的と矛盾しないと信じられること，意思決定に当たり，命令が自己の個人的利害と両立しうると信じること，精神的にも肉体的にも命令に従うことができること，である．これらが，同時に満足された時にはじめて，命令は権威あるものとして受容されるのである．

③ 無関心圏

命令の受容には個人の「無関心圏」が大きな役割を果たす．個人にとって受容可能な程度という点において，組織の命令は，明らかに受け容れられないもの，受容可能か不可能かの境界線上にあるもの，問題なく受け容れられるもの，に分類されるだろう．これらのうち，最後の命令が無関心圏内にある．無関心圏内においては，個人は命令の権威の問題について「無関心」であり，権威の有無を意識的に問うことなく命令を受容するのである．

### (4) 組織の存続

組織の存続は，「有効性」と「能率」に依存している．では以下に，この2つの概念と，能率に関わる誘因の概念を順にみていこう．

#### 1）有効性

有効性とは，組織目的を遂行する能力であり，組織的行為の適切さと環境条件に依存する．つまり，有効性は組織の最終目的を達成するために全体的な環境条件のもとで選択された手段が適切であるかどうかという手段選択の合理性の問題である．これは広義の技術の問題であり，科学技術のみならず，組織構造，儀式，会計処理システムなどの技術も含まれる．

したがって，組織全体の有効性の発揮には，さまざまな技術の総合，「効果的な目的達成手段としての技術の全連鎖を統制」することが必要となるのである．[8)]

#### 2）能　率

能率は組織に参加する個人の動機の満足に関係する．個人は組織に貢献する行為が自己の動機を満たす限りにおいて，その行為は「能率的である」と考えて組織への貢献を継続する．したがって，ここで問題となる能率は，いわゆる技術的な意味での能率ではなく，組織目的を達成するために必要な個人的貢献を確保し，維持するという問題である．貢献を維持するために使われるのは次にあげる誘因である．貢献は誘因と比較され，同等かそれ以上の時に均衡する．[9)]

#### 3）誘　因

誘因の提供という問題は2つの側面から考えることができる．それらは，

「誘因の方法」と「説得の方法」である.

①「誘因の方法」

誘因には，物質的誘因，個人的な機会，物的条件，理想の恩恵という個人に対して提供される特殊的誘因と，社会的結合の魅力，習慣や態度への適合，参加の機会，心的交流という一般的誘因がある.

誘因の方法としては，これらをどのように組み合わせて諸個人に提供するかが問題となる．だが，組織の存続に足る個人的貢献の確保には，物質的・経済的誘因（賃金など）のみではまったく不十分であり，技能の誇りや仕事の達成感，社会的結合といった非経済的誘因がきわめて重要となるのである.

②「説得の方法」

組織は，個人の協働的努力を確保するに十分な誘因を通常は提供しえない．そのために組織は，個人の心的状態，態度，動機を改変して，利用可能な客観的誘因を効果的にするという「説得の方法」を用いなくてはならない．個人の主観的態度の変容は，解雇の脅威による「強制的状態の創出」，協働の意義や利得をアピールする「機会の合理化」，教育や宣伝による「動機の教導」といった方法を通じて行われる.

### (5) 調　整

主として経営者，管理者の役割をバーナードは最終章にて力説する．ここではバーナードの主張を，技術的調整と価値的調整に分けて理解しよう.

#### 1）技術的調整

組織においてそのトップである経営者やミドルとロワーの管理者が重要な役割を担う存在であることは明らかである．しかしその役割とは一体どのような役割であろうか．バーナードによれば，経営者や管理者の基本的な役割は組織を継続的に活動させることであり，協働努力の体系を維持することである．すなわち，管理職能とは，①コミュニケーションのシステムを提供すること，②

組織に不可欠な個人的努力の確保を促進すること，③目的を定式化し規定することなのである.[10)]

① コミュニケーションのシステムの提供

これは管理職位と管理職員を結合することである．管理職位を規定することは組織構造を規定することである．組織構造は，手段目的や専門化，課業の割当に基づいており，組織内の活動の調整を表している．他方は，管理者の選抜と配置である．管理者には，忠誠心，責任感，組織人格による支配といった資質に加え，機敏さ，融通性，適応能力，勇気といった一般的な能力と習得した技術に基づく専門的能力が求められる．組織構造の展開にともない，管理者の選抜，昇進・降格，解雇といった「統制」の問題がコミュニケーション・システム維持の核心となってくる．

② 個人努力の確保

これは組織外の人びとを組織に引き寄せ協働関係に誘引すること，さらに組織に参加した彼らから貢献活動を引き出すことである．そのため，組織は宣伝活動等を通じて採用活動をし，また構成員から優れた努力，忠誠心，信頼性，責任感，熱意，成果を引き出し，確保しなければならない．したがってモラールの維持，誘因システムの維持，監督と統制，教育訓練が求められる．

③ 目的の細分化

組織目的は手段的目的へと細分化され，手段的目的と手段的活動は組織目的の達成へとつながる一連の継続的協働行為となるように時間的に調整されるとともに，職能的に専門化された単位組織に同時的に割り当てられる．組織におけるこうした無数の同時的・継続的行動を定式化し，再規定し，意思決定することである．つまり，最終的な組織目的を達成するために，下位の部門組織は何を目標としてどのような活動を遂行するのかを意思決定することである．この職能は，客観的権威の委譲を意味している．

### 2）価値的調整

上記の技術的な管理職能に加えて，バーナードは経営者の役割として「リーダーシップ」の重要性を強調した．組織の協働行為はその存続と永続性において元来不確実であるため，リーダーシップが必要となる．リーダーシップとは，共通理解という信念，成功するという信念，個人的動機が満たされるという信念，権威が確立しているという信念，個人目的よりも組織目的が優先するという信念を作り出し，個人の協働を鼓舞する力である．

経営者のリーダーシップの本質は「創造職能」にある．すなわち，こうした信念と組織の「道徳準則」の創造が経営者のリーダーシップの役割なのである．

貢献者にものの考え方を伝える創造職能を無事に達成するためには，２つの段階がある．第１段階は，経営者が個人の考えと（個人準則）と組織の考え方（組織準則）が一致していると本人自身が確信をもつことである．そして第２段階は，一致していると確信をもって貢献者とともに活動すること（リーダーシップ）である．この結果，経営者の確信をもった相互作用によって，貢献者は自らの確信を創造していく，と考えている[11]．

このようにバーナードが経営者に託した能力とは，「リーダーの外部から生ずる態度，理想，希望を反映しつつ，人々の意思を結合して，人々の直接目的やその時代を超える目的を果たさせるよう自らを駆り立てるリーダーの能力[12]」であった．

## 第２節　サイモンの組織理論

バーナードによって始まった近代組織論の流れはサイモンによってさらに展開をみることになる．そこで第２節ではサイモンの『経営行動』をとりあげることにする．サイモンは，組織のメカニズムの理解に力を注いだ．そして，バーナード同様に意思決定の観点から組織のメカニズムを解明しようとしている．

### (1) サイモンの組織理解

第1節で取り上げたように，人間社会で組織とは，目的に向け人間が結びつけられていることを含意する．この場合，たとえば集団という表現がすぐに想定される．たしかに社会学，社会心理学では，組織とは集団（集団の一形態）である．しかし，バーナード以降，人間行動のメカニズムに関心が移ると，人間の諸力や行動に注意が集中し，「人の働き（人間モデル）」としてとらえ，「組織」と考えるようになった．第2節の前半はこの組織と個人の取り扱いと意思決定の問題について述べる．

では初めにサイモンの組織定義からみていこう．サイモンは組織を，「人間集団内部でのコミュニケーションその他の関係の複雑なパターン」[13]であるとか，あるいは「集団行動のパターン」[14]と定義している．つまり，組織を形づける基礎単位は，集団を構成する個人の「行動」ということになる．この定義は，バーナードが行った公式組織の定義と基本的に同じである．さらに，組織に参加する，もしくは組織を形成する人びともまた，資本家であり，経営者であり，従業員であり，法人概念とは異なる点もバーナードと同様である．さまざまな集まった人びとが組織目的に努力を集結させるときに，集団行動のパターンが生じるのである．

### (2) 意思決定の過程

バーナードによって生じた概念である意思決定は，このサイモンによって精緻化されることになる．意思決定という概念は行動に先立つ判断，考慮，選択などといった行為を総称するものである．

サイモンはさらに，意思決定には判断の前提となるものがあるとし，これを「決定前提」という概念で説明している．個人の行動は組織との相互作用の中で，この決定前提に影響を受けることで「集団行動のパターン」となるのである．したがって，前提を含めた意思決定こそが，組織現象を理解する際に重要な貢献をすることになった．

では以下に，これらを詳細にみておこう．

### 1）行為に導く選択のプロセス

意思決定とは，「行為に導く選択の過程」[15]である．意思決定の過程とは，多くの物理的に代替可能な行為の選択肢のうちから，実際にとられるひとつの行為へと絞り込む過程である．

意思決定過程は，個人の場合にも組織の場合にも存在するが，多くの人間行動は合目的的であり，目的志向的であると自分自身を理解することがある．しかし，組織における人間行動は個人である場合に比べはるかに目的志向的であると思われる．

### 2）意思決定における２種類の選択

さて，サイモンによれば，人間の意思決定過程は目的の選択と，その目的を達成するに適切な行動の選択という２種類の決定である，と考えられる．ところが，人間の意思決定は常に単独の独立した決定として完結するわけではなく．ある時点において選択される目的は，その人間にとってのより大きな目的や最終的な目的を達成するための手段として位置づけられるだろう．そのような場合，選択される目的は，より大きな高次元の目的達成の中間目的であり，手段的目的となる．したがって，人間の意思決定は目的一手段の連鎖を形成する連続的意思決定ということになる．

上記のように，人間の意思決定を目的一手段の連鎖を形成する連続的決定として理解するならば，これらの意思決定には２つの判断が含まれることになる．これらは，最終的な目的の選択につながる「価値判断」と，最終的な目的を達成するための手段の選択を意味する「事実判断」である．

### 3）サイモンの科学的分析

サイモンは組織の理解を科学的に行うことが，古典的な理解に対する発展と考えていた．したがって，サイモンの研究の柱である意思決定過程に関しても，きわめて客観性が高いものが求められたことは容易に理解できよう．

２つの判断をみると，事実的前提は経験的検証が可能であり，それゆえ「科学的」分析に堪えうる．しかし価値前提の問題は同じようには行かない．価値前提の問題は価値判断の問題であるため経験的検証は不可能となろう．

### 4）意思決定におけるサイモンの特徴

価値判断は，サイモンの科学的な態度からすると問題が残った．そこでサイモンはこの価値前提を与件と考えることにした．

すでにみたように，いかなる意思決定も価値的要素を含むものであるが，価値的要素のみによって現実の意思決定過程が構成されるわけではない．すなわち，「目的を達成するためにとる手段が適切な手段かどうか」という事実的な問題を含んでいる．目的が与えられれば，その決定が適切であったかどうかを評価することができる．意思決定において評価されるのは，「決定それ自体ではなく，決定とその目的との間に存在を仮定される純粋に事実的な関係」である[16]．

価値判断が与件とされたことで，サイモンの意思決定の過程は客観性を貫徹させ，科学的性格をもつことになった．そして同時に，目的の選択まで含んだ概念として把握されているバーナードの意思決定概念とは異なる概念として発展を遂げることになるのである．

## (3) 限定合理性と経営人

サイモンにおける独自性は，意思決定の問題を目的に対する手段選択として「合理性」の観点からとらえなおした点にある．すなわち，経済人として経済モデルに登場する人間のもつ「合理性」は現実にはありえないこと，関連して，実態としての組織が意味をもちえるのはなぜなのか，ということである．

### 1）客観的合理性

サイモンの標的は経済モデルに登場する，現実にはありえない全知全能の経済人であった．全知全能の経済人の行動とは「客観的な合理性」をもった行動なのである．それは次のようなものである．

客観的に合理的な意思決定を行うには，①意思決定にさきだち，パノラマのように代替的選択肢を概観できること，②各選択肢によって生ずる複雑な諸結果のすべてを考慮すること，③すべての代替的選択肢からひとつの行動を選択できる基準としての価値体系を備えていること，さらに，これらによって自己の行動を統合されたパターンへと作り上げることが必要となる.[17)]

こうして，新古典派経済学において人間は，自己の効用を極大化するために合理的に行動する存在として仮定されている．人間がここで仮定されているような「経済人」であるならば，自分にとって最適な行動，すなわち，客観的に合理的な行動を選択することができるだろう．

### 2）サイモンの現実の人間

すでに述べたように，サイモンの考える現実は，客観的に合理的な行動を選択する経済人とは異なるものであった．では，どのような点で異なると考えるか，次にみてみよう．

① 客観的合理性に至らない理由：知識の不完全性

人間が現実に選択する行動は次のような理由から，客観的な合理性に及ばない．人間の知識は不完全である．客観的合理性は各選択による諸結果についての完全な知識と予測を必要とする．しかし，現実の人間は自己の行為を取り巻く状態についての部分的な知識以上のものはもたない．さらに現在の環境に関してもっている知識から将来の結果を導き出すことを可能にする規則性や法則についてもわずかばかりの洞察以上のものをもちあわせない.[18)] したがって，人間は「限られた数の変数と限られた範囲の結果のみを含んでいる閉鎖された体系を，他の世界から分離すること」によって，限定された情報から自己を取り巻く現実世界を設定することによって，主観的な合理性を達成しうるに過ぎない．
② 客観的合理性に至らない理由：予測不可能性

人間は選択の結果を予測しようとしても，そうした結果は将来の事態であるため完全に予測することは不可能であり，そうした諸結果を評価し，価値づけるうえで想像によって経験の不足を補わなければならない．しかも選択の結果が完全に記述されうる場合でも，結果の予測が実際の結果と同等の強度で感情に働きかけることはほとんどない．過去に失敗の経験があるような場合，別の場面においても，そうした失敗がどれだけの確立で生起するかを予測するよりもむしろ失敗を回避しようとする欲求が強化される[19)]．

③ 客観的合理性に至らない理由：代替案の列挙不能

客観的に合理的な行動を選択するには，すべての可能な代替的行動を列挙することが必要となるが，人間はすべての代替的選択肢を一度に想起することはできない．実際には可能な代替的行動のうちのほんのわずかしか思い起こすことはできない．物理的・生物学的限界によって制約された存在である人間は，たとえ数多くの代替的な選択肢を記憶していたとしても，可能な代替的行動のすべてを考えつくすほどの想像力も処理能力ももちあわせていないのである[20)]．

### 3）限定合理性と満足化基準

現実の人間の意思決定は「限定合理性（bounded rationality）」をもつにとどまるのである．しかし，人間の意思決定が限定合理性に基づくものであると主張することは，人間が合理的に意思決定できないということを意味するものではない．むしろ人間は合理的であるように意図するが，限られた範囲でのみ合理的であるような存在なのである．

限定された合理性をもつにすぎない人間は，自分の価値や効用を極大化する知力をもたないために，意思決定の基準として最適化基準を採用することはできない．彼の採用する意思決定の基準は「満足できるか否か」である．限定合理性に基づく意思決定の基準は，「満足できる」，「十分良いと思う」行為を選択することなのである．サイモンはこれを「満足化基準」または「満足化原理」と呼んだ．

#### 4）サイモンにおける組織の人間モデル

組織における人間モデルをみてみよう．サイモンは，完全合理性をもち最適化基準によって意思決定する「経済人：economic man」モデルに代わって，限定合理性を備え，それゆえ満足化基準によって意思決定し，しかも政策的決定ではなく行政的決定を行う人間という「経営人：administrative man」モデルを提示した．サイモンの組織理論は，こうした組織の人間モデルを基礎に展開されているのである．

具体的には，限定合理的であることを知っているので，組織に参加し，組織の目的を与件として受け入れる行政的な意思決定を行う「経営人 adoministrative man」モデルである．しかしながら個人はさまざまな動機をもち，選択を行っている．こうした個人をどのように集団に参加させ集団の行動のパターンとなすか．このことに関してサイモンは組織均衡の考え方を示している．

### (4) 組織均衡

組織は人間の合理性の限界を克服する手段である．このことが意味をもつのは，理論的には，個人が限界（合理性の制約）を認識し，克服を求める場合であるとともに，その克服の代替案が組織への参加に見出される場合である．

ではどのようにして，組織は個人を集団に参加させ，かつ組織の目的を受容させるのであろうか．最後のこの項では，この問題を，「組織影響力」と「組織への参加」という概念で説明する．

#### 1）組織の影響力

個人の行動を組織が集団行動のパターンとするために，個人の意思決定に影響を及ぼすいくつか要因を分析している．

組織は個人的意思決定に対して影響力を行使するために，さまざまなメカニズムを備えている．これらを用い一価値前提と事実的前提から結論を引き出す過程である．したがって，組織によって個人の意思決定が決定されてるわけでない．個人の意思決定の基礎である決定前提が組織によって決定されることを意味するのである．[21)]

このようなメカニズムは「組織影響のメカニズム」と呼ばれている．これらには以下のような５つの要素が含まれているが，これらは個人のもつ制約の克服を可能とするものばかりである．

① 専門化：専門化による「意識の集中」，統合された「合理性」の確保．

② 標準的手続：手続きの特定化で「手続き選択の煩雑さ回避」が可能で，合理的方法で熟練を移動．

③ 権限関係：権限と影響の制度を作り，意思決定を伝える．また，公式の助言の機能を割り当てたりする．

④ コミュニケーション：意思決定を行うのに必要な情報は公式非公式のコミュニケーションで得られる．

⑤ 組織構成員の教育と訓練：組織の「内面化」．組織が求めている決定を彼ができるように知識，技能，一体化を獲得する．

### 2）組織への参加

個人はおのおのの個人的動機をもっている．個人は組織における活動が，彼の個人的動機や目標に直接あるいは間接的に貢献するような場合にその組織へ参加するのである．個人は経済的な誘因以外に組織の目標そのものを誘因として与えられている．[22)]

サイモンによれば，組織へ参加する動機は以下の３つがある．①組織日標の達成から直接えられる個人的報酬，②組織の規模と成長に密接に関係する個人的誘因であり，③組織によって提供されるが，組織の規模と成長には関係のない個人的報酬である．一般的に，組織はこうした異なる動機をもつ個人の集団によって構成されているのである．

また貢献は，教会の信者やボランティア組織のメンバーのように，組織の目標が参加者である個人にとって直接的な個人的価値をもっている場合には，個人の貢献は直接的である．また，組織が，個人の組織への貢献意欲の代償として，彼らに貨幣その他の個人的な報酬を提供する場合には，その貢献は間接的である．

直接的であれ間接的であれ，組織の参加者は組織が彼らに提供する誘因とひきかえに組織に貢献している．したがって，組織に参加する個人や集団による貢献の合計が，必要な量と種類の誘因を提供するために，その量と種類において十分であるならばその組織は存続し成長する．しかしそうでなければ，組織の「均衡」は達成されず，組織は縮小し，ついには消滅してしまうのである．

**注**

1）バーナード，C. I.著（山本安次郎・田杉競・飯野春樹訳）『新訳経営者の役割』ダイヤモンド社，1968年，p. 13
2）同上訳書，p. 24
3）同上訳書，p. 67
4）法人とは，一定目的のために集まった人間の集団や財産について，権利能力（法人格）を認められ，その及ぶ範囲を法的に規定されたもの．
5）同上訳書，p. 76
6）同上訳書，pp. 87–89
7）権限受容説：権限のあり方を説明するひとつ．上位の権限は受け取られてはじめて発生する，というもの．他に，権限法定説（究極には法的に私有財産制度が認められていることから上位者に権限が既にある）等がある．
8）同上訳書，pp. 246–248
9）同上訳書，pp. 148–160
10）同上訳書，pp. 226–229
11）同上訳書，p. 294
12）同上訳書，p. 295
13）サイモン，H. A. 著（松田武彦・高柳暁・二村敏子訳）『経営行動』ダイヤモンド社，1989年，p. 15

14）同上訳書，p. 127
15）同上訳書，p. 3
16）同上訳書，p. 60
17）同上訳書，p. 102
18）同上訳書，p. 103
19）同上訳書，p. 106
20）同上訳書，p. 107
21）同上訳書，p. 159
22）同上訳書，pp. 142-144

**参考文献**

飯野春樹『バーナード組織論研究』文眞堂，1992年
車戸實『経営管理過程論』八千代出版，1980年
車戸實編『経営管理の思想家たち』ダイヤモンド社，1974年
経営学史学会編『経営学史事典』文眞堂，2002年
サイモン，H. A. 著（松田武彦・高柳暁・二村敏子訳）『経営行動』ダイヤモンド社，1989年
高巌『H. A. サイモン研究』文眞堂，1995年
角野信夫『アメリカ経営組織論』文眞堂，1995年
バーナード，C. I. 著（山本安次郎・田杉競・飯野春樹訳）『新訳　経営者の役割』ダイヤモンド社，1968年
レン，D. A. 著（車戸實監訳）『現代経営管理思想：その進化と系譜（上・下）』マグロウヒル好学社，1982年

# 第13章

# 経営組織の基本形態

企業規模の拡大化および企業の外部・内部環境の変化に伴い，現代企業においては，ライン組織，ファンクショナル組織，ライン・アンド・スタッフ組織といった経営組織の基本形態を組み合わせ発展させた形態である職能部門別組織，事業部制組織，カンパニー制組織などの経営組織構造が形成されている．

本章では，経営組織構造の原型となっている経営組織の基本形態であるライン組織，ファンクショナル組織，ライン・アンド・スタッフ組織のそれぞれの特徴について検討する．

経営組織の基本形態を検討するにあたって，あらゆる組織体に共通する組織の概念，経営組織理論の基本理論，組織原則および権限の源泉について検討したうえで，経営組織の３つの基本形態の特徴について述べることにする．

## 第１節 組織の概念

組織には，国家，病院，学校，軍隊，教会，企業などあらゆる組織体がある．われわれは，生涯を通してこのようなさまざまな組織と関わりをもって生活しており，組織はわれわれの生活に必要不可欠なものである．組織は大きく分けて宗教組織，政治組織，産業組織，その他の社会組織があるが，経営学においては，産業組織を代表する経営組織である企業という組織が研究対象となる．

組織は協働体系（cooperative system）である．協働体系とは，明確な目的のために２人以上の人びとが協働する体系を指す．協働とは，個人にとっての制約を克服する手段である．人びとが協働する理由は，１人の生理的才能や能力および環境の物的要因によって生じるさまざまな制約が原因で特定の目的を達成することができない場合，協働を通してその制約を克服し，特定の目的を達成するためである．これは，人びとが組織を形成する理由でもある．つまり，組織とは，１人では達成できない組織の共通目的を達成するために人びとが集まり，協働する体系を意味する．

## 第２節 経営組織の基本理論

経営組織理論は20世紀から考察されるようになり，テイラー（Taylor, F. W.）の科学的管理論，ファヨール（Fayol, H.）の管理過程論による組織論である古典的組織論から人間関係論による組織論である新古典的組織論へ展開され，バーナードによる近代組織論からコンティンジェンシー理論へ展開されてきている．

### (1) 古典的組織論

古典的組織論は伝統的組織論ともいわれ，ウェーバー（Weber, M., 1922）の官僚制論が代表的である．

官僚制理論はウェーバーによって体系化され，この官僚制理論から組織の構造および機能分析につながっている．ウェーバーは，近代社会の最大なる特徴は合理化であるとし，日常的に事務処理を効率的に行うことによる合理的な支配を官僚制と定義している．その特質として，組織の明確な規則に基づき，経営階層システム（ヒエラルキー）上の明確な責任と権限の原則のもとに，公私を区別し，専門的な知識を生かすことで，合理性を追求したのである．

テイラーの『科学的管理法』(1911)，ファヨールの『産業並びに一般の管理』(1916) も代表的な古典的組織論としてあげられる．

テイラーは，労働者の組織的怠業を排除するために，時間研究および動作研究を通じ，作業の標準を決め，課業（１人当たり一日の標準作業量）を設定し，科学的方法として作業を管理する課業管理を提起した．公正な標準作業量は差別出来高払制（a piece rate system）の基礎となっている．また，課業管理を実行するうえで，計画機能と執行機能を明確に分離し，職長の仕事を専門的分化させる「職能的職長制度」（functional foremanship）いわゆる職能組織を取り入れるなど科学的管理システムを構築し，生産性の向上に貢献している．

ファヨールは，「経営」と「管理」を明確に区分している．「経営することは，企業の目的を達成するように事業を運営することであり，六つの職能の進行を確保することである．管理とは，経営がその進行を確保せねばならない六つの職能の一つにすぎないのである[1)]」と指摘している．6つの職能は，技術的活動，商業的活動，財務的活動，保全的活動，会計的活動，管理的活動である．管理的活動は，計画化，組織化，命令，調整，統制するといった過程を指す．また，経営管理の科学的原理・原則について，分業の原理，権限と責任の原理，規律の原則，命令一元化の原則，指揮統一の原則，個人的利益の一般的利益への従属の原則，報酬の原則，集中の原則，階層の原則，秩序の原則，公正の原則，従業員安定の原則，創意力の原則，従業員団結の原則と14の経営管理原則を確立している[2)]．この組織原則は，組織構造の編成に今もなお，応用されている．

### (2) 新古典的組織論

古典的な組織論においては，人間観は，機能人（functional man）または経済人（economic man）であった．機能人とは，課業に適合した人間を配置し，管理者が命令を下せば組織が有効に稼動するという人間観であり，経済人とは，賃金などの経済的誘因と生産能率との間に単純な正の関係があるという人間観をいう．古典的組織論の人間仮説と組織観を批判し，それに代わる理論を提唱したのは，1930年代以後の新古典的組織論（人間関係論[3)]）である．人間関係論は，テイラーの科学的管理法とは対照的に，労働者の心理的側面を強調し，人間の合理的な側面よりも非合理的な側面を重視している．

人間関係論は，ホーソン実験を通じて，メーヨー（Mayo, E., 1933）とレスリスバーガー（Roethlisberger, F. J., 1942）によって提示されている．人間関係論は従来の機能人，経済人としての人間観に代わり，心的感情や心的態度に影響される社会人（social man）仮説の人間観が提示された．

ホーソン実験は，米ハーバード大学研究グループがシカゴにあるウェスタン・エレクトリック社のホーソン工場で，1924年11月から1932年5月まで，照明実験（1924～27），継電器（リレー）（1927～32）の組み立て実験，面接実験（1928～30），バンク配線実験（1931～32）と8年間に及んだ実験である[4)]．これらの実験の結果により，組織内で働く作業員の作業能率に影響をもたらす要因は，物的要因よりも心的要因が大きいことを指摘している．また，作業員は個人よりも集団の一員として感情や作業員の仲間との間に自然に発生する人間関係（非公式組織）が存在し，経営組織には，公式組織だけではなく，自然発生的に形成される非公式組織（人間関係）が，作業能率の向上に大きな影響を及ぼすと指摘している．

### (3) 近代組織論

人間の社会的側面を重視した人間関係論から，「組織と個人」に焦点を当て，人間の行動の側面を重視する近代組織論は，組織を意思決定のシステムとしてとらえている．経営組織の行動を意思決定によって把握する個人と組織の均衡を目的とした組織理論が近代組織論であり，行動科学的組織論ともいわれ，その代表的な研究がバーナードの組織均衡論（Barnard, C. I., 1938），サイモンの意思決定論（Simon, H. A., 1976）である．

バーナードは，「協働体系とは，少なくとも一つの明確な目的のために二人以上の人々が協働することによって，特殊の体系的関係にある物的，生物的，個人的，社会的構成要素の複合体である」と述べ，組織とは，「二人以上の人々の協働に含まれている体系」であり，公式組織（formal organization）とは，「二人以上の人々の意識的に調整された人間の活動や諸力の体系」と定義している[5].

また，組織の成立に必要な3つの基本要素として，組織の共通の目的を達成するために組織に協働する意欲である「貢献（協働）意欲（willing to serve)」と個人が果たすべき非人格的で客観的な組織目的である「共通目的（common purpose)」と共通目的と貢献意欲を結び付けるために貢献意欲をもつ構成員に情報を連絡・指示するものである「伝達（communication)」を挙げ，組織成立の3要素の中でも，とりわけ，伝達は多くの組織において重要な要素であると述べている[6]．さらに，組織が存続するためには，組織目的の達成の度合いを示す有効性（effectiveness）と個人的動機の満足の度合いを示す能率（efficiency）が必要な要件であるとし，この有効性と能率を確保することが管理職能であり，リーダーシップの良否に依存すると述べている.

バーナードは，組織の3つの基本要素で構成される公式組織以外に，共通目的をもたないが，貢献意欲あるいは伝達だけで構成される集団の連結である非公式組織の存在も指摘し，非公式組織は公式組織の運営に必要であると述べ，非公式組織の重要性にも触れている.

誘因（incentive）と貢献のバランスを図り，組織メンバーの貢献意欲を高め，組織を存続させるというバーナードの組織均衡論を引き継いだサイモンは，組織における人間行動，とくに，意思決定の観点から組織の仕組みの解明に接近した.

意思決定の前提には，事実前提（factual premises）と価値前提（value premises）がある．前者は，経験的検証が可能な事実命題であり，後者は経験的検証が不可能な価値的命題に関連するものであるとし，サイモンの意思決定の分析は，科学的分析が対象とするものとして事実前提を合理的手段の選択問題として提示している[7].

サイモンによると，意思決定とは「行為に導く選択の過程[8]」であり，合理的な意思決定は，限られた手段で最大の満足を得ることである．すなわち，人間は知識の不完全性，予測の不完全性，行動の可能性の限定性といった制約的な状況の中で，満足できるか否かを基準として意思決定（選択）をするのである．

伝統的な組織論においての完全合理性を前提とする最適化を追求する経済人モデルに対して，人間は完全な情報，知識などを得ることができず，制約された合理性（bounded rationality）を前提にする満足化意思決定によって，主観的な合理性を追求し，行動をとると考え，現実的なモデルとして経営人（administrative man）モデルを提示した．

### (4) コンティンジェンシー理論

コンティンジェント（contingent）とは，偶然の，不慮の，不確かなといった意味であるが，経営学においては，「条件適応的」と訳され，一般的に使われている．

外部環境と組織行動に関連する代表的な研究がローレンスとローシュ（Lawrence & Lorsch, 1967）のコンティンジェンシー理論（contingency theory）であり，条件適応理論または環境適応理論ともいわれている．

ローレンスとローシュは，組織の理論は，あらゆる状況に適応できる組織化の唯一最善の方法（only one best way）を求めようとしているが，対処すべき環境条件が異なると組織の種類も異なってくると仮定し，環境変化が激しいプラスチック産業，食品産業，容器産業を対象に分化，統合，コンフリクト解決の概念との関係について実証研究を行った．その結果，「組織内部における分化と統合の状態，コンフリクト解決のプロセスが外部の要求条件に適合していれば，その組織はその環境に効果的に対処できるであろう[9)]」と結論づけている．つまり，組織の内部状態，プロセス，外部環境がそれぞれ異なるため，組織化のための唯一最善の方法はなく，環境が変わると効果的な対処方法も変わるという組織に対する考え方をコンティンジェンシー理論として位置づけている．

## 第3節 組織原則と権限の源泉

前述したように，組織は協働体系であり，協働が有効に行われるためには，分業（division of labor）と分業した仕事の調整（coordination）が必要である．分業によって仕事が単純化および専門化され仕事の効率が高まり，分業した仕事の間を調整することによって組織全体の分業の効率をさらに高めることができる．組織構造（organization structure）は，組織目的を有効に達成するために，組織の中でどのように分業し，それをどう調整するかについての基本的な枠組みであると言えよう．組織構造の基本的な枠組みの骨格ともいえる分業と調整の体系を補完するさまざまな仕組みや行動として組織原則が必要になる．

### (1) 組織原則

古典的（伝統的）組織論によると，組織構造の形成や組織編成のために組織構成員に共通に適用される基本的な規則である原則を組織原則あるいは管理原則といい，これらの原則は組織構造や組織編成の指針として用いられている．

組織原則は，ファヨールをはじめ，ムーニーとレイリー（Mooney, J. D. & A. C. Reiley），ニューマン（Newman, W. H.），クーンツとオドンネル（Koontz, H. & C. O'Donnell）などによって提示されている．その代表的な原則は，以下のとおりである．

① 専門化（分業）の原則（principle of specialization）

各組織構成員が担当する職務（job）を部門別に分け，各組織構成員はひとつの職務を専門的に担当するという原則である．組織構成員がひとつの職務を担当することによってその職務に関連する専門的知識や技術の蓄積が容易になり，組織の効率化が進む．

② 命令一元化の原則（principle of unity of control）

各組織構成員は，特定の1人の管理者から命令を受けるという原則である．特定の1人の管理者から命令を受けることによって組織の秩序を維持し，組織の命令系統の混乱を防ぐことができる．

③ 権限と責任の原則（principle of authority and responsibility）

各組織構成員が有する権限と責任は，組織構成員が有する権限に見合った責任を伴うという原則である．その権限と責任は各組織構成員が担当する職務に相応するものでなければならず，権限と責任と職務は，職務を通じて三位一体の関係にある．

④ 統制（監督）範囲適正化の原則（priniciple of span of control）

１人の管理者が統制できる適正な範囲は限られているという原則である．１人の管理者の統制範囲（部下の数）を適正な範囲にすることによって部下の管理を直接的，有効的に管理することができる．

一般的に，１人の管理者が適正に統制できる作業担当の部下の数は15人程度であり，１人の管理者が監督できる管理担当の部下の数は４人程度であると言われている．

統制範囲に影響を及ぼす諸要素には，職務の内容，部下の能力，コミュニケーションの難易，スタッフの利用，成果の測定手段の有無などがあり，これらを考慮し統制範囲の幅を調整する必要がある．たとえば，部下の職務内容が単純で反復的なものである場合，部下の能力が優れている場合，コミュニケーションが容易である場合，管理者にスタッフがついている場合，部下の諸活動の成果を測定できる有効な手段がある場合は，部下の指導や調整の必要性やそれにかかる時間が短縮されるため，統制の範囲が広くなる．一方，部下の仕事が複雑なものである場合，部下の能力や経験が乏しい場合，コミュニケーションが困難である場合，部下の諸活動の成果を測定できる有効な手段がない場合は，部下の指導や調整が困難になるため，統制の範囲が狭くなる．また，組織の管理階層が上位になればなるほど，統制の範囲は狭くなる傾向にある．

⑤ 例外（権限移譲）の原則（principle of exception）

上位者は日常的・反復的な業務（ルーティン）に関する権限を下位者に委

譲し，例外的な業務に専念すべきであるという原則である．上位者が下位者に権限を委譲することによって上位者の諸活動の負担が軽減され，上位者は長期的視野にたって戦略的意思決定活動に専念することができる．企業の規模が大きくなればなるほど，日常的・反復的業務の権限と責任が下位者に委譲される．

### (2) 権限の源泉

経営組織は，組織目的を達成するために組織原則に基づき，企業活動に必要な職務を各組織構成員に割り当てて，職務相互間の関係を規定し，効率的な協働を確保しようとするものである．各組織構成員に割り当てられる仕事を指す職務には権限と責任が伴う．組織の明確な規則の骨格ともいえる職務，権限，責任の概念は，組織を理解するために重要な概念である．責任とは職位に割り当てられた仕事そのものであり，職務を遂行する義務を指す．すなわち，任せられた仕事を責任もって成し遂げるということを意味する．権限とは，職務を遂行する際に公式に認められた力を指し，職位（position）とは，職務の遂行に必要な権限と責任が割り当てられた組織上の地位を指す．

前述したように，組織において権限は，決定された経営方針を実現するため，部下をこの決定に従わせることが認められている力である．このような権限の源泉は，経営組織のとらえ方によって異なってくる．権限の源泉のとらえ方にはいくつかの説があり，その中でも権限法定説，権限受容説，権限職能説がよく知られている学説である[10]．

① クーンツとオドンネルによる権限法定説（formal theory）

権限は上位者から下位者に与えられて発生するという考え方である．企業の場合は，私有財産制度に基づく法的な力であり，上司から部下に委譲される権限である．例えば，課長の権限は部長からその権限を移譲され，部長は社長から，社長は取締役会から，取締役会は株主から，株主の権限は法律に基づく私有財産制度によって与えられている．資本主義体制の社会における企業の権限の源泉は私有財産制度にあるという説であり，これまで広く支持されている見解である．

② バーナードによる権限受容説（acceptance theory）

受令者（下位者）が発令者（上位者）の命令的な伝達を受け入れてはじめて権限として認められるという考え方である．バーナードは，権限は公式組織における伝達（命令）の性格を持っているとし，組織構成員がその伝達を構成員自身の貢献行為を支配し，決定するものとして受容するものを権限としてとらえている．権限には主観的側面と客観的側面と２つの側面がある．主観的な側面は伝達を権威あるものとして受容することであり，客観的側面は伝達が受容される伝達そのものの性格である．発令者の伝達が受令者に受け入れられるとその伝達は権限を有することになる．つまり，権限の源泉は受令者の同意や受容にある．伝達が権限も持つかどうかという意思決定は，発令者の側にあるものではなく，受令者の側にある．

③ フォレット（Follet, M. P.）による権限職能説（functional theory）

組織における職能を中心とする考え方である．権限を組織内で職能を公式に遂行することができる権利および力ととらえ，権限は職能に基づいて規定されるという．つまり，権限の源泉は，職能そのものにあるという考え方である．

## 第４節 経営組織の３つの基本形態

経営組織の基本形態には，ライン組織，ファンクショナル組織，ライン・アンド・スタッフ組織と３つの組織形態がある．

### (1) ライン組織（line organization）

ライン組織は，１人の上司が直属の部下に命令・指示する単純で最も基本的な組織構造であり，直系組織あるいは古い軍隊式組織（military organization）

とも呼ばれる．ライン組織は，組織原則のうち，２人以上の上司から命令を受けないという命令一元化の原則および統制範囲適正化の原則に基づいている．

ライン組織の特徴は，命令・指示が一元化しており，命令系統が明確であるため，命令が迅速に伝わる．また，権限および責任の所在が明確で，組織の秩序が保たれやすい．その反面，命令・指示を行う上司は，直属の部下の業務執行に対して全面的な責任を負うため負担が大きく，組織の規模が大きくなって階層が多くなると上下のコミュニケーションに時間がかかる．また，部門間の横のコミュニケーションにおいても情報がいったん上位者に伝達されてから下位者に伝わるために時間のロスが生じる．

### (2) ファンクショナル組織（functional organization）

ファンクショナル組織は，管理者の負担が大きいというライン組織の欠点を克服しようとする組織形態であり，職能組織ともいわれ，テイラーの職能別職長制度に基づく組織である．職能別職長制度とは，必要な職能を８つの職能別に分割し，それぞれ専門的職能を１人の職長に担当させ，職能別に専門の管理者をおき，１人の管理者は１つの職能のみを担当し，従業員は職能ごとに異なる管理者の指示や命令を受ける制度である．すなわち，複数の上司が自分の担当する管理分野の傘下にある部下に命令・指示する組織構造である．ファンクショナル組織は，組織原則のうち，職能別に部門化（departmentation）を行う専門化の原則に基づいている．

ファンクショナル組織の特徴は，上司は自分の専門分野に限って部下に命令・指示を行い管理するため，上司の負担が軽減されるとともに部下の職務の専門能力の向上が容易である．その反面，命令一元化の原則に反し，部下は複数の上司によって命令・指示されるため，どの命令に優先的に従うべきか矛盾する命令を受けた場合もどの命令に従うべきか判断が困難になる．また，責任者の所在が不明確になりやすく，上司の間の意見が対立した場合は調整が難しい．

テイラーが提唱した職能的職長制度は，このような短所から現代企業形態に浸透しなかったものの，その原理は現代企業の職能部門別組織（functional division organization）の原型となっている．

職能部門別組織とは，財務，会計，製造，販売，人事，会計などのようにいわゆる職能ごとに分け，職能別・部門別に組織化された組織である．主に中小企業において多くみられるが，多角化されていない単一事業型の大企業においても多く採用されている組織形態である．

職能別組織の特徴は，職能別に分業化されており，各部門の専門的知識やノウハウなどの蓄積が容易になるため，各部門は効率的な活動ができる．その反面，権限が組織の上層部に集中される集権的組織であるため，多くの権限が組織のトップに集中されており，そのトップがすべての部門を管理・調整しなければならず，経営戦略の策定や企業全般の経営活動が疎かになってしまう．また，部門間の業績評価基準が異なるため，部門別の業績評価が困難である．

### (3) ライン・アンド・スタッフ組織（line and staff organization）

ライン・アンド・スタッフ組織は，権限および責任の所在が明確で，組織の秩序が保たれやすいというライン組織の長所と上司の負担の軽減と部下の職務の専門能力の向上が容易であるというファンクショナル組織の長所を総合的に生かした組織形態である．

企業の規模が大きくなり，職能の専門化および高度化が進行するとトップ・マネジメントの経営能力だけでは経営にかかわる専門的な知識をすべて備えることが不可能になる．そこで，企業経営に必要な法律，会計，技術，情報などの専門領域の能力や知識を持つスタッフ部門を設置し，そのスタッフがトップ・マネジメントに助言・助力することによってトップ・マネジメントの経営活動の遂行を助けることになる．このように決定・執行機能を遂行するライン組織に専門的知識・経験をもとに助言・助力するスタッフ部門を付け加えた組織をライン・アンド・スタッフ組織という．

集団を動かすために最も良い方法は，考える部分と実行する部分とをうまく組み合わせて運用する方法であり，この典型的なものが軍隊で生まれ，現在多くの企業が取り入れているライン（実行する部分）とスタッフ（考える部分）である.[11]

ラインとスタッフは，職能的側面と保持する権限の側面と2つの側面において区別することができる.[12] まず，職能的側面から見ると，ラインは，経営活動において欠くことのできない基本的な職能，すなわち，企業目的を達成していくうえでの直接的執行活動を意味する．スタッフは直接的執行活動であるラインを側面から援助する職能であるため，間接的援助促進職能であり，スタッフの職能はラインに対して助言・助力することであって執行職能ではない．次に，保持する権限の側面からみると，ラインは経営組織の大規模化・複雑化にともない経営活動における基本的職能の垂直的分化から管理職能と作業職能に分化され，構成される階層体系であるため，上下の縦の間で命令し，指揮し，決定するといった直接的な権限を有している．スタッフは，ラインに対して助言・助力する促進的職能であり，ラインのように命令し，指揮し，決定するといった直接的な権限は有していない.

スタッフの種類は，助言・助力の対象や内容の違いによって以下の3つの類型に分けられる．①トップ・マネジメント職能について補助する企画室，管理室などのゼネラル・スタッフと，②経理，総務，人事などの特定の専門の職能について助言・助力する経理部，総務部，人事部などの専門スタッフ（special staff）と，③特定の管理者を補佐する個人的スタッフがある.

軍隊の参謀本部制に由来するゼネラル・スタッフは，企業の全般的な計画，組織，統制，調整並びに戦略決定などのトップ・マネジメントの全般的管理（general management）を援助する職能をもつ部門であり，管理スタッフ，戦略スタッフとも呼ばれる.

スタッフ部門の起源は，1860年代にプロシア（Prussia）将軍のフォン・モルトケ（von Moltke）が採用した参謀本部（general staff）制度という軍隊組織にさ

**図表13-1　経営組織の基本形態モデル**

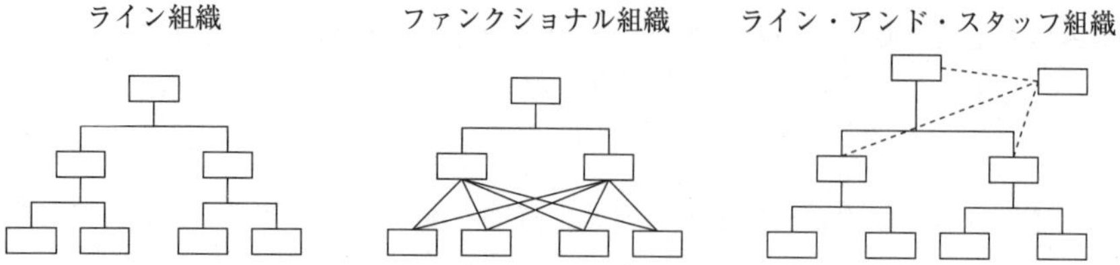

ライン組織　ファンクショナル組織　ライン・アンド・スタッフ組織

出所）菊池敏夫（2006）より，筆者作成

かのぼることができる[13]．モルトケは，ビスマルク首相の下で，陸軍の組織改革を計画し，陸軍に各方面の専門家で構成する参謀本部を設置し，軍事計画を参謀本部に集中させ，参謀本部のメンバーに軍事上必要な専門的事項をすべて研究させた．参謀本部の制度によってプロシア陸軍は数多くの戦争に勝つという大きな成果をあげた．この参謀本部制を経営学者であるエマーソン（Emerson, H.）が企業組織形態に適用し，活用されるようになった．

ライン・アンド・スタッフ組織は，組織原則のうち，命令一元化の原則および専門化の原則に基づいており，現代の大企業において広く採用されている組織形態である．

ライン・アンド・スタッフ組織の特徴は，命令・指示が明確で，専門家の活用により業務の能率が容易になる．その反面，スタッフ部門が助言・助力する職能を超え，ライン部門の業務まで介入したり干渉したりするとライン部門との間で権限の所在が不明確になり，両部門の管理者間でコンフリクトが起こりやすい．

**注**

1）Fayol, H., *Administration Industrielle et Generale*, ordas S. A, 1979.（山本安次郎訳『産業ならびに一般の管理』ダイヤモンド社，1985年，pp. 217–218）
2）同上訳書，pp. 33–66

3) 森本三男『現代経営組織論』学文社，2001年，p. 20
4) これらの4つの実験についての詳細は，Roethlisberger, F. J. (1942) を参照.
5) Barnard, C. I., *The Functions of the Executive*, Harvard University Press, 1938.（山本安次郎・田杉競・飯野春樹訳『新訳経営者の役割』ダイヤモンド社，1968年. p. 67, 76）
6) 同上訳書，pp. 85-86
7) Simon, H. A., *Administrative Behavior: A Study of Decision-Making Process in Administrative Organizations*, Macmillan, 1976.（松田武彦・高柳暁・二村敏子訳『経営行動』ダイヤモンド社，1989年，pp. 77-100）
8) 同上訳書，p. 3
9) Lawrence, P. R. & J. W. Lorsch, *Organization and Environment: Managing Differentiation and Integration*, Harvard Business School, Division of Research, 1967.（吉田博訳『組織の条件適応理論』産業能率短期大学出版部，1977年，p. 186）
10) 工藤達男『基本経営管理論（新訂版）』白桃書房，1991年，pp. 76-77
11) 大橋武夫『リーダーとスタッフ』プレジデント社，1983年，p. 5
12) 工藤達男，前掲書，pp. 74-75
13) プロシア（ドイツの北東部地方のプロイセンの英語名）の参謀組織は，フランスのナポレオン軍に攻撃され負けていたプロシア軍が対抗するために創られた．参謀組織によってプロシアは普墺戦争，普仏戦争に勝利し，ドイツ帝国の統一に大きく貢献した.

**参考文献**

Barnard, C. I., *The Functions of the Executive*, Harvard University Press, 1938.（山本安次郎・田杉競・飯野春樹訳『新訳経営者の役割』ダイヤモンド社，1968年）

Fayol, H., *Administration Industrielle et Generale*, Bordas S. A, 1979.（山本安次郎訳『産業ならびに一般の管理』ダイヤモンド社，1985年）

Koontz, H. & C. O'Donnell, *Principles of Management*, 3rd ed., McGraw-Hill, 1964.（大坪檀・高宮晋・仲原伸之訳『経営管理の原則　第1巻　経営管理と経営企画』ダイヤモンド社，1965年）

Lawrence, P. R. & J. W. Lorsch., *Organization and Environment: Managing Differentiation* and *Integration*, Harvard Business School, Division of Research, 1967.（吉田博訳『組織の条件適応理論』産業能率短期大学出版部，1977年）

Mayo, E., *The Human Problem of an Industrial Civilization*, Macmillan., 1933.（村本英一訳『新訳・産業文明における人間問題—ホーソン実験とその展開—』日本

能率協会，1967年）

Roethlisberger, F. J., *Management and Morale*, Harvard University Press, 1942.（野田一夫・川村欣也訳『経営と勤労意欲』ダイヤモンド社，1954年）

Simon, H. A., *Administrative Behavior: A Study of Decision-Making Process in Administrative Organizations*, Macmillan, 1976.（松田武彦・高柳暁・二村敏子訳『経営行動』ダイヤモンド社，1989年）

Taylor, F. W., *Principles of Scientific Management*, Harper & Row, 1911.（上野陽一訳『科学的管理法』産業能率短期大学出版部，1969年）

Weber, M., *Soziologie der Herrschaft und Gesellschaft*：*Grundriss derverstehenden Soziology*, Bd. 1921-1922；5. Aufl., 1976. （世良晃志郎訳『支配の社会学』Ⅰ Ⅱ創文社，1962年）

大橋武夫『リーダーとスタッフ』プレジデント社，1983年

工藤達男『基本経営管理論（新訂版)』白桃書房，1991年

占部都美『新訂　経営管理論』白桃書房，1984年

菊池敏夫『現代経営学四訂版』税務経理協会，2006年

佐久間信夫『経営学原理』創成社，2014年

森本三男『現代経営組織論』学文社，2001年

# 第14章

# 経営組織の発展形態

環境の変化は組織形態の発展に影響を及ぼす重要な要素のひとつである．この第14章では，企業が規模の経済性を追求しながらも環境に対して，戦略的に，能動的に，動態的に，いかに適応するかについて学ぼう．

とくに大企業[1)]は規模の経済性を追求するという大きな目的を有している．これは資本規模の拡大にともない，企業規模の維持が大きな目的のひとつになるからである．しかしながら大規模であるがゆえの問題が生じてくる．これには収益性の低下という問題がある．この収益性低下の原因には，大企業病といわれる企業内の問題と市場に対する適応能力の低下があり，いずれも大規模であるがゆえの問題である．大企業における経営者は内的な問題処理と外的な問題処理の双方に直面しているのである．

このように企業には内外に処理すべき問題があるが，組織形態との関係を論じる場合，次のような2つの観点からアプローチすることができる．ひとつは内的問題の処理である．これは，責任単位の自律性を求める形態的発展のことである．より具体的には，事業部制組織，SBU組織，カンパニー制組織（社内カンパニー制）といった形態的発展である．組織が大規模化するにつれて発生する構成員の依存的体質からいかに脱却するかが主な問題となる．

他方，外的処理問題は，企業の市場から要請によって主に生じる課題である．機能別組織の縦割り構造は製品に対する顧客からの要請に適応することが困難である．そこで顧客，製品という市場からの情報を適切に処理，対応できる仕組みの開発が課題となる．そのひとつが機能横断的調整であり，具体的には，マトリックス構造，それにハイブリッド組織を取り上げよう．

なお，SBUやカンパニー制などの本書での表現は，実際とは多少違ってくるかもしれない．ここでは企業本体の組織構造を取り上げているので，本体の構造を中心に述べることになる．実際はカンパニー制をとりつつ同時に事業持株会社であるかもしれない，ということである．

## 第1節 自律性を求める形態的発展

自律性を求める形態的発展は，主として権限の委譲・分権化，責任の明確化と関連する．これらは製品別事業部制からSBU組織，そしてカンパニー制組織（社内カンパニー）へとつながる．こうした組織形態は組織のダイナミックな変化を期待できる．どこまで機能を移管するのか，どの程度まで予算などの権限を委譲するのかは企業によって異なるが，このような自律性を高め自己責任を明確にする一方で，一定の目標，たとえば，かかえる諸事情が絶えず業界でトップであるようにする，といった目標にそって組織を構成する単位の見直しが行われることになる．したがって，こうした組織形態は，概念的な形態ではあるが，実際の組織自体は絶えず変化しているといえよう．

### (1) 事業部制組織

事業部制組織は事業ごとに組織化されている．事業部は製品単位で構成されていることが多いが，地域単位，国単位でも構成される．この組織形態は，企業規模の拡大にともない機能別組織がその非効率性を解消するために，自律性を内部化させるために設計された組織形態である．

機能別組織では製品が多角化した場合，異なる製品に関する異なる機能が機能別に組織されることになり，機能の差に大きな隔たりが生じると，機能別組織では非効率を生じることになる．

そのため製品別事業部は個々に製品に関する完結した部門として機能しうる有機的な全体として設計されている．同時に，プロフィットセンターとして企業の収益に直接責任をもつことになる．したがって，事業部には業務上の責任と管理的な権限がそれぞれ委譲され，責任が付与されている．

では次に，製品別事業部制組織（図表14-1参照）の利点と難点を機能別組織との比較を中心に考えてみよう．

### 1）製品別事業部制の利点

① 事業部ごとに大きな権限をもつようになり，事業部長には業務的意思決定，管理的意思決定の権限が委譲されている．このため，機能別組織では明確にならなかった収益に関して明確になる．すなわち，個々の事業部がプロフィットセンターとなるため，他の事業単位との業績比較が可能となり，この結果，企業内での競争が生じ，全体としての活性化圧力となりうる．

② 事業部長に大きな権限が委譲されるため，市場に対する迅速な意思決定が可能となる．

③ 事業部に実施に関わるほとんどの権限を委譲するため，意思決定の専門化が可能となる．すなわち，本社部門は本社機能に専念できるようになり，戦略的な意思決定に力を注ぐことができる．

**図表14-1　事業部制組織**

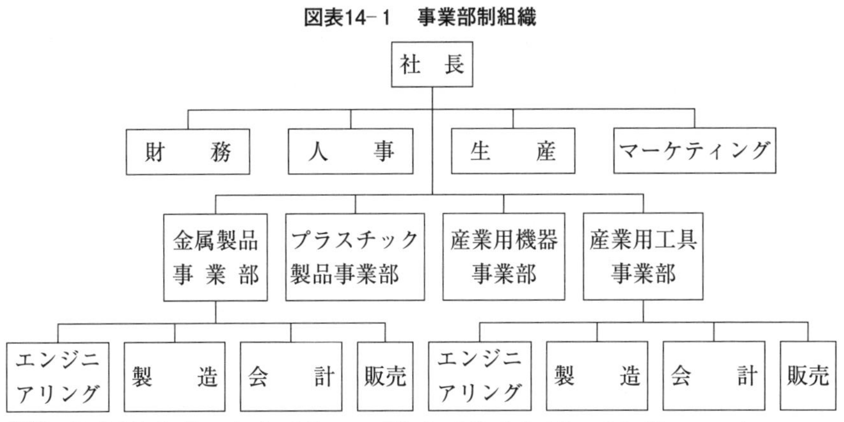


出所）Gerloff, E. A., *Organizational Theory and Design A Strategic Approach for Management*, McGraw-Hill, 1985, p. 337.

④ 機能別組織とは異なり，事業部ごとに異なる多くの権限が委譲されるので，将来会社にとって必要となるゼネラル・マネジャー[2)]の育成が容易となる．

### 2）製品別事業部制の難点

① 事業部への多くの権限委譲は個々の事業部ごとに行われる．この結果，事業部間で似通った事業内容をもつ場合，同様の設備・技術・人的資源の投入が必要となり，機能別組織に比べて重複投資，職務の重複が生じてしまい，管理コストのいちじるしい増大を招くことになる．

② 事業部の本質的な役割としてのプロフィットセンター化は，企業内競争を余儀なくし，この結果，事業部単位の意思決定が短期利益志向となり，長期的な展望の欠如したものとなりやすい．

③ 事業部への自律性の付与は，事業部の独走，事業部門のセクショナリズムを招くおそれが生じる．その結果，事業部間での交流，交渉が滞り，会社全体としての調整を妨げる障害となるかもしれない．

④ 事業部制は各事業の長に調整能力の高い人間を求めることになり，このゼネラル・マネジャーの能力のある人材をより多く必要とすることとなり，企業全体としての人材の不足を招くことになる．

⑤ 事業部制は基本的には組織規模を拡大させる傾向がある．しかも，組織内に自律性を取り込むため，トップ・マネジメント[3)]の統制を困難にさせる問題を増大させる．

## (2) SBU（Strategic Business Unit）組織とPPM

製品事業部に自律性不足の問題を補完する財務戦略上の施策として考案されたものである．事業部内の事業や製品を，資源配分の観点からそれらをSBUとして設定し直し，プロフィットセンター[4)]として権限と責任を付与する既存の事業部の枠にとらわれることなく成長の可能性の高い分野だけに優先的に資源を配分することで市場の大きな流れを組織設計に取り込むことが目的であった．事業部制自体を解体し新たにSBUごとに組み直すのではなく，事業部制の上に新しい枠組みを重ね合わせたものとみることができる．

1970年代初頭までアメリカの経済はおおむね良好な経済発展を遂げてきた．ところがこの時期を境に不安定な経済環境へと向かっていった．この時期までに米国の巨大企業は，企業の買収を繰り返し，肥大したコングロマリット（異業種の複合企業体）となっていた．したがって，製品別の事業部は極度に多様化しており，それまでの価値基準であるROI（投資利益率）で一律に評価することが近視眼的ではないかと疑問視されるようになり，これに変わる何かが必要であった．1960年代，GE（General Electric Company）は自社の製品ミックスの整理を目的とした新しい施策としてSBU組織を採用し，これを財務的に評価する指標としてPPM（Product Portfolio Management）（図表14-2参照）を導入した．GEの成功によって，このSBU組織は多くの企業からの指示をえていった．

では，SBUとPPMの関係を簡単にまとめておこう．SBUは，前述したように既存の枠組みの中で複数事業部が設定されたり，特定製品群が設定されたりと，自由に設定された．設定されたSBUは次にPPMの4象限である（ワイルド・キャット：問題児⇒スター：花形⇒キャッシュ・カウ：金のなる木⇒ドッグ：負け犬）に割り当てられる．PPMの4つの象限は2つの基準，すなわち市場の成長率と相対的マーケットシェアによって構成されている．また，この4象限はPLC（Product Life Cycle）（図表14-3参照）を意味し，それぞれ導入

**図表14-2　PPM**

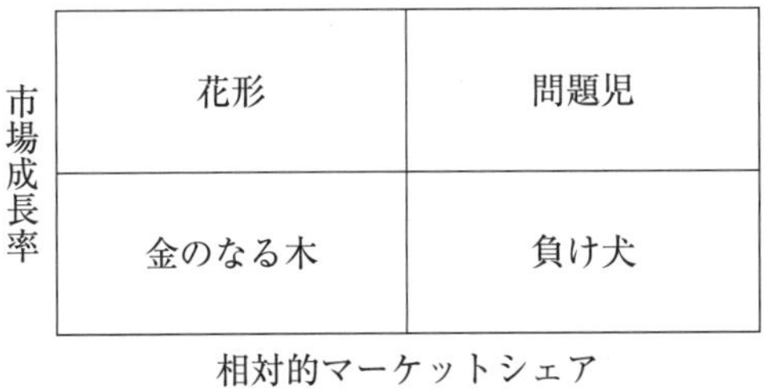

| 市場成長率 ＼ 相対的マーケットシェア | | |
|---|---|---|
| | 花形 | 問題児 |
| | 金のなる木 | 負け犬 |

相対的マーケットシェア

図表14-3 PLC

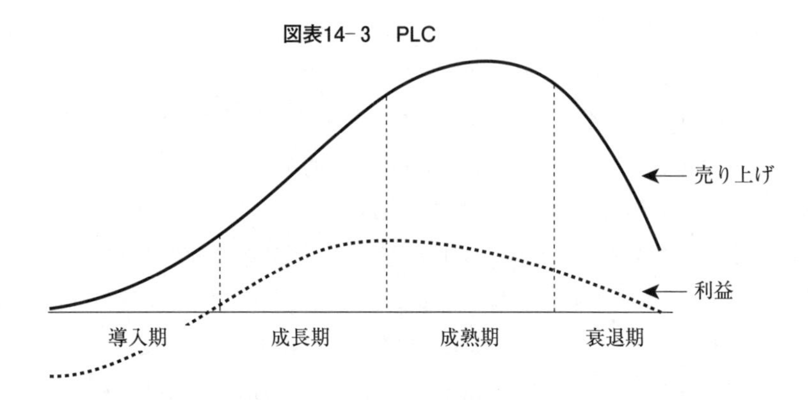


期⇒成長期⇒成熟期⇒衰退期と読み替えることができる.

当該 SBU に含まれる製品や事業は，それらが位置する市場の成長率が予測され，同製品や事業が現在どの程度の市場占有率を占めているかの値を基にして，4つの象限に割り当てられるわけである．これにともない，財務的な戦略が採られることになる.

この PPM の優れたところは，財務戦略を採用する差異の意思決定の場において，そのビジュアルな設計によって絶大なプレゼンテーションの応力を発揮することであった．逆に批判としては，PPM で使われる2つの指標の妥当性の問題であった．すなわち，PLC に位置づけられても将来どうなるかを予測することは困難ではないか，というものである.

製品や事業は市場においてそれぞれのライフサイクル（寿命）をもっているだろうが，企業は戦略的にこれに関与しうるのである．この場合の戦略としては，資源の有限性と，製品と事業の寿命の存在を前提にして，新製品の開発と不採算部門からの撤退をオプションとしてもつことができる．したがって，トップ・マネジメントはキャッシュ・カウ：金のなる木とドッグ：負け犬から資金を回収し，それをワイルドキャット：問題児とスター：花形に注ぎ込むことで効率的な資金の運用が可能となると考えられた.

では次に，この SBU 組織の利点と難点を考えてみよう.

#### 1）SBU 組織の利点

① SBU ごとに大きな権限を委譲されるようになるため，SBU マネジャーには必要な業務的意思決定，管理的な意思決定の権限をもつことになる．したがって，責任の所在の明確さが事業部制組織より高まり，また市場に対する対応速度が格段に向上する．

② PPM などによる企業内での戦略的な位置づけがそのまま事業の存続を決めるため，事業部制組織以上の組織活性化圧力を全体に及ぼすことが想定できる．

③ SBU 組織を導入することで事業の統廃合に関わる戦略がより迅速に実施しやすくなる．

#### 2）SBU 組織の難点

① SBU の本質的な性格としてのプロフィットセンター化は，企業内競争を余儀なくし，SBU の意思決定が短期利益志向で長期的な展望を欠いたものとなるかもしれない．

② SBU への自律性の付与は，SBU の独走やセクショナリズム（縄張り意識）を招くおそれが多く，その結果，SBU 全体としての調整が必要な場合，このセクショナリズムが障害となろう．

③ SBU は基本的には組織規模の拡大方向にあること，しかも組織内に自律性を取り込むため，トップ・マネジメントの統制の問題を増大させる．

### (3) カンパニー制組織

カンパニー制とは，わが国においては社内カンパニー制といった表現がなされてきた製品事業部制の発展形態である．これは一般に事業部制においての事業部をカンパニー，同じく事業部長をプレジデント（社長）と呼び，事業部でとられていた措置を大幅に変更し，各事業単位の自律性，独立性，収益性，競争力を高めることを目的としたものである．プレジデントへの権限委譲は，上級管理者以下の人事権，予算執行権の拡大がある．この制度は，1985年 GE によって取り入れられた制度で，わが国では1994年，ソニーが最初に採用し，その後，東芝（1999年）などいくつもの会社が採用している制度である．ある研究調査（財務総合政策研究所「日本企業の多様化と企業統治」2003年２月）では，2002年２月における採用企業は東証１部（除く電気・ガス・金融）で17.1％，予定では25.9％という数字になっている．

わが国の家電メーカーはとくに，企業競争力を「総合化」に求めてきた．ここであげたカンパニー制を採用した企業は，事業部間のもたれ合いや意思決定の緩慢さから脱皮することをめざそうとするものが多い．こうしたカンパニー制へ移行する理由にはさまざまなものが考えられる．本書で取り上げているように自律性を高め収益につなげたい場合，持株会社へのステップとして考える場合，これらが積極的な理由である．

**１）カンパニー制組織の利点**

① 事業により多くの自律性を与え収益構造を改善したい場合に，カンパニー制度を採用するのは，事業部制からの移行が容易な形態だからである．この形態は主に，自律性，主体性発揮の可能性を向上させることを指している．したがって，経営と事業が区分され，経営戦略がより迅速に執行されやすくなる．ただし，前述の財務総合政策研究所の調査報告では，変更が単なる名前の変更ではなく，実際の高い権限委譲があった場合のみ業績との関係が生じることも明らかになっている．

② 組織構造の変更は何も一定方向に進むだけではない．マネジメントは状況に合わせ組織構造を変換するのである．①ですでにみたように，カンパニー制への移行する傾向は強いようだが，事業部制に戻す傾向（図表14−４参照）も存在することがわかる．この組織構造は状況によっては変更の可能な形態であることを確認することができる．

**図表14- 4　社内カンパニーの見直しを行った企業**

| 社名 | 時期 | 特　　徴 | 変更後 |
|---|---|---|---|
| ソニー | 2005. 10 | 業績低迷，製品関連連強化 | 事業部制 |
| ティアック | 2006. 10 | 工場間の稼働率向上など | SBU |
| 東芝情報機器 | 2006. 10 | 肥大した間接部門のスリムか | 事業部制 |
| 楽天 | 2006. 11 | 全社的な新規事業創出 | 事業部制 |
| タワーレコード | 2007. 03 | 社長の意思決定が明確に反映させる | 事業部制 |
| 丸文 | 2007. 04 | 本社による内部統制の強化 | 事業部制 |

出所）『日本経済新聞』2007年08月27日をもとにして作成

### 2）カンパニー制組織の難点

カンパニー制度の難点は，利点の裏返しである．ユニットごとに意思決定の自律性を高めた大型企業は構造的な調整機能に恵まれないため，経営能力に大きな負担が強いられる．

GE はジャック・ウェルチの時代に彼のカリスマ的な存在によってカンパニー制を運用してきたのであろう．

ソニーは組織時にカンパニーに共通性をもたせるため，カンパニーに名称として「ネットワーク」を貼りつけた．さらに2001年以降では，構造的に組織内で情報がえられるようなグローバル・ハブ等を用いた施策がなされてきている．これは「経営戦略策定に特化したグループ本社機能」（ソニー・プレリリース2001年 3 月29日）のことで，「統一のビジョンと戦略でグループ全体を統合する」（同上）ことが意図されたものである．ところがそれは叶わなかった．

## 第 2 節　市場対応の形態

経営組織の発展的形態の 2 つめの流れは，主に米国大企業の極度の多角化の打開策として登場した，しかも製品別事業部制の問題点を是正する方向をもった流れである．多角化の結果，機能別組織では製造部門が巨大化し他の機能との不整合を来すことになり，これを打開するために，製品ごとの事業部を作ることで組織のなかに自律的な文化を取り入れようとした．ところが製品別事業部制は，すでに学んだように，事業部ごとに高い権限が与えられ同質的な資本投下を行う必要が生じたため，全社的にみたメリットがみあたらなくなった．しかも，収益性の高い事業分野が急速に変化する状況に打っていくと，製品別事業部制そのものが足かせとさえなってくる．経営組織は経営環境の変化という外的な情報を形態的に処理する必要に迫られたのである．

そこで，軸足を全社的なメリットのでる機能にうつしたまま，市場の変化ごとに対応するような組織諸形態が生じてきた．これらは，タスクフォース，プロジェクトチーム，マトリックス組織と呼ばれるマトリックス構造をもった組織形態である．

マトリックス構造とは，ライン組織や職能別組織がもっていた垂直的な分化による縦構造に，水平的で機能横断的な軸を加えることで生じる，格子状の組織構造のことである．ここでいう水平的な横軸は，機能横断的な調整の必要性が製品市場の変化や顧客の要求としてもたらされる場合に設計される．

この構造は，機能横断的調整を維持するために設計されたものである．この機能横断的調整には，構造化されていない非公式調整関係から，公式に構造化されたチームや組織まである．

### (1) 機能横断的調整

では次に機能横断的調整のいくつかを述べておこう．ここには，公式化されない，すなわち，構造化されていないものから，公式化され構造化されたものまで含まれている．

#### 1) 非公式の調整

機能横断的な調整は，縦割り構造であっても非公式に調整が行われていることをいう．公式の手だてがなされていない状況であっても，関連する部署の担当者が横断的に連絡を取り合い調整を果たしている．

利点は，小さい規模であれば「あうんの呼吸」が生じた場合，経済的で効果的に対応できる可能性がある点である．

難点は，「あうんの呼吸」が恒常的ではありえないこと，とくに規模拡大によってそれがさらに困難になること，そもそも個人の働きに依存するので不安定であることがあげられよう．

### 2）補助的構造

補助的構造とは，公式的にマトリックス構造ができているわけではないが，構成員による自発的で内発的で非公式的な機能横断的調整がとりやすいようにと縦構造に工夫を加えたものである．これには個別の対応構造から鏡像構造と呼ばれるものまである．

非公式な仕組みである鏡像構造（図表14－5）は構成員の自発的非公式な接触が，全く工夫されない場合に比べ格段に進歩している．それぞれの機能別組織は，その内部の構造において，図表にあるような共通のコンセプトに従った

**図表14－5　鏡像構造**

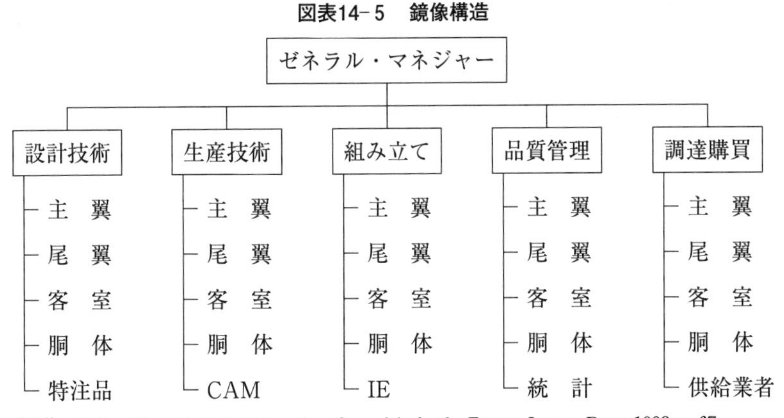


出所）Galbraith, J. R. & E. E. Lawler, *Organizig for the Future*, Jossey Bass, 1993, p. 67.

図表14－6　水平型組織

| 上得意の顧客 | 対応ディーラ | 対応工業チーム |
| --- | --- | --- |

出所）図表14-5に同じ，p. 87より作成

構造を採用する．これは企業が構成員に機能横断的な調整行動を明確に求めていることが明示された形態である．しかしながら，そのように企業が機能横断的調整の達成を前提に考えるならば不十分で非効率的であろう．

ガルブレイスらは，鏡像構造の他に補助的構造の例として図表14－6のようなボルボの例をあげている．これは上得意の顧客に対して，ボルボが敏速な対応がとれるように工夫した形態である．この敏速な顧客対応を可能とするために，ボルボでは，意思決定が必要な箇所に権限を大量に委譲した図表14－6のような機能別水平型の関係構造を構築した．これらの横断的な機能間では，顧客データや活動記録を含めた部門間の緊密な連絡を通して信頼を形成することを通して，顧客に敏速な対応を提供しようとした．

## (2) チーム

ここで取り上げるチームとは，マトリックス構造をもったチームのことであり，既存の組織にもちこまれたものである．このチームには，短期的なチームと長期的なチームがあり，タスクフォース，委員会，プロジェクトチーム，と呼ばれるものを指している．チームが組織される内容には，ライン業務からスタッフ業務まですべてを含んでいる．また，存続期間は，プロジェクトの性格による．チームの構成メンバーは，それぞれ所属を機能組織にもち，チームが目的を達成し解散した場合，元の所属に戻るか，また新たなチームの構成メンバーとなる．このチームをさらに補強するには，チームに統括責任者（インテグレーター）をおき，権限と責任範囲を明確にして予算的な裏づけを行うことができよう．

利点をあげれば，このチームは，先の補助的構造を公式化したものであるた

め，自発的な調整のプロセスを補強することができる．結果的に，機動的で動態的な組織形態を実現できる．これに対し，難点をあげれば，このチームは恒常的ではないという点で，責任権限関係に対する信頼度が低くなる，といえよう．

### (3) マトリックス組織

マトリックス組織の特徴は，マトリックス構造が常態として全体に採用されており，この組織における構成員は2人の異なる機能をもったマネジャーの下で働くことになる．マトリックス組織が採用された目的はすでに述べた．新たに設置されたプロジェクト・マネジャー（以下，PM）は，もう1人のマネジャーと同等の価値づけがなされねば，そもそも構造そのものが成立しない．このため，さまざまな工夫がなされた．たとえば，PMを社長直下のスタッフとして位置づけたり，プロジェクトに関する責任と権限をすべてPMに付与した

図表14-7　マトリックス構造

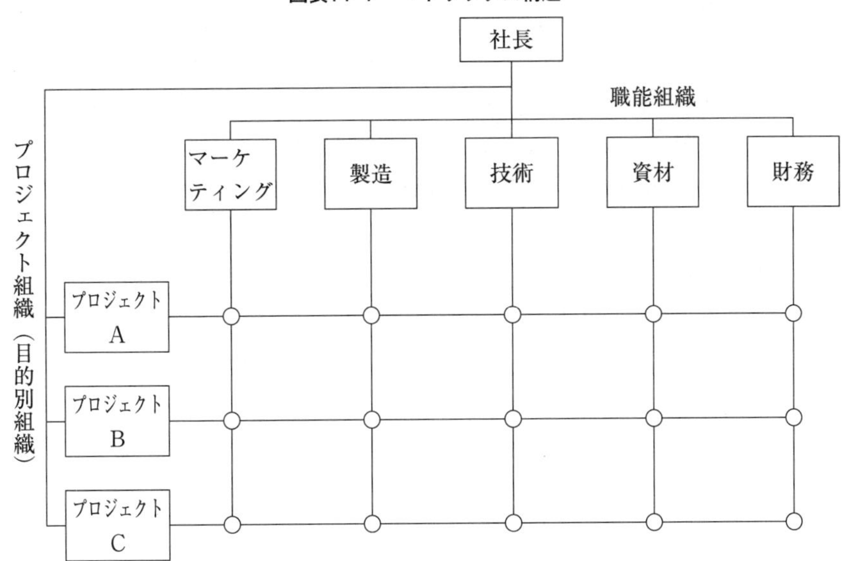

りするなどのことである.

計画されたとおり，マトリックス組織をうまく機能させることができれば，重複投資の無駄を省きながら機動的なプロジェクト経営が行えるようになる．市場に対して適切な対応がとれるばかりか，企業の全体としての能力を発揮することができる.

２つの多元的命令系統が存在すると，それまでの組織文化になじまず，混乱の可能性がある．このため，一方で，組織文化を変更できる強力なリーダーシップと，他方で，組織に必要な人材育成に時間と労力が必要となる.

### (4) ハイブリッド組織

ハイブリッド組織は，マトリックス組織とは異なった組織形態をもっている．ハイブリッド組織は，２つの独立した部門が，共通の問題を共同で処理するように設計された組織である．２人のマネジャーが，協同してひとつの問題を処理する，ということである．では，このような組織形態はどのような経緯で選択されるのだろうか.

まず，機能別組織ではすでに述べたように投資の重複が避けられ全社的な力を保持できるが，企業の製品とその販路，および顧客は拡大し煩雑さを増大させ，しかも機能別組織のもつ機能別組織間の壁が問題になる．次に，製品別構造の場合は，これもすでにみたように，事業部別に自律性を高めた反面，重複投資となり，規模の経済性が十分に享受できない．この場合，製品別組織が機能組織を共有する機能組織ハイブリッド型図表14−8が選択できる.

だが，顧客が単一製品のユーザーではなく，複数の事業部から製品を購入する大口のユーザーであった場合，彼らは企業に以下の様な特別な条件を突きつけてくる.

① 特約契約をむすぶこと.

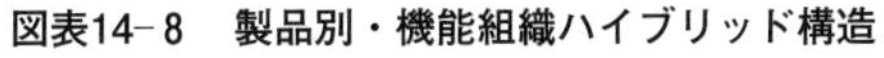

図表14-8　製品別・機能組織ハイブリッド構造

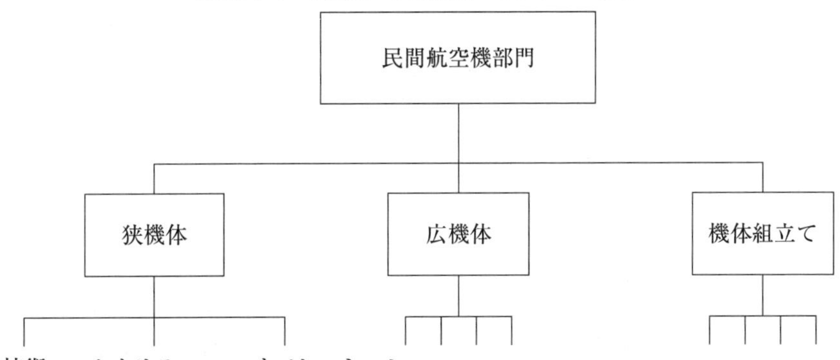


出所）Galbraith, J. R., *Designing organization executive guide to strategy, structure, and process,* Jhon Wiley & Sons, 2001, p. 33.

② 製品単体ではなく，ソリューションを求めてくること．

③ 主に製品と新製品開発に関する情報交換を求めること．

④ 窓口をひとつにし，請求書も一本になるよう求めること．

では，先の議論から顧客別組織にすれば解決するかといえば，そうではない．顧客，市場別形態は次の点で柔軟性があるが，製品別構造と同様に以下のような難点をもっているからだ．

① 多くの産業で，バイヤーが力をもってきた．

② 製造業の規模の優位性が低下し，単一企業へ大量納入関係になってきた．

③ 外注契約の普及と追求傾向によって支援される．

④ マーケットごとに卓越した知識と情報を備えた企業に優位性が移る．

⑤ サービス産業がその比率を急速に高める．

こうした顧客からの要請が重要性を増してくると，企業はマトリックス構造では対応できなくなり，製品部門（バックエンド）に対して顧客部門やマーケット部門（フロントエンド）をもって補完できる組織形態が望まれるようになるのである．このハイブリッドな組織形態は「フロントエンド・バックエンドモデル」（図表14-9）と呼ばれるものである．

**図表14-9　フロントエンド・バックエンドモデル**

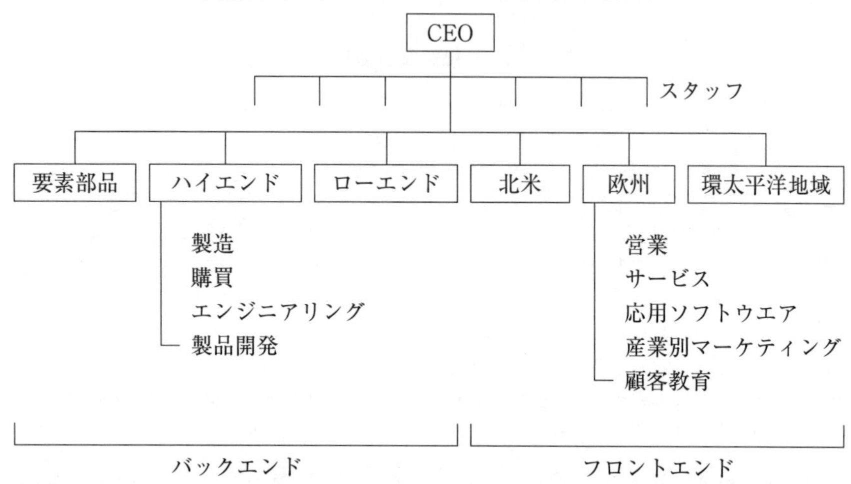


出所）図表14-5に同じ，p. 44

**注**

1）大企業　①改正商法（2003年4月施行）では，新しい企業統治制度の適用対象として，大企業（大企業など）を資本金5億円以上または負債200億円以上の企業と定めている．

②中小企業基本法第2条では，資本金3億円以上従業員数300人以上の製造業など，資本金1億円以上100人以上の卸売業，資本金5,000万円以上100人以上のサービス業，資本金5,000万円以上50人以上の小売業である．

2）ゼネラル・マネジャー：職位は日本では部長，事業部長などを指し，全般的で広範な業務知識を必要とする，広範な権限をもった職位のことである．

3）トップ・マネジメント：企業などの経営層を指す言葉．層とは，通常経営に責任をもつ制度は複数のメンバーによって構成されていることを意味する．

4）プロフィットセンター：事業部制などの組織形態にみられる，会社全体の収益に対する利益責任単位のことである．個々の単位に対しては，利益に責任をとることのできる権限と責任が委譲されることになる

**参考文献**

Barnard, C. I., *The Functions of the Executive*, Harvard University Press, 1938.（山本安次郎・田杉競・飯野春樹訳『新訳　経営者の役割』ダイヤモンド社，1968年）

Burns, T. & G. M. Stalker, *The Management of Innovation*, Tavistock, 1961.

Chandler, A. D. Jr., *The Visible hands: The managerial revolution*, Harvard University Press, 1977.（鳥羽欽一郎・小林袈裟次訳『経営者の時代』東洋経済新報社，1979年）

Fayol, H., *Administration Industrielle et Generale*, Bulletin de la Societe de l'Inductrie Minerale, 1916.（佐々木恒夫訳『産業ならびに一般の管理』未来社，1972年）

Galbraith, J. R., *Designing Complex Organizations, Reading*, Addison-Wesley, 1973.（梅津祐良訳『横断組織の設計』ダイヤモンド社，1980年）

Galbraith, J. R., *Designing organization: an executive guide to strategy, structure, and process*, Jhon Wiley & Sons, Inc., 2001.（梅津祐良訳『組織設計のマネジメント競争優位の組織づくり』社会経済生産性本部，2002年）

Galbraith, J. R. & E. E. Lawler, *Organizng for the Future*, Jossey Bass, 1993.（寺本義也監訳『マルチメディア時代に対応する　21世紀企業の組織デザイン』産能大学出版部，1996年）

Gerloff, E. A., *Organizational Theory and Design-A Strategic Approach for Management*, McGraw-Hill, 1985.（車戸實監訳『経営組織の理論とデザイン』マグロウヒル，1989年）

Lawrence, P. R. & J. W. Lorsch, *Organization and Environment: Managing Differentiation and Integration*, Harvard Business School, Division of Research, 1967.（吉田博訳『組織の条件適応理論』産業能率短期大学出版部，1977年）

沼上幹『組織デザイン』日本経済新聞社，2004年

Simon, H. A., *Administrative behaviour*, 2nd ed., Macmillan, 1957.（松田武彦・高柳暁・二村敏子訳『経営行動』ダイヤモンド社，1989年）

大月博司『組織変革とパラドクス』同文舘，2999年

大平義隆「大規模企業の構造変化」佐久間信夫編著『新世紀の経営学』学文社，2000年

Thompson, J.D., *Organization in Action*, McGraw-Hill, 1967.（高宮晋監訳『オーガニゼーション・イン・アクション』同文舘，1987年）

Taylor, F. W., *The Principles of Scientific Management*, Harper & Row, 1911.

Woodward. J., *Industrial Organization: Theory and Practice*, Oxford University Press, 1965.（矢島均次・中村寿雄訳『新しい企業組織』日本能率協会，1970年）

第15章

# 国際経営論

## 第1節 国際経営の概要

### (1) 国際経営と多国籍企業

国際経営（international management, international business）とは，「国境をこえて行なわれる経営[1]」のことである．企業の経営は，経営資源の調達，管理，生産，販売（輸出入も含む），研究開発，財務，マーケティングなどさまざまな活動で構成されている．近年，経済制度の統合や企業活動のボーダレス化といった経済のグローバリゼーションが急速に進んでいる．このような中で，多岐に渡るこれらすべての活動を国内だけで完結させる企業は，大企業のみならず中小企業においてもめずらしくなってきている．

もっとも，上述した経営活動全般において高度な国際化を達成するには，多くの経営資源が必要となる．そのため，国際経営においては，生産，販売，研究開発といった幅広い活動を海外[2]で展開している大規模な多国籍企業が重要な主体となる．多国籍企業の定義はさまざまあるが[3]，本章では，多国籍企業を「5カ国以上に海外子会社を有する大企業」と定義することとする[4]．貿易を盛んに行う中小企業や，外国企業との取引を行っている国内企業，外国人を従業員として採用している国内企業などは国際経営を行っているといえるものの，多国籍企業ほど多くの経営活動で，国際化が高度に進展しているわけではない．

### (2) 国際経営の管理と戦略

企業は，生産，販売，研究開発といった多様な活動拠点を海外に設置し，経営活動の範囲をより多くの国へと拡張していくことで，国際化を進めていく．そして，海外子会社を設立した企業は，全社戦略の遂行に向けて，本国の親会社と海外子会社を一体的に管理していく国際経営管理を求められるようになる．また，さらに国際化が進んだ企業においては，国内市場ではなく世界全体の市場において，国際的な競争優位（国際競争優位）を確立していくための国際経営戦略の策定・遂行が課題となる．競争優位とは，競争において他社よりも優れた状態（売上や技術力など）にあることである．

国際競争優位の確立に向けて，多国籍企業には，地理的に分散した各拠点（本社，海外子会社）の役割を明確化させ，最も合理的で効率的な国際分業体制を構築させていくことが求められる．そして，国際分業体制の構築において課題となるのが，ロジスティクス（logistics）の最適化である．ロジスティクスは，前線部隊の後方支援活動を意味する軍事用語に由来する，製品提供の後方支援活動を意味する経営学用語である．軍隊における前線部隊の後方支援は，病院や通信指令室の設置，兵器の開発なども含まれ，軍事物資・兵員などの供給だけに制限されない[5)]．これと同様に，経営学用語であるロジスティクスも，コール・センターや生産拠点の配置・運営，研究開発といった幅広い活動が含まれ，物流だけに限られるものではない．また，原材料などの調達から製品が顧客に渡るまでのサプライチェーンをグローバルに管理していくことは，グローバル・サプライチェーン・マネジメント（global supply chain management）と呼ばれる．

国際競争優位の確立という目的を達成するには，世界全体に設立された拠点を一体的に管理（グローバル化）していくことが不可欠である．だが，各国の事業環境は同一のものではない．そのため，多国籍企業の国際経営活動においては，グローバル化のみならず，現地の環境への適応（ローカル化）を進めることも重要である．したがって，国際経営においては，グローバル化とローカル化を同時にバランスよく進めていく，グローカル化が大きな課題となる．

なお，グローバル化の促進においては，本社中枢組織に権限を集中させる集権化（centralization）が適しているが，ローカル化を進めるに当たっては，海外子会社に権限を委譲させる分権化（decentralization）が適している．また，世界全体という次元で競争優位をめざす戦略は「グローバル戦略」と呼ばれるのに対し，各国・地域という次元で競争優位をめざす戦略は「マルチドメスティック戦略」と呼ばれる[6]．

その他に，国際競争優位の確立に向けては，自社の製品や規格を標準化（standardization）させ，他社の参入や追随を許さないようにしていくことが求められる．とりわけ，国際標準（global standard）としての地位を確立することが重要である．今日，国際標準を確立する方法は多様化している．この確立方法の違いから，標準には，①デジュリ標準（公的機関による認証），②デファクト標準（競争に勝利して握る事実上の主導権），③コンソーシアム標準またはフォーラム標準（製品投入前の企業間での取り決め）などが存在する[7]．

### (3) 国際経営の課題

国内経営にはない国際経営特有の課題は，国家間の異なる事業環境に適切に対応していかなければならないということである．今日，地域レベルの取組みを中心に，自由貿易協定の締結や共通規格の適用といった経済制度の統合が，世界中で急速に進められてきている．しかしながら，各国の間には，いまだ，通貨や物価など制度面・実態面でさまざまな相違点が存在している．また，法体系や政治の仕組みといった経済以外の制度の統合は，経済制度の統合ほど進展していない．加えて，各国・地域には，それぞれ歴史や環境の中で，長年根づいてきた独特の文化や価値観が存在している．

吉原英樹（2011）は，国際経営に取り組む企業の課題を，①経済，②政治，③文化に関する課題の３つに分けている[8]．第１の経済に関する課題として，企業には，為替相場の変動や賃金格差などに対応し，事業の効率を可能な限り高めることが求められる．たとえば，自国通貨の価値が下がれば国内で生産するメリットが高まるが，逆に自国通貨の価値が上がれば国内ではなく海外で生産するメリットが高まることになる．また，多国籍企業には，賃金格差や輸送距離，インフラストラクチャー，関税などを考慮し，資源調達，生産，販売など事業全体でかかるコストの低減に努めることが求められる．

次に，第2の政治に関する課題として，各国の法律，政策，制度などへの対応が挙げられる．たとえば，自国の産業を維持するために，一定の現地調達比率の達成を求めるローカルコンテンツ政策を導入したり，出資規制や関税障壁などを設けたりしている国は少なくない．そのほかにも，企業は，製品・サービスの安全性や環境負荷の低減，独占の禁止，納税，会計基準など，さまざまな種類の法規制に対応しなければならない．

法規制の遵守はコンプライアンスと呼ばれるが，コンプライアンス違反が発覚した企業は，厳しい罰則の適用や社会的信用の喪失，市場の喪失，といった大きなダメージを被ることになる．実際に，事業獲得などを目的に外国公務員に賄賂を支払った企業が，1億ドルを超える罰金を科せられるケースも増えてきている．このような中で，グローバルな規模でコンプライアンスを徹底していくことは，多国籍企業の喫緊の課題となっている．

そして，第3の文化に関する課題としては，異なる言語や価値観，生活習慣，宗教などへの対応が挙げられる．とりわけ，宗教上の教えが深く社会全体に根づいている国においては，その教えを破るような行動は，デモやさらには大暴動などの問題をもたらすことがある．

たとえば，近年，市場が急拡大しているイスラム教徒を対象としたビジネスに注目が集まっている．イスラム教徒は，日中も含め一日に5回礼拝をしなければならず，また利子を取る金融業務が禁じられているほか，豚肉を使用していないなどイスラムの教義に則った食品しか食べることができない．そのため，イスラム教徒を対象としたビジネスに参入したり，イスラム教徒を労働者として雇用したりする場合には，彼らの文化的・宗教的背景について十分に配慮することが求められる．

## 第2節 海外進出の方法

企業は，資産の獲得や契約を通して，自社の活動領域を海外へと拡大していく．本節では，輸出以外の企業の主な海外進出の方法である，①海外直接投資と②国際戦略提携について検討していく．

### (1) 海外直接投資

海外への投資も含め，投資は，間接投資と直接投資の2種類に分けられる[9)]．第1の間接投資は，証券投資やポートフォリオ投資とも呼ばれ，利子や配当，株式売却益などを通した財産の増加（利殖）を目的に行われる投資のことである．他方，第2の直接投資は，利殖ではなく経営参画を目的に行われる投資のことである．企業の多国籍化の過程で行われる海外子会社の設立は，売却益の獲得ではなく，国際競争優位の確立に向けた拠点の設置という経営参画を前提とした戦略的意図があるため，直接投資であるといえる．このように国境をまたいで行われる直接投資は，海外直接投資（Foreign Direct Investment，略称FDI）と呼ばれる．海外直接投資は，国内から海外へ行われる対外直接投資（outward FDI）と海外から国内へ行われる対内直接投資（inward FDI）の2種類に分けられる．

また，海外直接投資には，①グリーンフィールド投資，②クロスボーダーM&A，③合弁会社の設立という3つの方法がある．第1のグリーンフィールド投資は，現地で会社を新設する方法である．この方法を採用する場合には，企業は生産拠点や販売拠点などの資産を持たないばかりか，現地の消費者のニーズや法規制，習慣といった情報なども乏しいまま，現地に進出することになる．グリーンフィールド投資という呼び名は，何もない野原（green field）のような場所で一から事業を展開していくことに由来する．

次に，第2のクロスボーダーM&Aは，国境を超えて行われるM&Aである．M&Aとは，合併（Merger）と買収（Acquisition）のことである．合併は

2つ以上の法人がひとつの法人となることであり，買収は他社の株式または事業を取得することである[10)]．ただし，他社の株式の取得を通して2つの法人がひとつの法人となること（吸収合併）もあるなど，M&Aの全てが合併と買収のいずれかに区別できるわけではない．なお，海外直接投資と同じく，クロスボーダーM&Aも，国内から海外へ行われる対外M&A（outward M&A）と海外から国内へ行われる対内M&A（inward M&A）に大別される．

クロスボーダーM&Aは，M&Aを行った相手先の現地企業が長年蓄積してきた技術やノウハウ，販売網，ブランドなどをすぐに利用することができるという点で，グリーンフィールド投資よりも効率が良い方法であるといえる．また，クロスボーダーM&Aには，現地企業を取り込むことで，現地での競争相手を少なくする効果もある．

ただし，クロスボーダーM&Aにも，M&Aの実施以前に想定した程の成果を上げられない可能性がないわけではない．たとえば，M&Aを行う企業は，事前に，デュー・デリジェンスと呼ばれる，相手先企業の価値やリスクなどの査定を行う．このデュー・デリジェンスが不十分なものであれば，M&A後に，経営資源（人的資源，資産，技術）を有効活用できなかったり，M&A以前に行われていた違法行為が発覚したりする恐れがある．また，ナショナリズムやリストラに対する恐怖，企業文化の相違といった事情から，M&Aの相手先企業のステークホルダーと対立が生じ，サボタージュや不買運動などが生じるリスクもある．

そして，第3の方法は，複数の企業の共同出資による合弁会社の設立である．合弁会社の設立に際し，出資する企業は共同で事業に参画する合弁事業契約を結ぶ．合弁事業に参画する企業は，お互いに対等な関係を前提とするパートナーである[11)]．合弁会社の設立は，グリーンフィールド投資とは異なり，現地企業などの複数の企業の経営資源を活用できる点で効率的である．だが，一方で，クロスボーダーM&Aとは異なり，共同で出資している企業同士の対立などによって意思決定が混乱するリスクもある．

### (2) 国際戦略提携

提携とは，複数の企業が協力し合って新しい価値を創造する活動のことである[12]．提携を行う企業は，原則として支配関係のない対等なパートナーであり，お互いが不足する能力（製造能力，販売能力，技術力，ブランド力など）を補足しあう．提携を通して補われる能力およびその能力の構成要素（特許やノウハウなど）はさまざまであるため，提携で締結される契約にもさまざまなものがある．海外進出の初期の段階にある企業にとって，自社ブランドの販売代理店契約や自社が保有する特許やロゴ，ブランドなどの使用権を供与するライセンス供与などは，後の現地子会社設立のための重要な足掛かりとなる．

しかし，既に海外直接投資を通し各国に多くの子会社を有している多国籍企業は，提携を単なる国際化のための手段ではなく，国際競争優位を確立するための戦略的手段として活用している．たとえば，ある国（仮にA国としよう）の企業の技術が多くの海外市場でも活用できる場合には，A国の企業との技術提携は，A国のみならず世界全体の事業の戦略に影響を及ぼすことになる．このように，国際競争戦略の成否にかかわる重要な手段として行われる提携は，その他の提携と区別して国際戦略提携と呼ばれる．

今日，さまざまな国際戦略提携が行われている．近年，製造コストが低いアジアなどの途上国では，他社のブランドの製品を受託製造するOEM（Original Equipment Manufacturing）契約を通して業績を伸ばす企業が増えている．また，各国の航空企業は，マイレージや整備拠点，航空券の販売などで業務提携を結ぶ航空連合に加盟し，顧客の獲得と業務の運営の効率性の向上に取り組んでいる．

## 第3節 国際経営と組織構造

国際経営を担当する部門の位置づけや形態は，その企業の国際化の進捗度合いによって変化する．大企業として複数の事業を営む多角化を遂げている多国籍企業の多くは，組織構造として事業部制組織を採用している[13]．そのため，本節では，事業部制組織における国際経営を担当する部門の位置づけや形態の変化を検討していく．

### (1) 輸出部と国際事業部

企業が国際化の最初の段階として輸出を開始する時点では，輸出は商社などを経由して行われる（間接輸出）．この場合には，輸出に必要な諸手続き（当局への輸出の申請と許可の取得，保険契約，輸出手段の確保など）は商社が済ませてくれるため，輸出する製品を製造する企業の社内には輸出を専門とする部門は設置されない．

しかしながら，商社を経由せずに輸出を行う（直接輸出）際には，これらの輸出に必要な業務を自前で行う必要があるため，自社の中に輸出を専門とする部門が設置されることになる（図表15-1）．その後さらに，輸出以外の生産，販売，研究開発などの活動も海外で展開されるようになると，これらの幅広い国際経営活動を担当する部門である国際事業部が設置されるようになる（図表15-2）．国際事業部が設置された時点では，各事業部はいまだに国内事業を中心に活動しており，国際事業部は，その企業のすべての事業の国際経営活動を担当することになる．

もっとも，企業が展開している事業全体で海外事業の比重が高まるにつれて，国際事業部だけで全ての事業部の国際経営活動を担当することは困難になってくる．また，事業部はそれぞれ利益責任単位（profit center）であり，自らが利益創出の大きな責任を負っており，生産，販売，研究開発，労務管理など事業の遂行に必要な権限の大半を本社から移譲されている．したがって，海外事業の比重が高まった事業部においては，利益のより効率的な創出に向けて，国内と海外での経営活動を自ら統合的に管理する必要性に迫られるようになる．

**図表15-1　輸出部が置かれた組織**

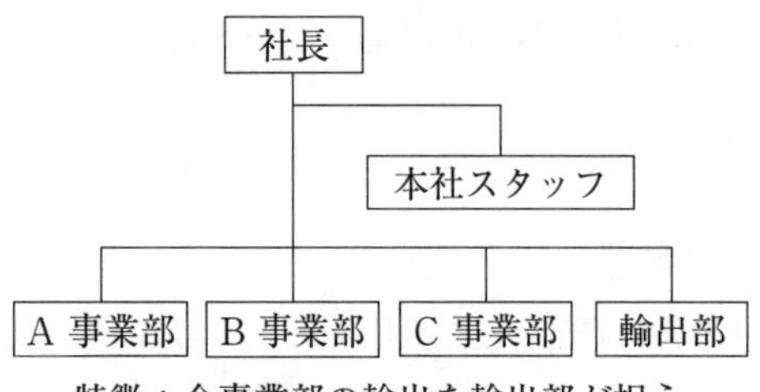


特徴：全事業部の輸出を輸出部が担う.

出所）吉原英樹『国際経営論』放送大学教育振興会，2005年，p. 100を一部修正

**図表15-2　国際事業部が置かれた組織**

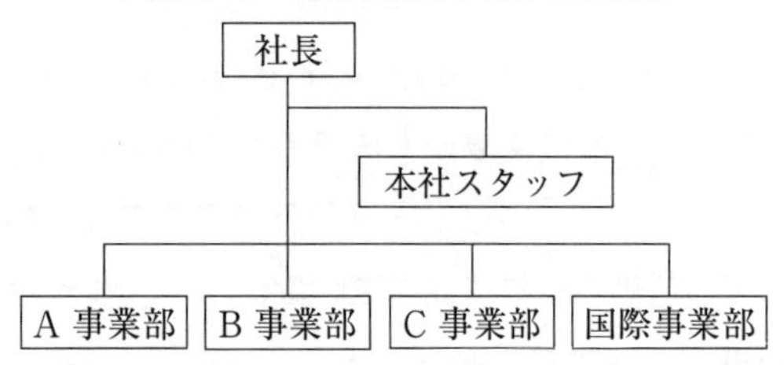


特徴：全事業部の輸出も含めた全ての国際経営活動を国際事業部が担う.

出所）同上書，p. 101を一部修正

### (2) グローバル事業部制組織

経営活動の国際化が高度に進展した企業では，世界中の全ての経営活動を一体的に管理するための組織構造である，グローバル事業部制組織が採用されることになる．通常の事業部制組織の下では，利益責任単位としての責任と権限が与えられた事業部は製品別に設置される．だが，グローバル事業部制組織には，事業部が製品別に設置される製品別事業部制組織に加えて，事業部が地域別に設置される地域別事業部制組織の２種類がある（図表15-３）.

製品別事業部制組織と地域別事業部制組織には，それぞれ以下のような特徴がある．まず，製品別事業部制組織の下では，各製品事業部に，世界全体の事業をグローバルに管理・統制するための強力な権限が与えられている．そのため，製品別事業部制組織の下では，グローバル戦略の策定や意思決定，ならびにこれらを含めたさまざまな情報や知識の世界全体への伝達を一元的に行うことが可能である．また，製品別事業部に権限が集中しているため，現地子会社の反発が起こりやすい世界全体レベルの合理化を進めることにも適した組織形態である．もっとも，各製品事業部は同等の地位にあるため，製品事業部間の連携が取りにくいという側面もある．

一方，地域別事業部制組織の下では，各地域に設置された地域事業部に，世界全体ではなく，その担当地域での事業の遂行に必要な権限が与えられている．中央集権的な製品別事業部制組織とは異なり，地域別事業部制組織は，世界全体での事業の成功に必要な権限が各地域事業部に移譲されているという点で分権的であるといえる．この分権化により，地域の実情にあわせた柔軟な意思決定がより可能になる．もっとも，各地域事業部は同等の地位にあるため，各地域事業部の利害が対立する際には，世界全体レベルの合理化を進めること

**図表15- 3　2 種類のグローバル事業部制組織**

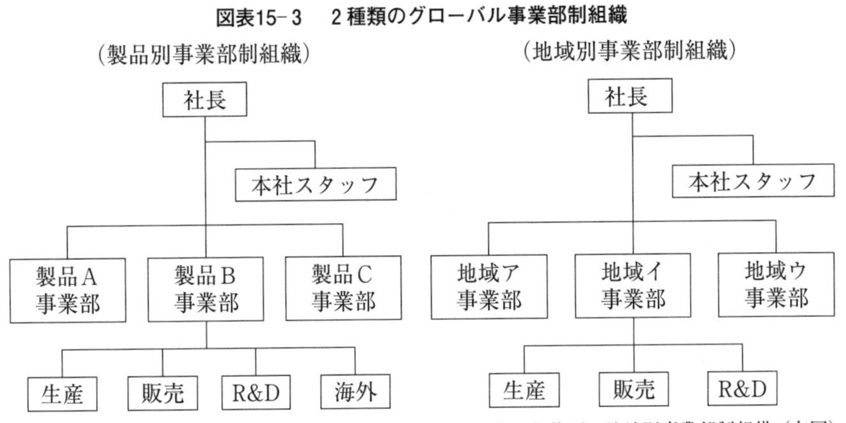


出所）　製品別事業部制組織（左図）は同上書，p. 102の図を一部修正，地域別事業部制組織（右図）は西村捷敏「第五章日本企業の国際化と組織」竹田志郎・島田克美『国際経営論―日本企業のグローバル化と経営戦略』ミネルヴァ書房，1992年，p. 110の図をもとに筆者作成

が困難になるという側面がある．

以上の特徴から，製品別事業部制組織は世界全体で展開する事業の一体的管理に優れた組織形態であり，一方，地域別事業部制組織は事業の現地への適応に優れた組織形態であるといえよう．したがって，①多角化が進んだ企業，②高度な技術を必要とする製品の海外生産を進める企業，③国や地域の事業環境の違いが小さい企業においては，製品別事業部制組織の採用が適しているといえよう．一方，①多角化が遅れている企業，②国や地域の事業環境の違いが大きい企業においては，地域別事業部制組織の採用が適していると思われる[14)]．

### (3) マトリックス組織と地域統括本社

製品別事業部制組織と地域別事業部制組織の各長所を生かし，なおかつお互いの短所を相殺することで，より効率的な国際経営活動の達成をめざした組織構造に，マトリックス組織がある．マトリックス組織は，製品事業部と地域事業部の両方を同等の地位として併存させ，各国の子会社をこれら２種類の事業部を通して管理する組織形態である（図表15-４）．

**図表15-４　マトリックス組織**

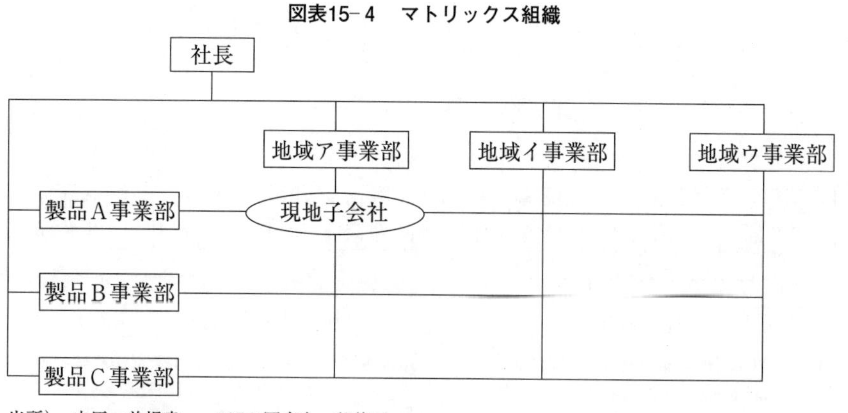


出所）　吉原，前掲書，p. 105の図表を一部修正

しかしながら，マトリックス組織の下では，各国の現地子会社は同等の権限がある２つの事業部から命令を受けることになり，命令系統が一元化されていない．そのため，製品事業部と地域事業部が相反する命令を現地子会社に同時に下した場合に，その子会社はどちらの命令を優先するかの判断が非常に困難となってしまう．このように，マトリックス組織には，意思決定とその実行の遅れという深刻な短所がある．

そのため，通常，実在するマトリックス組織では，地域事業部に代わって，地域事業部よりも権限の小さい地域統括本社（Regional Headquarter，略称 RHQ）が設立されることが多い[15)]．RHQ の権限は地域内での経営資源の調達や管理，マーケティング活動，法務などに限られており，RHQ は実質的にスタッフや調整役としての機能を果たす．一方，技術開発・移転や製造といった事業の中心業務を命令する権限は製品事業部に残されている．したがって，実在するマトリックス組織の多くは，地域別にスタッフ組織が置かれた製品別事業部制組織という性格が強いともいえる．

## 第４節　日本企業の海外進出と国際経営の課題

### (1)　日本企業の海外進出の推移

戦後の日本企業の国際経営の中心は，長年輸出であった．しかし，ヨーロッパやアメリカで日本に対する貿易収支の赤字が深刻化する中で，自国の産業を守りたいこれらの欧米諸国と日本の間で貿易を巡る対立（貿易摩擦）が深刻化した．このような中で，1985年に日本，アメリカ，イギリス，旧西ドイツ，フランスの蔵相・中央銀行総裁は，ドル高是正への国際協力に合意した．この合意は，ニューヨークのプラザ・ホテルでの会議でなされたことから，プラザ合意と呼ばれる．

プラザ合意以降，日本企業は急激な円高とこれに伴う国内での生産コストの増加に直面し，生産拠点の海外移転を加速させた．図表15-5は，プラザ合意以降のドル円相場，製造業の海外生産比率および海外設備投資比率の推移を示したものである．ドル円相場は，1985年時点で1ドル254円であったが，その2年後には約100円も円高になり，1989年には1985年の約2倍にまで円高になった．さらに，バブル崩壊後の国内の長期不況やアジアを中心とする新興国の急激な経済発展なども背景に，日本企業の海外進出は，1990年代以降も一貫して増加してきた．1985年時点で日本企業の海外生産比率は3.0％に過ぎなかったが，2013年には22.9％に達している．また，日本企業の海外設備投資比率も，1987年の9.0％から2013年の29.4％へと増加している．

とりわけ，日本企業は，日本からの地理的距離の近さ，労働コストの安さ，経済連携協定の進展，急激な経済成長などを理由に，アジア諸国へ積極的に進出してきた．日本企業の海外現地法人数は，1993年度の約1万社から2013年度の約2万4,000社へと大きく増加している（図表15-6）．これは，主にアジアの

**図表15-5　円相場，日本企業の海外生産比率，海外設備投資比率の推移**（左軸円，右軸%）

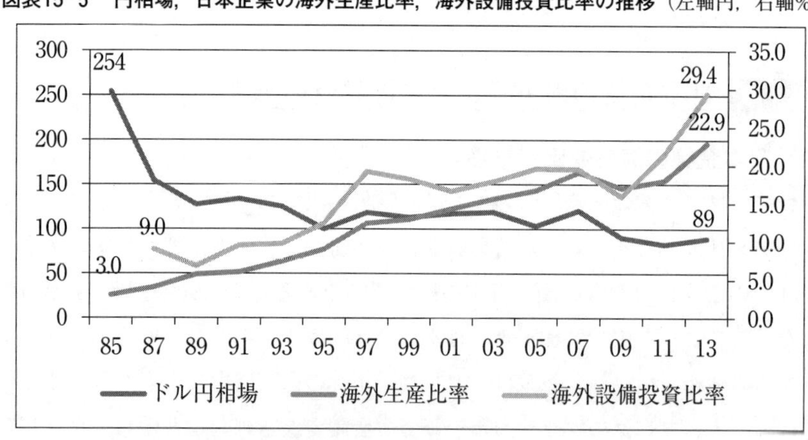


注）各年の円相場の値は1月（17時時点）の月中平均値．
出所）以下の資料のデータをもとに筆者作成．ドル円相場は，日本銀行ウェブサイト「主要時系列統計データ表」https://www.stat-search.boj.or.jp/ssi/mtshtml/m.html，2015年11月6日アクセス；海外生産比率と海外設備投資比率は，経済産業省の各年の「海外事業活動基本調査」．調査結果は以下より入手．経済産業省ウェブサイト「結果の概要」http://www.meti.go.jp/statistics/tyo/kaigaizi/result-1.html，2015年8月31日アクセス．

**図表15-6　日本企業の海外現地法人数の推移（隔年，地域別）**　（単位：社）

| | 93年度 | 95年度 | 97年度 | 99年度 | 01年度 | 03年度 | 05年度 | 07年度 | 09年度 | 11年度 | 13年度 |
|---|---|---|---|---|---|---|---|---|---|---|---|
| 北　米 | 2,790 | 2,586 | 3,122 | 3,082 | 2,596 | 2,630 | 2,825 | 2,826 | 2,872 | 2,860 | 3,157 |
| アメリカ | 2,534 | 2,343 | 2,858 | 2,809 | 2,397 | 2,427 | 2,623 | 2,615 | 2,663 | 2,649 | 2,924 |
| 中南米 | 646 | 622 | 756 | 888 | 738 | 766 | 823 | 892 | 900 | 948 | 1,251 |
| アジア | 3,906 | 4,600 | 6,231 | 6,762 | 6,345 | 7,496 | 9,174 | 9,967 | 11,217 | 12,089 | 15,874 |
| 中　国 | 491 | 908 | 1,395 | 2,353 | 2,220 | 2,975 | 4,051 | 4,662 | 5,462 | 5,878 | 7,807 |
| ASEAN4 | 1,435 | 1,609 | 2,133 | 2,327 | 2,225 | 2,439 | 2,715 | 2,763 | 2,952 | 3,111 | 4,009 |
| NIEs3 | 1,892 | 1,965 | 2,454 | 1,790 | 1,605 | 1,769 | 2,044 | 2,036 | 2,124 | 2,238 | 2,737 |
| 中　東 | 59 | 55 | 66 | 72 | 63 | 71 | 76 | 83 | 99 | 106 | 130 |
| 欧　州 | 2,053 | 1,958 | 2,373 | 2,452 | 2,147 | 2,332 | 2,384 | 2,423 | 2,522 | 2,614 | 2,768 |
| ＥＵ | 1,895 | 1,793 | 2,165 | 2,232 | 1,778 | 2,082 | 2,258 | 2,284 | 2,363 | 2,433 | 2,541 |
| オセアニア | 433 | 444 | 513 | 533 | 456 | 460 | 446 | 413 | 456 | 487 | 579 |
| アフリカ | 118 | 151 | 105 | 150 | 131 | 120 | 122 | 128 | 135 | 146 | 168 |
| 全地域 | 10,005 | 10,416 | 13,166 | 13,939 | 12,476 | 13,875 | 15,850 | 16,732 | 18,201 | 19,250 | 23,927 |

注）ASEAN4：マレーシア，タイ，インドネシア，フィリピン，NIEs3：シンガポール，台湾，韓国（ただし，97年度以前は香港を加えたNIEs4），98年度以降の中国には香港も含まれる．

出所）経済産業省の歴代の「海外事業活動基本調査」の「現地法人の時系列データ」をもとに筆者作成．同データは、以下より入手．経済産業省ウェブサイト「統計表一覧」
http://www.meti.go.jp/statistics/tyo/kaigaizi/result-2.html，2015年8月31日アクセス．

海外現地法人数の増加によるものであり，同じ20年間に約4,000社から約1万6,000社へと4倍に増加している．とりわけ，アジアの中でも中国への進出が顕著であり，1993年度時点では約500社とASEAN 4やNIEs 3などの3分の1程度に過ぎなかったが，2013年度には16倍の約8,000社へ増加し，アジア全体の約半分，世界全体の3分の1を占めるまでに増加している．

このように，1985年のプラザ合意以降，日本企業の海外進出が加速する中で，「産業の空洞化」と呼ばれる，国内の産業基盤（投資，生産，研究開発等）の縮小による国内産業の衰退が強く懸念されてきた．もっとも，企業の海外進出の加速が直ちに産業の空洞化を加速させるわけではない．というのは，海外市場を積極的に開拓することで国内からの輸出を増やすことができれば，国内の産業は衰退するのではなく，むしろ発展していくからである．したがって，産業の空洞化は，企業の海外進出の進展ではなく，国内の産業基盤の縮小や海外移転によって起こる現象である．

①円高，②法人税の高さ，③労働コストの高さ，④他国・地域との経済連携の遅れ，⑤環境規制の厳しさ，⑥電力不足と電力コストの高さは六重苦と呼ばれ，日本で産業の空洞化が進む大きな要因として指摘されてきた[16)]．日本の貿易赤字は，2011年に1980年以来31年ぶりに赤字を記録して以降拡大が続いており[17)]，産業の空洞化の解消は日本経済の大きな課題となっている．

### (2) 意思決定における国際化の遅れ

日本企業は，1985年以降一貫して海外進出を加速させてきたにもかかわらず，企業の意思決定における国際化がかなり遅れていると言われている．とりわけ，①日本人による経営，②日本語による経営，③日本親会社の非国際性の3つの問題が指摘されてきた[18)]．すなわち，日本の多国籍企業では，日本人が日本語を使用して働いている日本親会社を頂点に，海外子会社も含め，国際経営上の重要な意思決定とコミュニケーションが日本語と日本人を中心に展開されてきた．

日本貿易振興機構（以下，ジェトロという）は，日本企業の海外事業展開についてのアンケート調査を毎年実施してきた．その2014年の調査によれば，大企業661社のうち，外国人を採用している企業は70.3％に上る．しかし，外国人を採用している大企業のうち，外国人が取締役に就任している企業は10.3％に留まっている[19)]．

意思決定における国際化が進まない大きな要因として，意思決定における国際化の遅れが挙げられる．上述したジェトロの調査によれば，外国人社員の採用・雇用が難しい理由の上位は，「組織のビジョンの共有の難しさ」（18.5％），「日本人社員とのコミュニケーションにおける支障の多さ」（17.1％），「将来帰国・転職を希望する者が多く，離職率が高い」[20)]（17.0％），「外国人の処遇や人事管理の方法がわからない」(14.8%) といった，日本と外国の文化，慣習，言語，管理方法の違いで占められている[21)]．そして，経営のグローバル化の最大の課題は，「日本人社員の意識改革」(54.6%) とされ，「優秀な人材のグローバル採用」(39.6%) を大きく上回っている[22)]．

しかしながら，多国籍企業が国際競争優位を確立するためには，本国の人材に不足しがちな現地の情報や語学力，人脈などを有する現地の人材を活用することが重要である．実際，ジェトロの調査でも，外国人社員採用・雇用のメリットの上位は，①販路の拡大 (41.0%)，②対外交渉力の向上 (39.7%)，③語学力の向上 (31.4%)，④経営の現地化への布石 (28.5%) となっている[23)]．意思決定における国際化は，今後，日本の多国籍企業が国際競争力を高める上での大きな課題のひとつといえよう．

**注**

1) 吉原英樹『国際経営論』放送大学教育振興会，2005年，p. 11．なお，吉原自身は，この定義に従えば，国際経営の英訳は「managing across borders」が適当であるとしている．同上書，p. 12
2) 海外は「国外」と同義語であるが，本章では，全て「海外」に統一する．
3) 多国籍企業の定義は，世界共通の戦略や目的を有するか否かといった定性的要素に基づく定義と，拠点数を5ヵ国以上有するか否かといった定量的要素に基づく定義の2種類に大別できる．絹巻康史「第1章 国際経営とは」絹巻康史編著『国際経営―多国籍企業の貿易・投資・海外事業―』文眞堂，2001年，pp. 6-8
4) この定義は，以下を参照した．吉原英樹『国際経営〔第3版〕』有斐閣，2011年，pp. 18-21
5) 茂垣広志・池田芳彦『国際経営論―マーケティングとマネジメント―』学文社，1998年，p. 130
6) 山下達哉「第7章　国際競争戦略の変容・その2―提携」竹田志郎編著『新・国際経営〔新版〕』文眞堂，2011年，p. 224．この分類は，もともとポーターによって展開されたものである．マイケル・E・ポーター編著（土岐坤・小野寺武夫・中辻万治訳）『グローバル企業の競争戦略』ダイヤモンド社，1989年
7) 山下，同上稿，pp. 206-207

8） 吉原，2011，前掲書，pp. 28-31
9） 本項の内容については，主に以下の文献を参照のこと．竹田志郎「第1章　国際経営と多国籍企業」，諸上茂登「第2章　国際経営戦略の内容」，藤沢武史「第6章　国際競争戦略の変容・その1―合併と買収」竹田志郎編著『新・国際経営〔新版〕』文眞堂，2011年
10） なお，株主総会の通常の議決を支配できる50％超の株式取得と，これを支配できない50％以下の株式取得を区別するために，前者のみを「買収」とする定義もある．ただし，50％以下でも経営を支配できる場合にはこの限りではない．レコフウェブサイト「データの見方」https://madb.recofdata.co.jp/help/，2015年8月27日アクセス
11） 合弁会社と合弁事業はジョイント・ベンチャー（joint venture）という同じ用語で呼ばれることが少なくないが，両者を区別するために，合弁会社を joint venture company と呼ぶこともある．
12） 本項の内容については，主に以下を参照のこと．山下．前掲稿
13） 本項の内容については，主に以下を参照のこと．吉原英樹「第7章　国際経営組織と所有政策」吉原英樹『国際経営論』放送大学教育振興会，2005年
14） 茂垣・池田，前掲書，pp. 161-164
15） RHQ については，高橋浩夫「第3章　国際経営組織の構造」竹田，前掲書，pp. 92-93；西村捷敏「第五章　日本企業の国際化と組織」竹田志郎・島田克美編著『国際経営論―日本企業のグローバル化と経営戦略』ミネルヴァ書房，1992年などを参照のこと．
16） ただし，六重苦の内容には，資料によって若干違いがある．たとえば，日本経団連は，法人税の高さと社会保険料負担の高さを合わせて六重苦のひとつとしている．日本経済団体連合会「2014年度　日本の国際競争力調査結果」2015年，p. 2，http://www.keidanren.or.jp/policy/2015/049_honbun.pdf，2015年8月31日アクセス．
17） 日本の貿易収支は，以下を参照のこと．財務省ウェブサイト「輸出入額の推移」http://www.customs.go.jp/toukei/suii/html/nenbet.htm，2015年9月1日アクセス
18） 吉原，2005，前掲書，pp. 235-237．なお，日本親会社の国際化は，「内なる国際化」とも呼ばれる．同上書，pp. 237-239
19） 日本貿易振興機構「2014年度日本企業の海外事業展開に関するアンケート調査―ジェトロ海外ビジネス調査―』2015，p.85，http://www.jetro.go.jp/ext_images/jfile/report/07001962/07001962.pdf，2015年9月1日アクセス
20） 日本の人事制度は，長期雇用を前提としており，新卒採用を中心とする採用

方法や社内昇進制度などのさまざまな特徴がある.

21）日本貿易振興機構，前掲書，p. 92

22）同上書，p. 93

23）同上書，p. 91

**参考文献**

絹巻康史編著『国際経営―多国籍企業の貿易・投資・海外事業―』文眞堂，2001年

経済産業省『海外事業活動基本調査』2000–2014年

経済産業省『経済産業政策の課題と対応』2011年，http://www.meti.go.jp/main/yosangaisan/2012/doc01-2.pdf，2015年7月23日アクセス

財務省ウェブサイト「輸出入額の推移」http://www.customs.go.jp/toukei/suii/html/nenbet.htm，2015年9月1日アクセス

竹田志郎編著『新・国際経営〔新版〕』文眞堂，2011年

竹田志郎・島田克美編著『国際経営論―日本企業のグローバル化と経営戦略』ミネルヴァ書房，1992年

武田康『国際経営の基礎的諸問題』白桃書房，1983年

日本経済団体連合会『2014年度　日本の国際競争力調査結果』2015年，http://www.keidanren.or.jp/policy/2015/049_honbun.pdf，2015年8月31日アクセス

日本貿易振興機構『2014年度日本企業の海外事業展開に関するアンケート調査―ジェトロ海外ビジネス調査―』2015，http://www.jetro.go.jp/ext_images/jfile/report/07001962/07001962.pdf，2015年9月1日アクセス

マイケル・E・ポーター編著（土岐坤・小野寺武夫・中辻万治訳）『グローバル企業の競争戦略』ダイヤモンド社，1989年

茂垣広志・池田芳彦『国際経営論―マーケティングとマネジメント―』学文社，1998年

吉原英樹『国際経営論』放送大学教育振興会，2005年

吉原英樹『国際経営〔第3版〕』有斐閣，2011年

レコフウェブサイト「データの見方」https://madb.recofdata.co.jp/help/，2015年8月27日アクセス

第16章

# 現代企業におけるIT戦略[1)]

## 第1節 わが国におけるIT戦略の背景と現状

2005年，わが国はブロードバンドの面で世界最先端のIT国家としての地位を確立した．これはかつて政府が謳った国家プロジェクトによるものであり，この実現が「IT革命」を生みだした．さらに，このIT革命は新たな企業展開の渦を巻き起こすとして，多くの経営者らの期待を一心に集めた．しかし，その後IT化の推進は，思ったほどの成果を呼び起こすことができなかったため，IT革命に対して疑問視する経営者も決して少なくなかった．そのため政府は，さまざまな提言や戦略策定を行い，その結果ITは私たちの日常に欠くことのできないツールとなった．

特に，ビックデータを活かすクラウドコンピューティングの進展は，これまでのITの考え方を大きく進化させた．例えば，ツールがスマート化し簡易化しても，クラウドコンピューティングと結びつくことで，いつでも企業は最高のパフォーマンスを実現することができるようになった．

つまり，これまで企業のITを支えてきた「いつでも，どこでも，何でも，誰でも」ネットワークにつながるユビキタス社会は，クラウドコンピューティングによって飛躍的な進展をみせたのである．その意味で，企業にとってのIT戦略は，新たな段階に入ったのであった．

### (1) IT化への歩み

わが国のIT化の急激な進展は，2001年に施行された「高度情報通信ネットワーク社会形成基本法（IT基本法）」から始まったが，実はこのIT基本法の成立の背景には，1985年の通信自由化があった．これにより，企業の電話サービスからデータ通信といった携帯電話などのサービスへの転換や，デスクトップコンピュータの出現でインターネットの普及が加速された．こういったIT化の環境が整うことで，わが国はIT基本法を成立させ，その実現の仔細を担う「e-Japan戦略」が策定された．そして，この戦略により，わが国は2005年までに世界最先端のIT国家になることを目指したのである．また，このわが国のIT化の推進には1990年代から続く不況を打破し，21世紀に向けた国民生活の質的向上やわが国の産業の国際競争力を確保したいという政府と産業界の意図があった．

1997年，経済団体連合会が行った「情報化の推進に関する提言[2)]」では，このような内容が具体的に網羅されており，政府に対しIT化による産業の活性化を実現すべきであるとしている．実際に，この提言は，産業構造審議会情報分科会が2000年に行った第一次提言，第二次提言，IT基本法やその後の戦略の策定に大きな影響を与えた．

さらに，産業審議会は2002年に「ネットワークの創造的再構築」と題した第三次提言を行い，わが国の強みでもあった垂直統合型の企業組織，企業連携，行政組織を，機能的・水平的に「再編」し，従来の硬直化した「縦割り組織」のあり方を再検討すべきであるとした[3)]．実際，この提言は，2003年7月に策定された「e-Japan戦略Ⅱ」や，同年10月に開催された「情報技術と経営戦略会議[4)]」における提言策定の基礎となり，ITを活用し，どのように企業経営を活性化させていくべきかを明らかにしている．

こういった流れは，2004年に策定された「新産業創造戦略」に影響を及ぼし，「e-Japan戦略」に対応する「ツール」（たとえば情報家電）の開発や「コンテンツ」の構築などの産業群の育成を促した．また，2005年，政府は産学の協力を得て「情報経済・産業ビジョン」を打ち出し，「ITの活用による課題解決力の向上・競争力の強化」をビジネス・行政・生活・社会の4分野で実現すること，また，「情報家電の相互接続・相互運用性の確保」により課金・認証・権利処理等のプラットホーム（共通基盤）の形成支援の確立を提唱した．さらに，このビジョンが展開されることで「IT 活用の展開」「ユーザーの利便性の向上」「IT 産業の競争力強化」「市場環境の整備」の可能性や課題を示した．

ところが，このようなさまざまな提言や戦略を打ち出しているにもかかわらず，本質的なところが何も変わっていないのではないかといった疑問が「情報経済・産業ビジョン」の調査から明らかになった．このため，政府はこの原因を従来のイノベーションによる追求の方法にあるとし，供給する「作り手」側からだけが発信する姿勢を改め，需要する「使い手」側をも巻き込んだ市場の確立を提言した[5)]．

### (2) 新たな IT 化へ

この2000年当初，アメリカ，韓国，シンガポール，中国などの IT 活用は，生活や行政の変革，産業の競争力の面でわが国よりも進んだ事例が多く，「縦割り」などの IT の障害になるセクショナリズムを超えた展開を国家レベルで行ってきた．つまり，これらの国々は，ユーザーとの会話や「縦割り」などの立場の違いを超えたネットワーク化が IT を駆使し，IT のもつ優位性を自らのものにしていったのである[6)]．

こういった世界的な IT の潮流を受け，政府は，2006年「IT 新改革戦略」を実行し，「2010年までに，IT によって経営最適化を実践する企業の割合を世界トップレベルの水準にする」といった目標を打ち出した[7)]．また，同年に策定された「新経済成長戦略」も，IT による生産性向上に関する具体案に言及しており，2010年に向けた IT による経営のあり方とは，「IT 経営力」を養うことであると指摘している[8)]．

このように政府は「e-Japan 戦略」から「IT 新改革戦略」へと進展させ，「『IT 経営』の確立による企業の競争力強化」を実現し，また，その一方で，

「新産業創造戦略」から「新経済成長戦略」へと産業を強化させ，「『IT生産性向上運動』による新しい成長」を実現する体制を構築した．そして，これらの戦略を実践することで「情報経済・産業ビジョン」を発展させ，「『情報経済社会』の加速化・深化」を進行させようとしたのであった．

さらに，政府は2007年にこれまでの「情報経済・産業ビジョン」をフォローアップする「情報経済社会の課題と展望」を策定し，すでに2005年に提示したITの利用や活用についてのビジネス・行政・生活・社会の4分野の課題を追加・整理した．

それは，その4分野から再考された「ITによる課題解決力と生産性の向上」「ITの新しい活用と新しい産業の展開」「イノベーションの促進とその基盤の確保」といった3つの重点項目があり，企業はこれらの項目に自主的に取り組んだ[9)]．

さらに，2009年には「スマート・ユビキタスネット社会実現戦略」が取りまとめられ，前述のように，ユビキタスといった「いつでも，どこでも，何でも，誰でも」ネットワークで結びつくことができるようになった．このような流れのなかで2011年に，政府は「知識情報社会[10)]」の実現に向け，加えて東日本大震災の復旧・復興に必要となるIT化への展開も目指すこととなった．

そして，2013年に政府は「ICT成長戦略会議」を設置し，①くらしを変える社会実装戦略，②新しいモノをつくる新産業創出戦略，③世界に貢献する研究開発戦略を推進し，「ICT成長戦略」を同年に策定したのであった．翌年，この戦略の結果を踏まえ，「ICT成長戦略Ⅱ」を策定し，国際戦略である「ICT国際協力強化・国際展開イニシアチブ」とともに国内戦略，国際戦略が一体となった「スマート・ジャパンICT戦略」をも作成した．

この「スマート・ジャパンICT戦略」では，ICTによるイノベーションで経済成長と国際貢献を実現するため，わが国は「世界で最もアクティブな国になる」ことをミッションとした．このミッションには，①2020年までに「知識情報立国」の実現，②地球的課題，わが国の課題，相手国の課題のICTによる「三位一体」解決，③グローバルな視点で，「スピード」と「実践」の実現の3つのビジョンがある．

このように，IT 基本法の成立を境に，「世界で最もアクティブな国になる」ことを目指した戦略と提言が立案され，わが国のIT 化は経営者らの協力の下に具体化されていったのである．

## 第2節 企業におけるクラウドコンピューティング

「ICT 成長戦略Ⅱ」が目指す「ICT 国際協力強化・国際展開イニシアチブ」と「スマート・ジャパン ICT 戦略」は，ビックデータによるクラウドコンピューティングによって企業戦略の可能性を大きく広げた．本節では，このクラウドコンピューティングに注目し，今後の企業のIT 化について考えていく．

### (1) クラウドコンピューティングの歴史的展開

クラウドコンピューティングとは，巨大なコンピュータ群が雲（クラウド）に隠れ，どこにあるのかわからないというイメージで構築されたものであるが，そのきっかけとなったのが，2006年にグーグルの CEO であるエリック・シュミット（Eric Schmidt）が発した次の言葉であった．エリック・シュミットは，「従来ユーザーの手元にあったデータサービスやアーキテクチャが，サーバーに移ろうとしている．我々はこれを，クラウドコンピューティングと呼ぶ」と述べた．この時からクラウドコンピューティングという言葉は一般化されていったのである．

しかし，このクラウドコンピューティングの基本コンセプトは決して新しいものではなく，1980年代当時から存在していた．その基本コンセプトは，企業がコンピュータを活用し，顧客へのサービスを最大限に拡大しようと試みるものである．だが，ツール，特にサーバーが未熟であり，企業もそのサーバーを使いこなす能力もなかった．加えて，当時のサーバーはあまりに高額であった

**図表16-1　クラウドコンピューティングに関連するできごと**

| クラウド前史 | |
|---|---|
| 1943年 | IBMの初代社長トーマス・J・ワトソン氏が「コンピュータの席市場規模は5台程度」と語る |
| 1983年 | サン・マイクロシステムズ創業.「The Network is the Computer.」を掲げる |
| 1993年 | エリック・シュミット氏が「ネットワークがプロセッサ並みに高速になれば，コンピュータはネットワークに拡散する」と語る |
| **インターネットの利用が拡大** | |
| 1994年 | アマゾンドットコム創業 |
| 1995年 | ヤフー創業. マイクロソフトがMSNをスタート |
| 1996年 | グーグル創業 |
| 1999年 | セールスフォード・ドットコム創業 |
| **Web 2.0台頭** | |
| 2004年10月 | グーグルがGmailをスタート |
| 2006年3月 | アマゾンがAmazon　S3をスタート |
| 2006年6月 | マイクロソフトのレイ・オジー氏が「Software + Service」構想を発表 |
| **クラウド到来** | |
| 2006年8月 | エリック・シュミット氏がSearch Engine Strategies Conferenceで自社のサーバー群「クラウド」と表現 |
| 2006年12月 | アマゾンがAmazon　EC2 をスタート |
| 2008年1月 | セールスフォースがForce.comをスタート |
| 2008年4月 | グーグルがGmailをスタートGoogle App Engineをスタート |
| 2010年2月 | マイクロソフトがWindows　Azureを開始 |

出所）日経BP社出版局編『クラウド大全』日経BP社，2011年，p. 9

ため，企業がそのサーバーを手に入れるにはハードルが高すぎた．仮にサーバーをもったとしても，このサーバーの維持，管理に新たなコストを費やさざるを得なかったために，企業はこのようなIT化に限界を感じていたのである．

とはいえ，企業がコンピュータに求めたことは，計算機能と同時にネットワークの利用であったため，その意味で，いくつかの先進的な企業はすべてではなかったとしても基本コンセプトに沿ってサーバーを利用し，クラウドコンピューティングの基本的な考え方を構築していった．それを現実的なものにしたのが，インターネットであり，特に，Web2.0が台頭することでクラウドコンピューティングの原型は完成したのであった.[11]

Web2.0とは，2004年頃から登場し始めた新しい発想に基づくWeb関連の技術や，Webサイト・サービスなどの総称であり，「次世代のWeb」を意味する．しかし，Web2.0は，従来型WWWの延長ではなく，だからといって，特定の技術やコンセプトを意味するものでもない．だが，そこには，コンピュータにおけるOSのようにWebが一種のプラットフォームとして振舞うようになっており，その上で情報や機能が製作者の手を離れて組み合わされたり加工されるという特徴をもつ.[12]

その意味で，このWeb2.0の台頭により，グーグルのGmail，アマゾンのAmazon S3，マイクロソフトの「Software+Service」構想が展開され，それこそが，クラウドコンピューティングの礎となったのである．

そして前述の通り，2006年エリック・シュミットによりクラウドコンピューティングという言葉は世に出ることになったが，アマゾンはWeb2.0を具現化したAmazon S3をAmazon EC2に進化させクラウドコンピューティングとして展開していったのであった．そして，クラウドコンピューティングは企業に普及していくのである（図表16-1）．

### (2) クラウドコンピューティングの構造

クラウドコンピューティングの構造は図表16-2で示す通り一般的にSaaS（Software as a Service），PaaS（Platform as a Service），IaaS（Infrastructure as a Service）から成り立っている．

SaaSはWeb2.0の考え方によって成り立ったものであり，そのスタートはグーグルのGmailからであった．Gmailの特徴は単なるメールサービスだけに止まらず，IM（Instant Messenger）機能も統合されている．これはメール機能を強化するものであり，オンライン状態でいる相手にはリアルタイムに連絡が可

**図表16-2　SaaS，PaaS，IaaSの違い**

| | |
|---|---|
| Software as a Service<br>〈例：Gmail, Salesforce CRMなど〉 | ●サービスとして提供されるソフトウェア |
| Platform as a Service<br>〈例：Google App Engine, Force.com, Windows Azureなど〉 | ●サービスとして提供されるプラットフォーム<br>●スケーリングを考慮せずにアプリケーションを動かせる<br>●プラットフォームにはミドルウェア（データベース，アプリケーション実行環境，管理ツールなど）が含まれる<br>●開発言語は限定されている（例：Google App EngineはPythonとJavaのみ） |
| Infrastructure as a Service<br>〈例：Amazon EC2/S3など〉 | ●サービスとして提供されるインフラストラクチャ（仮想マシンやストレージ）<br>●好きなOSやミドルウェアをインストールし，アプリケーションを動かせる<br>●スケーリングを考慮する必要がある |

出所）日経BP社出版局編『クラウド大全』日経BP社，2011年，p. 10

能となる．つまりメール機能と同時にアプリケーションも付加されているのである.[13]

また，SaaSはセールスフォース・ドットコム（Salesforce.com）社が提供するクラウドコンピューティングのSalesforce CRMなどもあってこのアプリケーションにより世界で6万7,900社，150万ユーザーが経営支援やマーケティングなどを行っている.[14]

次に，PaaSとIaaSについて説明する．PaaSとIaaSはSaaS機能であるアプリケーションを実行するサービスであるが，PaaSはプラットフォームサービスであり，IaaSはインフラストラクチャーサービスを意味している.

では，PaaSのプラットフォームとIaaSのインフラストラクチャーの違いは何であろうか．一般的にプラットフォームとは，ソフトウェアやハードウェアを動作させるために必要な基盤となるハードウェアやOS，ミドルウェアなどをいう．また，それらの組み合わせや設定，環境などの総体を指すこともある[15)].

一方，インフラストラクチャーとは，基盤，下部構造である水道や道路，電力網などの社会基盤を意味するが，ITでは，何らかのシステムや事業を有効に機能させるために基盤として必要となる施設や設備，回線，ソフトウェア，制度や，それらの組み合わせなどのことを意味する場合が多い[16)].

では，改めてPaaSのプラットフォームサービスとIaaSのインフラストラクチャーサービスの違いを確認すると，システムの自動伸縮である「スケーリング」と，「自由度」に集約することができる．

スケーリングとは，アプリケーションの負荷が上昇した場合にサーバーなどのハードウェアの資源を増強し，負荷が減少した場合に縮小する作業を指す．その意味で言えばPaaSに対して自動的にサーバーがスケーリングされるのでIaaSよりPaaSの方が，スケーリングが高いといえる．

一方，自由度でみればIaaSの方がPaaSより上で，開発者はOSやミドルウェアをインストールしてIaaSの段階でアプリケーションを開発することができる．

このように，企業はSaaSのアプリケーション機能，PaaSのプラットフォーム機能，そしてIaaSのインフラストラクチャー機能をもつクラウドコンピューティングにより，従来であればあまりに高額で手にすることができなかったシステムを安価で利用できるチャンスを得たのであった．つまり，クラウドコンピューティングの3つの機能は，これまでの企業がIT化に対し，限界を感じていた点を排除し，企業に新たな可能性を呼び覚ましたといえる[17)].

とはいえ，クラウドコンピューティングにも長所だけでなく短所も存在する．ここでクラウドコンピューティングの長所と短所[18)]を整理していく

### ◆ 長所

・コスト：高額の業務用アプリケーションを購入したり，自前でシステムを構

築したりする必要がないので，IT投資を節約できる．

・スピード：クラウドでは，非常に頻繁にサービスが更新される．

・拡張性（スケーラビリティ）：企業（ユーザー）が業務を拡大したいときには，それをクラウド業者に伝えれば，必要なコンピューティングパワーやストレージが，ほぼ自動的に追加される．資金力のない中小企業は，自ら大きなリスクをとることなく業務を拡張できる．

◆ 短所

・情報セキュリティ：企業にとって大切な顧客情報や機密情報を，あえてネット上のクラウドに載せるのは危険である．

・信頼性：回線が切断されたり，サーバーが稼働停止したりすれば，その瞬間に企業の業務が麻痺してしまう．クラウド業者のストレージが故障・損傷すれば，そこに保存した企業のデータが失われてしまう危険性がある．

・データの在りかが不明確：クラウドコンピューティングではデータ管理が高度に抽象化されているため，世界各地に分散した，どのデータセンターに情報が保存されているのかが，クライアントにはわからない．これは，何かトラブルが生じた際，司法管轄権などに起因する法的問題を引き起こす恐れがある．

以上が，クラウドコンピューティングの長所と短所である．実は，図表16-3にあるように総務省の『平成26年度通信利用動向調査』によれば，クラウドコンピューティングの利用状況は年々増加している．この調査は，1990(平成2)年から毎年年末に総務省がわが国の世帯及び企業に対し実施している通信利用調査であり，その意味で，信頼がおけるものであるといえる．

その調査でクラウドコンピューティングの利用状況で次のような結果がでた．特に，2010（平成22）年末では，「全社的にクラウドコンピューティングを利用している」企業が全体の4.2%であったのに対し，2014（平成26）年末では20.7%と約5倍の増加をみせている．また，「クラウドコンピューティング

**図表16-3　クラウドサービスの利用状況の推移**

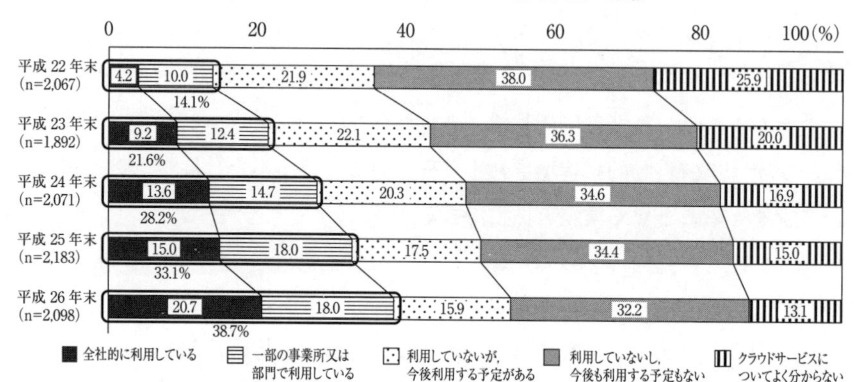


出所）　総務省『平成26年通信利用動向調査』2014年，19ページ
＊ここでのクラウドサービスとはクラウドコンピューティングサービスを意味する．

を利用していないが今後利用の予定がある」といった回答も2010（平成22）年末では10%であったのに対し，2014（平成26年）末には18%と約2倍の増加をみせた．これは多くの企業がクラウドコンピューティングのもつ長所に魅せられたのであり，その期待度は今後も続くと予測できる．

というのも，「クラウドコンピューティングを利用していないし，今後も利用する予定もない」，「クラウドコンピューティングといったサービスについてよくわからない」といった意見は，2010（平成22）年末と2014（平成26）年末を比較すると，63.9%から45.3%と18.6%も減少しているからである．

しかし，こういったクラウドコンピューティングに対する消極的な回答は，決して看過できない問題が隠されている．実際，図表16-4に示すクラウドコンピューティングを利用しない理由を概観すると，「必要がない」が44.7%，「情報漏洩などセキュリティ面で不安を感じる」が34.5%，そして，「メリットが分からない，判断できない」が22.5%と続いている．

この中で，クラウドコンピューティングのセキュリティの不安は，クラウド

**図表16-4　クラウドサービスを利用しない理由**

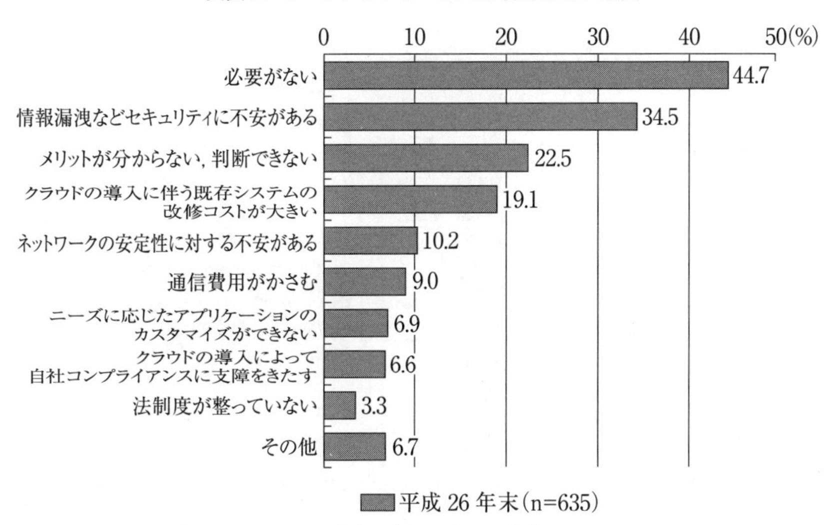


出所）　総務省『平成26年通信利用動向調査』2014年より作成

コンピューティングの短所で既に確認したが，ここでのクラウドコンピューティングの課題は，クラウドコンピューティングに対し，44.7％の企業が必要を感じず，22.5％の企業がクラウドコンピューティングのメリットがわからない，判断できていないと指摘していることである．

これは，クラウドコンピューティングの活用の如何に関わらず，これまでの IT が企業経営に即時的に活かされてこなかった結果を示すものであり，企業内においても IT が全面的に支持されてこなかったことを意味している．

図表16-5は，企業の IT に対する期待度の詳細を示したデータである．これは，日経コンピュータがこれまで独自にデータを蓄積してきたものであり，その意味で，IT はビジネスといった戦略的展開よりも企業内部の管理運営に期待されているのである．つまり，図表16-4から得たクラウドコンピューティングに対する消極的なデータも，実は，図表16-5のデータのようにビジネ

図表16-5　利用部門が期待する業務とIT部門が注力する業務

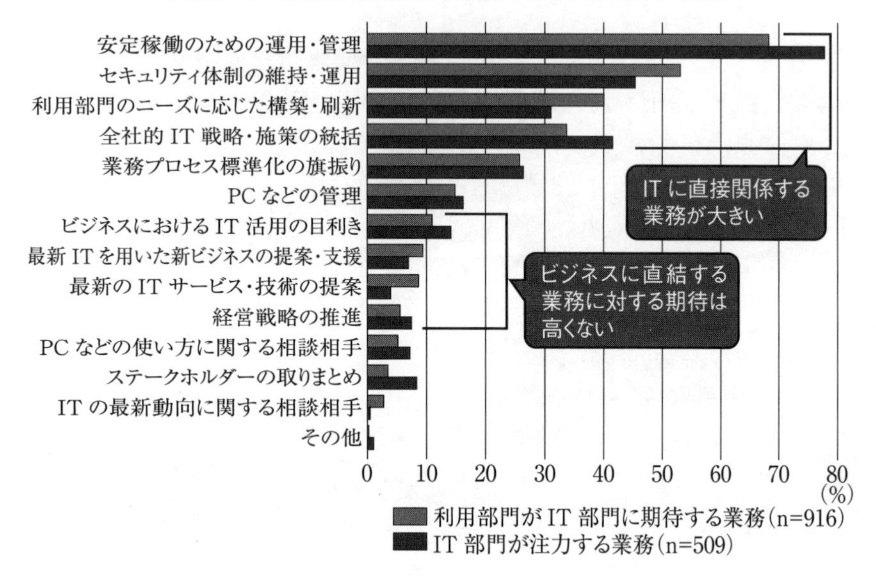


出所）　日経コンピュータ，日経NETWORK，日経パソコン，日経コミュニケーション，日経SYSTEMS，日経情報ストラテジー『IT調査データ年鑑』日経BP社，2015年，p. 48より作成

スに対し，企業が消極的であることを示している．

しかし，企業のグローバル化の展開や，同業他社に対し戦略的優位性を維持している企業はITに舵を切っている企業が多く，現在もなお目覚ましい成長を続けている．

改めて考えると，わが国のIT戦略はまずIT基本法といった環境を整えることからスタートし，企業がその環境に適合するため企業努力を行ってきたものであった．したがって，わが国のIT化とは与えられたものであって，企業が自ら欲したものではなかったのである．しかし，いま述べた通りITを積極的に導入している企業はITの果実を獲得し，企業成長を続けている．ここでは，そのような企業をIT経営力をもつ企業と考え，クラウドコンピューティングだけでなく進化する新たなITに対しても，その先進的企業は，経営強化のツールとし企業収益に結びつけてしまうのである．

## 第3節　4つのステージからみる企業のIT経営力

前節において，クラウドコンピューティングの出現過程とその構造及び利用について確認したが，今後このクラウドコンピューティングはさらなる進化を遂げる可能性がある．というのも，ツールはますます高度化し，私たちのニーズもより多様化しているからである．しかし，企業経営はこのクラウドコンピューティングのようにさらなる進化を遂げるべきものと，変わらざる企業理念などがある．だからこそ，本節で述べるITを経営に活かすIT経営力が今求められているのである．本節では，このIT経営力について確認していく．

### (1)　4つのステージ

2003年，「情報技術と経営戦略会議」の提言において明らかにされたことは，ITを活用し成果を上げている企業は，経営者自ら情報技術を組織に取り込むことによって，生産性向上と商品サービスの品質向上の効果，組織の活性化，企業文化の変革につながる道筋を実現しているということであった[19]．

しかし，成果を上げている企業はIT活用の先進的企業であって，その他の多くの企業は情報技術を活かせずにいた．つまり2003年からすでにIT投資に見合った成果をあげることができない企業が多数存在していたのである[20]．

また，そのような成果を手にできない企業を調査したところ，各事業部や工場ごとに情報システムが構築され，組織全体の視点から最適化された統合的な情報システムが構築されず，当該企業には部門間の「壁」が存在していたというのであった．したがって，ITを発展のツールとして活用することができるようにするには，壁を超えた組織改革の必要があったのである．

この2003年の経済産業省の提言は現在もなお実現されていない．図表16－6

図表16-6　4つのステージ

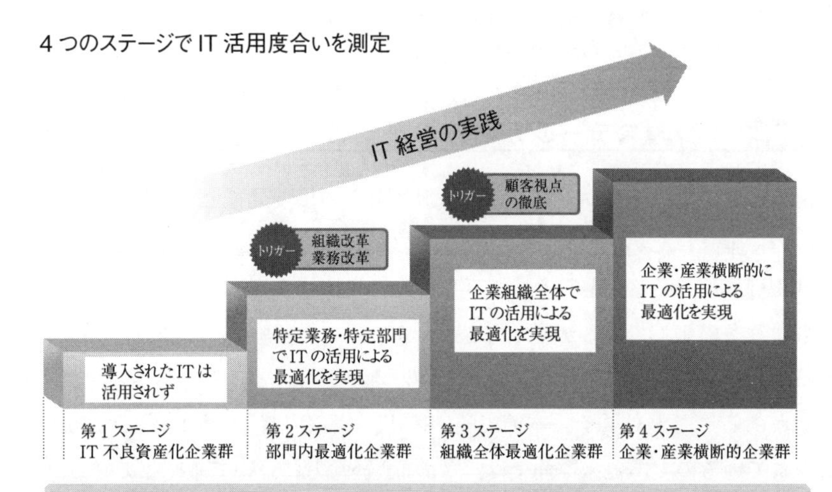


出所）　経済産業省「IT経営力指標と4つのステージ」より
　　　http://www.meti.go.jp/policy/it_policy/it-keiei/about/it_sisin.html（2016年3月20日アクセス）

にあるIT経営力はツールが高度化しクラウドコンピューティングが普及されても現存する企業の問題として未だに解決されていないのである．

次に，図表16-6より，ITを活用する企業を次の4つのステージに分類する．[21]

第1ステージ：IT不良資産化企業群

　単に情報技術を導入しただけで，その活用がなされていない企業群

第2ステージ：部門内最適化企業群

　情報技術の活用により，工場・部門ごとに効率化を実現している企業群

第3ステージ：組織全体最適化企業群

企業組織全体を統合してプロセスの最適化を行い，高効率化と顧客価値の増大を実現している企業群

第4ステージ：共同体最適化企業群

単一企業組織を超えて，バリューチェーンを構成する共同体全体の最適化を実現している企業群

### (2)　7つの機能と20の行動指針[22)]

経済産業省は，多くの企業がIT経営力を自らの力となるよう，IT経営力の7つの機能とその7つの機能を補う20の行動指針を打ち出した．

その機能は，「1．経営戦略とIT戦略の融合」，「2．現状の可視化による業務改革の推進とITの活用による新ビジネスモデルの創出ビジネス領域の拡大」，「3．標準化された安定的なIT基盤の構築」，「4．ITマネジメント体制の確立」，「5．IT投資評価の仕組みと実践」，「6．IT活用に関する人材育成」，「7．ITに起因するリスクへの対応」の7つである．

また，「1．経営戦略とIT戦略の融合」の行動方針は，「IT戦略の意思決定プロセスに積極的に」，「ITの新しい利用の可能性を検討」「新規テクノロジーやソリューションの現状，将来動向を適宜把握」であり，「2．現状の可視化による業務改革の推進とITの活用による新ビジネスモデルの創出ビジネス領域の拡大」の行動方針は，「IT戦略の意思決定プロセスに積極的に関与」，「ITの将来動向を適宜把握し，定期的に意見交換する」である．

「3．標準化された安定的なIT基盤の構築」の行動方針は，「標準化された安定的なIT基盤の構築」，「全社的な視点からIT投資の実行を推進」，「業務プロセスの標準化を推進」であり，「4．ITマネジメント体制の確立」の行動方針は，「全社横断的なIT戦略の立案・決定・管理のプロジェクトチームを組織」，「役割を明確にした上で組織体制を構築」，「選定方針や評価基準を定め，取引の透明性を高める」である．さらに，「5．IT投資評価の仕組みと実践」の行動方針は，「IT投資の考え方や判断基準を定め，必要性を説明」，

「IT投資の効果と効果測定」,「PDCAサイクルを機能させる」であり,「6．IT活用に関する人材の育成」の行動方針は,「社員のITに関する理解とスキル向上」,「IT部門の人材の客観評価を実施」,「経営とITを橋渡しする人材に求められる要素と水準を明確に」である.

最後に「7．ITに起因するリスクへの対応」の行動方針は,「ITに関連・起因するリスクの把握と事前対策」,「システムの重要性に応じた事前対策・準備」,「不正アクセスを防止・発見する仕組みと定期的なチェック」である.

以上,経済産業省は,このIT経営力の7つの機能とそれを補う20の行動方針からITによる経営力を多くの企業が自立的に高めていくことを目標に据えており,この7つの機能と20の行動方針の実現により,企業がIT経営力のステージを自らの力で上っていくことを期待している.

## 第4節 企業にとってITとは何か

第2節においてクラウドコンピューティングの基礎となったWeb2.0について述べたが,Web2.0の正確な定義は存在しない.さらにいえば,クラウドコンピューティングの正確な定義も存在していないのである.また,ITという言葉がわが国に普及されたのが2000年前後であったが,アメリカにおいては1970年よりITは企業にとって日常的に使われていた.このように考えると,IT経営力とはその時代時代に企業が求めたITの形態を自社に吸収できるか否かであって,この経済産業省のIT経営力の内容もさらに進化していく.しかし,実はこのITが展開していく中で2003年から変わらないものも存在している.本節では新しく進化していくものと,変わらずにその密度を高め深化していくものを企業におけるIT戦略から考えていく.

### (1) IT戦略の考え方

「IT経営力」というのは,ITを企業の経営強化の「道具」として活用することを意味し，したがって，IT戦略についても根幹をなすインターネットの特性，特にクラウドコンピューティングを把握し，IT戦略と経営戦略の関係性にも踏み込んでいかなければならない．

ポーター（Porter, Michael E.）は，このインターネットの活用に際し，2001年に経営戦略の重要性を強調した．そして，ITを戦略的に活用するためにはまず経営戦略に回帰すべきであると言及した[23)]．

というのも，ポーターは，インターネットを活用し商取引を行うことは，顧客との接点（プロトエンド）を変化させたに過ぎず，ITを経営戦略に活用し，経営強化のツールとするには，「産業構造」や「持続的な競争優位」といった経営の基本要因にまず目を向けるべきであると考えている．つまり，ITを経営に活かしたいのであれば，まず，自らの経営戦略を根本的に整えるべきであると指摘しているのである．

さらに，ポーターは，持続可能な競争優位を実現するには，他社よりも優れた技術，優れたインプット（経営資源の投入），十分訓練された従業員，効果的な経営組織を構築し「オペレーション効率」をあげることと，独自の価値を顧客に提供するといった競合他社とは異なる機能をもつ製品，異なる種類のサービス，独自のロジスティックス（戦略的物流・供給システム）を提供する「戦略的ポジショニング」を明確にすることが重要であると述べている[24)]．

この2001年に述べたポーターの考えがクラウドコンピューティングにまで進化したITの世界で少しも陳腐化していないのはなぜであろうか．特に企業におけるIT戦略が未だに混乱しているのも，実は，多くの企業がこのポーターの警鐘を理解できずにいるのではないかと考えるのである．図表16−4のクラウドコンピューティングに対する消極的なデータはまさにその表れである．そこで，このITについて企業組織の面からもう一歩踏み込んで考えてみたい．

### (2) ITによる組織の考え方

わが国の企業は，IT活用の際に，効率化・合理化のみに活用をシフトする偏った道を歩んできた．これは，IT 導入期から企業が歩んできた道であり，決して新しいものではない．さらにいえば，企業のIT 化にとって第1ステージから第2ステージへと上昇するためには必要な企業行動であって，その効率化・合理化によりIT の不良資産が解消され，さらには部門内の最適化によって無駄なコストが削減されていくのである．つまり，こういった効率化・合理化がわが国の企業を支えてきた縦割りにあるのであり，その構造が，IT 不良資産化企業群を部門内最適化企業群へと上昇させるのである．

しかし第2ステージから第3ステージへと上昇するには，この縦割りの考え方では機能しない．というのも第3ステージは組織全体に情報が流布する「情報の共有」が実現しなければならないからである．ところが，この縦割りは情報の共有を遮断し，組織にとって必要な智恵や経験をイノベーションに活かしていく正常な流れを阻止している．

したがって，第2ステージから第3ステージは，これまでの縦割りである垂直的な組織構造に加え，部門間同士で情報を共有する水平的組織への移行が必須となるのである．

そして，その水平的組織を構築する前提が情報の共有であってその情報の共有を強化するツールがIT なのである．

その意味で，このツールの活用によってはIT 経営力が実現され，第2ステージから第3ステージだけでなく，第3ステージから第4ステージへと移行し，持続的な競争力をもった企業へと変貌することができるのである．実際，4つのステージが確立された2003年ごろから調査された企業の実状をみると，第3ステージ，第4ステージに属する企業は，しっかりとした垂直組織をもち，その上で，水平的展開を貫徹する情報の共有も実現していた．経営者の中には，企業にとって経営強化に結びつくIT の展開は単純に組織の水平化を推進し，垂直的な組織を否定的にとらえる傾向もあった．しかし，問題の核心は組織階層の情報の流れを阻害する硬直化された垂直構造が原因であって，垂直構造そのものが問題ではないのである．

このように考えると，IT経営を貫徹する組織について改めて確認する必要があり，その意味で，IT戦略の場合と同様に経営組織そのものをITに照らし合わせる必要があろう．そこで，経営組織論の扉を開いたバーナードに焦点をあて，IT経営力をなす組織のあり方に言及してみたい．

バーナード（Barnard, Chester I.）は，組織を「二人以上の人々の意識的に調整された活動や諸力の体系[25)]」と定義した．特に，バーナードは，ここで「意識的に調整された」組織を成立させるには，組織を構成する「貢献意欲」，「共通目的」，「コミュニケーション」の3つの要素が必要であり，その中でもコミュニケーションが重要であると主張している[26)]．

また，組織は「物理学で用いられるような『重力の場』または『電磁場』に類似したひとつの『概念的な構成体[27)]』」とし，組織に『場』の概念を注入し，重力や磁力と同様に吸引する力があるとした．

この2つの点は，IT化がもたらしたパラダイムが経営強化に結びつくことにも重ね合せることができるのではないかと考えられる．というのも，組織をなすために「意識的に調整された」ということは，貢献意欲と共通目的に支えられたコミュニケーションを行うことにほかならないため，これこそがIT化時代の組織に必要とされた情報の共有を実現することになるのである．

さらに，バーナードは，組織を自由な合意によって構成される「側生組織」（lateral organizations）と垂直的で関節接合的で，位階制的で，階層的である「階層組織」（scalar）に分類した．

加えて，側生組織のサブシステムとして，「協働的努力のシステム」を提示した．これは水平的であり，側生的であり，双務的，多角的ないし多国間的でもあることから，IT化の組織に求められた水平的組織であると考えられるのである．しかし，バーナードはこのような水平的な側生組織について「物々交換のケースで，短命な組織である」とし，「側生組織は通常，短期間だけ設定され，特定目的に限定される」と指摘している[28)]．この点もわれわれは確認しておく必要があろう．このように考えると，現在の提言は，バーナードの示してきた経営組織に沿った考え方を貫徹しており，その意味で，IT 経営力をなす企業組織とは，従来の経営理念や企業文化をもって垂直的な階層組織を強化し，同時に，IT ツールを活用し，コミュニケーションが行われる水平的な側生組織をもつ複合的な組織といえよう．つまり，この縦と横との関係が相互に連関したとき，初めてバーナードのいう「意識的に調整された」企業組織を構築できるのである．

したがって，現代企業は，IT 経営力を実現するうえでも，経営戦略と同様に IT が活用できる組織を独自のカスタマイズされたものにしなければならないのである．

### (3) これからの企業における IT 戦略

1967年，わが国は国際競争力をつけ，生産性の向上をはかるため，コンピュータを経営に活かす経営情報（MIS：Management Information System）を企業に導入すべく，「MIS 訪米使節団」を組織した．当時，コンピュータは電子頭脳とも呼ばれ，その期待は，計り知れないものであった．このことから，使節団が帰国した後，わが国の有力な企業は高額なコンピュータの導入を図り，こぞって情報化への投資を行った．

実際，多くの企業は経営強化にコンピュータを活かせなかったため，高額な投資に見合った成果を手にできる企業はわずかであった．そのため，企業はコンピュータを合理化と効率化だけに絞り，活用の可能性を模索していったのである．

それから半世紀が過ぎ，当時と同様に，情報ツールを活用し，国際競争力を養い，生産性を向上させることが目標とされた．しかも，当時と同じように，期待通りの結果が得られなかったために，多くの経営者が IT に対し懐疑的になってしまった．

そして，いま新たに IT はクラウドコンピューティングに進化し，企業にとって最高レベルのコンピュータシステムが今までにない簡易なツールでしかも低コストで利用できるようになったのである．ところが，未だに成功する企業とその果実を手にすることができない企業に分かれてしまっている．改めていえば，ポーターが述べたように IT 戦略とはまず経営戦略をしっかりと構築することなのである．だからこそ，IT 戦略を実現するために経営組織や経営戦略をまず，企業は確立しなければならない．したがって，企業は IT 化を通じ，経営の原点に立ち返り，自らの経営を真摯に見直さなければならないのである．

コリンズ（Collins, James C.）とポラス（Porras, Jerry I.）は『ビジョナリーカンパニー』の中で，企業には「基本理念を維持し，進歩を促す」基本原則があり，その原則は時代を越えたものであると述べている[29)]．つまり，経営の基本原則を貫く方法は常に進化し続けるが，その根本となる基本理念は，いつの時代でも有効で不変なものであるというのである．

以上から，第 1 ステージ，第 2 ステージの壁を超え，第 3 ステージ，第 4 ステージへと上昇していくには，企業が基本理念をもち，IT 経営力を戦略的に活用していかなければならない．その意味で，その上昇がさまざまな企業において実現された時，クラウドコンピューティングはその企業の IT 戦略を精鋭化させ，企業に新たな競争力を芽生えさせていくのである

**注**

1）一般的に，経済産業省では，コンピュータやインターネット技術の総称を IT と呼び，総務省では，公共サービスも含めて ICT と呼ぶ．また，特に，コミュニケーションに特化した IT に関しては ICT を活用するケースが多い．本章では，混乱を避けるため，極力 IT を使用するが，法案や特定の呼称については ICT を使用する．

2）経済団体連合会情報通信委員会は，IT を駆使している主要企業約30社のデータを参考にこの「提言」を作成した．

3）産業構造審議会「産業構造審議会情報経済分科会　第三次提言　～ネットワークの創造的再構築」2002年, pp. 2-3.
政府は，2000年 8 月に第一次提言，同年11月に第二次提言を打ち出し，その

中でわが国のITが立ち後れている現状と今後の可能性の具体案を提示して，この第三次提言をまとめた.

4）2003年，経済産業省が企業経営者の協力のもとに統一したもので，ITと経営という観点から，民間におけるITの先端的取り組みの事例を整理するとともに，わが国のITと企業経営のあり方についてまとめてある.

5）産業構造審議会「情報経済・産業ビジョン概略」2005年, p. 2

6）同上書, pp. 2–3

7）IT戦略本部「IT新改革戦略」2006年，p. 24.
この目標は，この戦略で掲げられた4つの「IT経営力」を強化する目標の1つである.

8）経済産業省「新産業創造戦略」2004年, pp. 66–75.
新産業創造戦略は，e－Japan戦略を貫徹することで，2010年までにわが国の情報家電の市場が拡大することを予測するものであったが，実際，この戦略はわが国のIT化にとって大きな力となった.

9）産業構造審議会「情報経済社会の課題と展望—『情報経済・産業ビジョン』のフォロー・アップ—」2006年, p.5.
ここでは自主的な取り組みに対して,「計画：Plan」—「実行：Do」—「事後評価：Check」—「措置：Action」といった「PDCAサイクル」を提示している.

10）総務省は2011年にブロードバンド化，デジタル化された通信・放送ネットワークを通じて，社会経済のあらゆる場面において，知識や情報の流通・共有・活用・蓄積が新たな価値を生み出す社会として知識情報化社会の考えを打ち出した．またこれに伴う情報通信政策の取り組みについても整理した.

11）日経BP社出版局編『クラウド大全』日経BP社，2011年，pp.7－9

12）IT用語辞典から．http://e-words.jp/w/Web_2.0.html（2016年3月20日アクセス）
今後IT関連の用語はこのIT用語辞典を基本にまとめていく.

13）IT用語辞典から．http://e-words.jp/w/Gmail.html（2016年3月20日アクセス）

14）『クラウド大全』p.173

15）IT用語辞典より.
http://e-words.jp/w/%E3%83%97%E3%83%A9%E3%83%83%E3%83%88%E3%83%95%E3%82%A9%E3%83%BC%E3%83%A0.html

16）IT用語辞典より.
http://e-words.jp/w/%E3%82%A4%E3%83%B3%E3%83%95%E3%83%A9.html

17）『クラウド大全』pp.10–13

18) 同上書，p.55
19)「情報技術と経営戦略会議〈提言〉」pp. 47-48
20) 同上，p. 43
21) 経済産業省「IT経営力指標と4つのステージ」より
http://www.meti.go.jp/policy/it_policy/it-keiei/about/it_sisin.html（2016年3月20日アクセス）
この4つのステージの考え方は，2003年の「情報技術と経営戦略会議」から現在に至るまで変わらず，ITと企業との関係の一つの指標となっている.
22) 同上のHPより
23) Porter, Michael E., Strategy and the Internet, *Harvard Business Review*, March, 2001, pp. 62-66.
筆者は，ポーターの主張するインターネットの活用を，IT活用と同意にし，議論を進めている.
24) Ibid., pp. 67-78
25) Barnard, Chester I., *The Functions of the Executive*, Harvard University Press,1938, p. 74.（山本安次郎・田杉競・飯野春樹訳『新訳経営者の役割』ダイヤモンド社，2007年，p. 76）
26) Ibid., p.91（邦訳，p.95）
27) Ibid., p.75（邦訳，p.78）
28) Barnard, Chester I., *Organization and Management*, Harvard University Press,1948.（飯野春樹監訳・日本バーナード協会訳『組織と管理』文眞堂，1990年，pp. 150-151）
29) Collins, James C. and Porras, Jerry I., *Built To Last*, 1994.（山岡洋一訳『ビジョナリーカンパニー』日経BP出版センター，1995年，p.28）

**参考文献**

経済産業省「企業のIT化ステージとITガバナンスに関する企業動向調査―報告書―」2006年
経済産業省「新経済成長戦略」2006年
経済産業省「『IT経営力指標』を用いた企業のIT利活用に関する現状調査―報告書―」2007年
産業構造審議会「情報化社会の課題と展望―『情報経済・産業ビジョン』のフォロー・アップ―」2006年
総務省『平成26年通信利用動向調査』2014年
日経BP社出版局編『クラウド大全』日経BP社，2011年日経コンピュータ，日経NETWORK，日経パソコン，日経コミュニケーション，日経SYSTEMS，日経情報ストラテジー『IT調査データ年鑑』日経BP社，2015年

Barnard, Chester I., ***The Functions of the Executive***, Harvard University Press, 1938.（山本安次郎・田杉競・飯野春樹訳『新訳経営者の役割』ダイヤモンド社，2007年）

Barnard, Chester I., ***Organization and Management***, Harvard University Press, 1948.（飯野春樹監訳・日本バーナード協会訳『組織と管理』文眞堂，1990年）

Porter, Michael E., Strategy and the Internet, ***Harvard Business Review***, March, 2001.

Porter, Michael E. and Hirotaka Takeuchi, ***Can Japan Compete?***, Basic Books and Perseus Publishing, 2000.（マイケル E. ポーター・竹内弘高『日本の競争戦略』ダイヤモンド社，2000年）

Collins, James C. and Porras, Jerry I., ***Built to Last***, 1994.（山岡洋一訳『ビジョナリーカンパニー』日経BP出版センター，1995年）

# 索　引

## さ　行

## た　行



## な　行



## は　行

## ま　行



## や　行



## ら　行



## わ　行

# 編著者紹介

**佐久間信夫**（さくま のぶお）
明治大学大学院商学研究科博士課程修了
現　職　創価大学経営学部教授
専　攻　経営学，企業論
主要著書　『企業集団研究の方法』文眞堂　1996年（共編著），『企業集団と企業結合の国際比較』文眞堂　2000年（共,編著），『現代の多国籍企業論』学文社　2002年（編著），『企業支配と企業統治』白桃書房　2003年（単著），『企業統治構造の国際比較』ミネルヴァ書房　2003年（編著），『経営戦略論』創成社　2004年（共編著），『増補版　現代経営用語の基礎知識』学文社　2005年（編集代表），『アジアのコーポレート・ガバナンス』学文社　2005年（編著），『現代経営戦略論の基礎』学文社　2006年（共編著），『CSRとコーポレート・ガバナンスがわかる事典』創成社　2007年（共編著），『改訂版　現代経営学』学文社　2008年（共編著），『コーポレート・ガバナンスと企業倫理の国際比較』ミネルヴァ書房　2010年（共編著），『経営学原理』創成社　2014年（編著），『アジアのコーポレート・ガバナンス改革』白桃書房　2014年（共編著）他多数

**大平　義隆**（おおひら よしたか）
専修大学大学院経営学研究科博士後期課程修了
現　職　北海学園大学経営学部教授
専　攻　経営学，組織論
主要著書　『現代の経営管理論』学文社　1992年（共著），『バーナード理論と労働の人間化』税務経理協会　1997年（共著），『現代経営学総論』海声社　1997年（共著），『現代経営学』学文社　1998年（共著），『新世紀の経営学』学文社　2000年（共著），『経営組織の基本問題』八千代出版　2003年（共著），『現代の経営組織論』学文社　2005年（共著），『新版　現代経営学』学文社　2005年（共著），『変革期の組織マネジメント－理論と実践－』同文舘　2006年（共編著）他多数

**新 現代経営学**

2016年 4月20日　第一版第一刷発行

編著者　佐久間信夫
　　　　大平義隆
発行所　㈱ 学文社
発行者　田中千津子

〒 153-0064　東京都目黒区下目黒 3-6-1
電話(03)3715-1501（代表）　振替　00130-9-98842
http://www. gakubunsha.com

落丁，乱丁本は，本社にてお取り替えします。
定価は，売上カード，カバーに表示してあります。
印刷／㈱シナノ
〈検印省略〉

ISBN 978-4-7620-2641-6